D1746577

DIE WEISHEIT DER
Landfrauen

Wichtiger Hinweis:
Die Ratschläge und Tipps in diesem Buch wurden nach dem aktuellen Wissensstand sorgfältig erarbeitet und von Verlag und Autoren geprüft. Dennoch erfolgen alle Angaben ohne Gewähr. Verlag und Autoren haften nicht für eventuelle Nachteile und Schäden, die aus den im Buch gemachten praktischen Hinweisen resultieren. Die in diesem Buch enthaltenen Ratschläge ersetzen nicht die Untersuchung und Betreuung durch einen Arzt.

© KOMET Verlag GmbH
Emil-Hoffmann-Straße 1
D-50996 Köln

Texte: Dr. Rita Mielke (S. 8–11, 14/15, 76/77, 238/239),
Hans-Werner Bastian, Peter Himmelhuber (Mitarbeit) (S. 16–61),
Lutz Schiering (S. 62–73), Ute Dick (S. 274–293)
Rezepte: TLC Fotostudio (S. 80–143, 164–205), Edina Stratmann
(S. 146–163), Nova Libra, Niederkassel (S. 208–221, 294–313),
Jutta Gay, Köln (S. 222–235)
Auswahl der Landfrauen-Tipps: Maria Henn (S. 19–73, 211–311),
Sabine Durdel-Hoffmann (S. 84–205)
Gestaltung: e.s.n Agentur für Produktion und Werbung GmbH, Düsseldorf
Gesamtherstellung: KOMET Verlag GmbH, Köln
Alle Rechte vorbehalten

ISBN 978-3-86941-361-7

www.komet-verlag.de

DIE WEISHEIT DER
Landfrauen

GARTEN ◆ KÜCHE ◆ GESUNDHEIT

KOMET

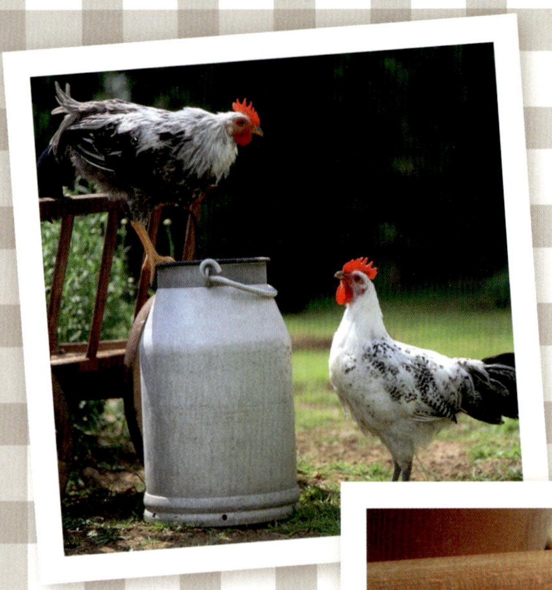
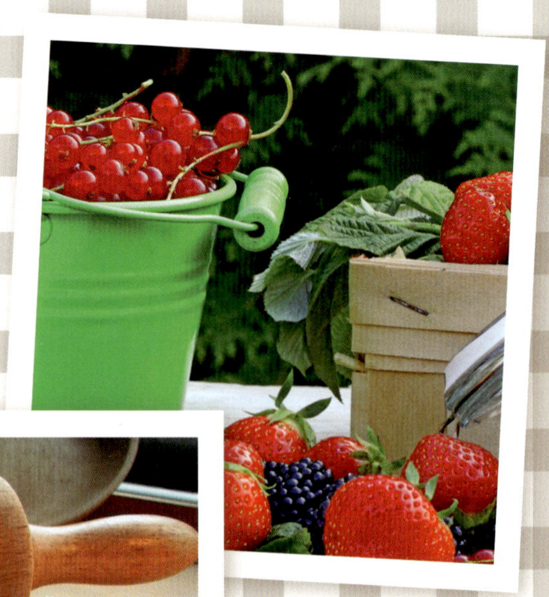
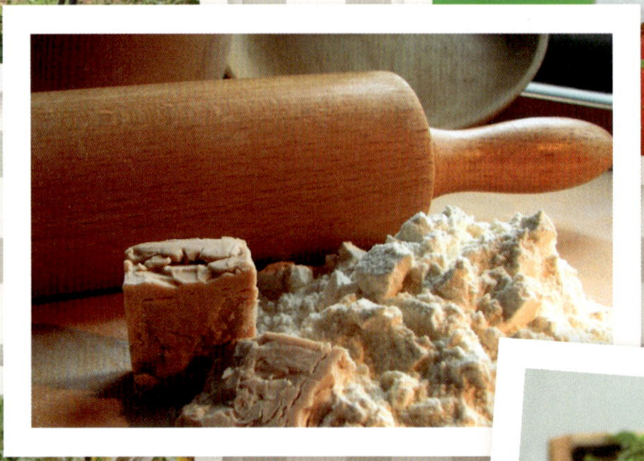
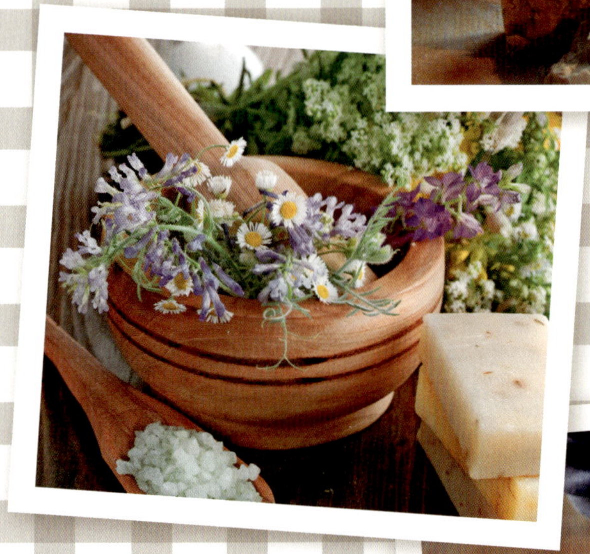
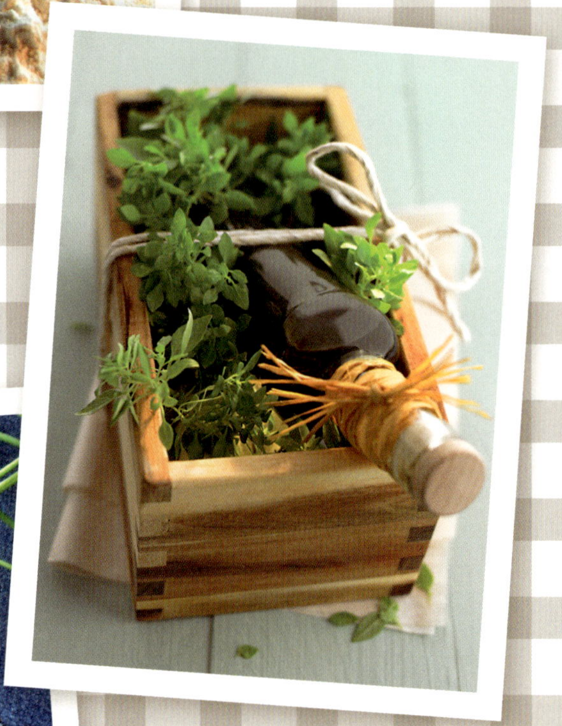
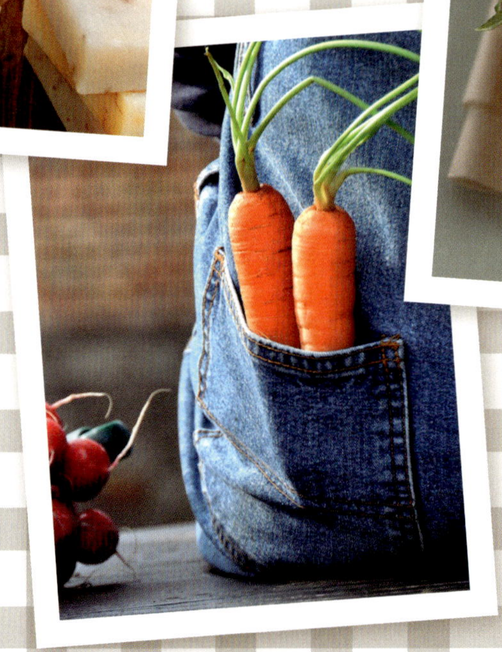

Inhalt

+ **Einleitung** — 08

+ **Garten** — 12
  Der Küchengarten — 16
  Das Gartenjahr — 48
  Hühnerhaltung — 62

+ **Küche** — 74
  Kochen — 78
  Suppen & Eintöpfe — 80
  Salate, Gemüse & Beilagen — 92
  Hauptgerichte — 110
  Süßspeisen & Desserts — 132
  Backen — 144
  Brot & Brötchen — 146
  Kuchen — 166
  Plätzchen — 186
  Marmeladen & Eingemachtes — 206
  Marmeladen & Konfitüren — 208
  Eingemachtes, Eingelegtes & Co. — 222

+ **Gesundheit & Schönheit** — 236
  Altbewährte Heilmittel — 240
  Heiltees — 272
  Heilliköre — 294

+ **Register** — 314

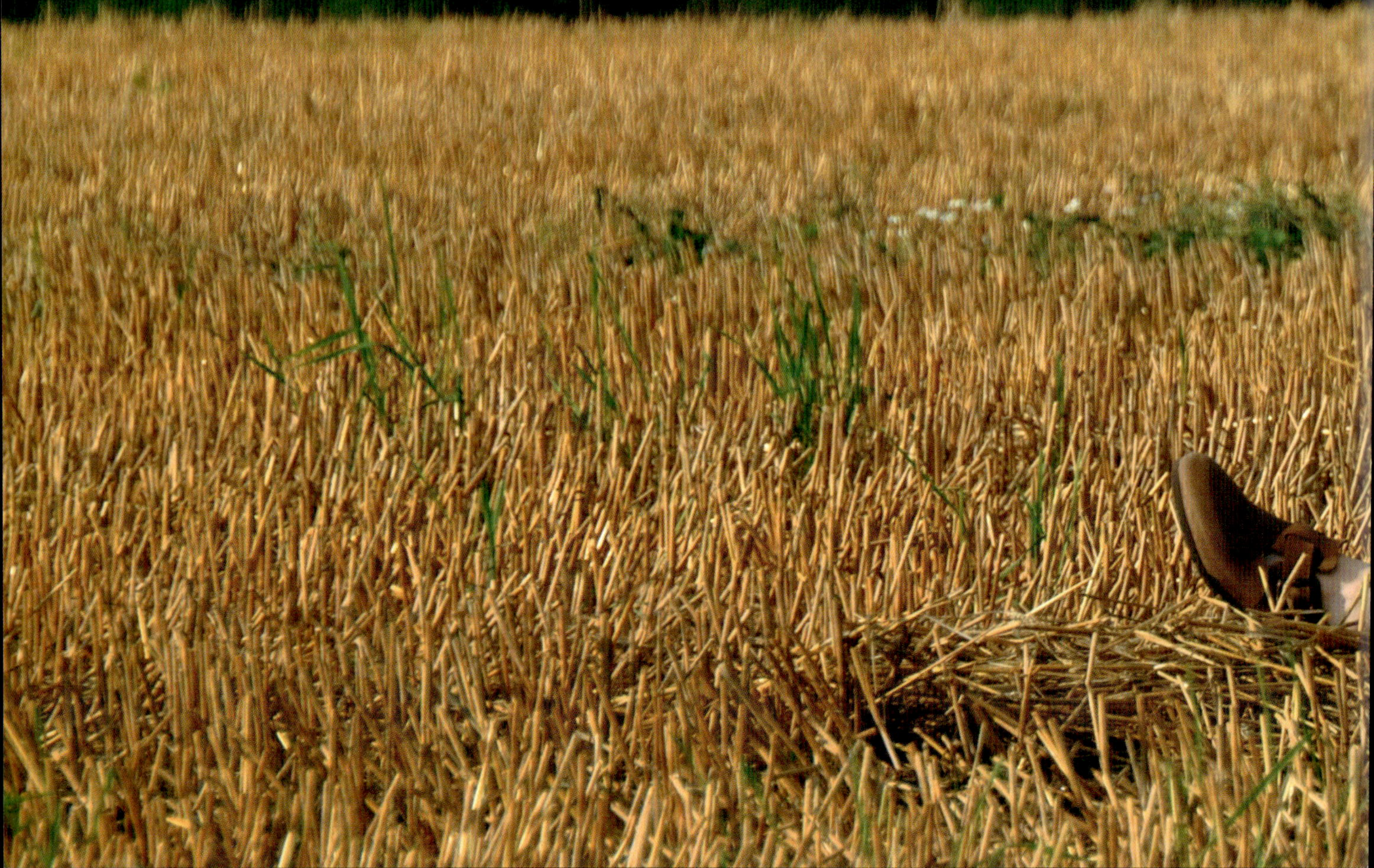

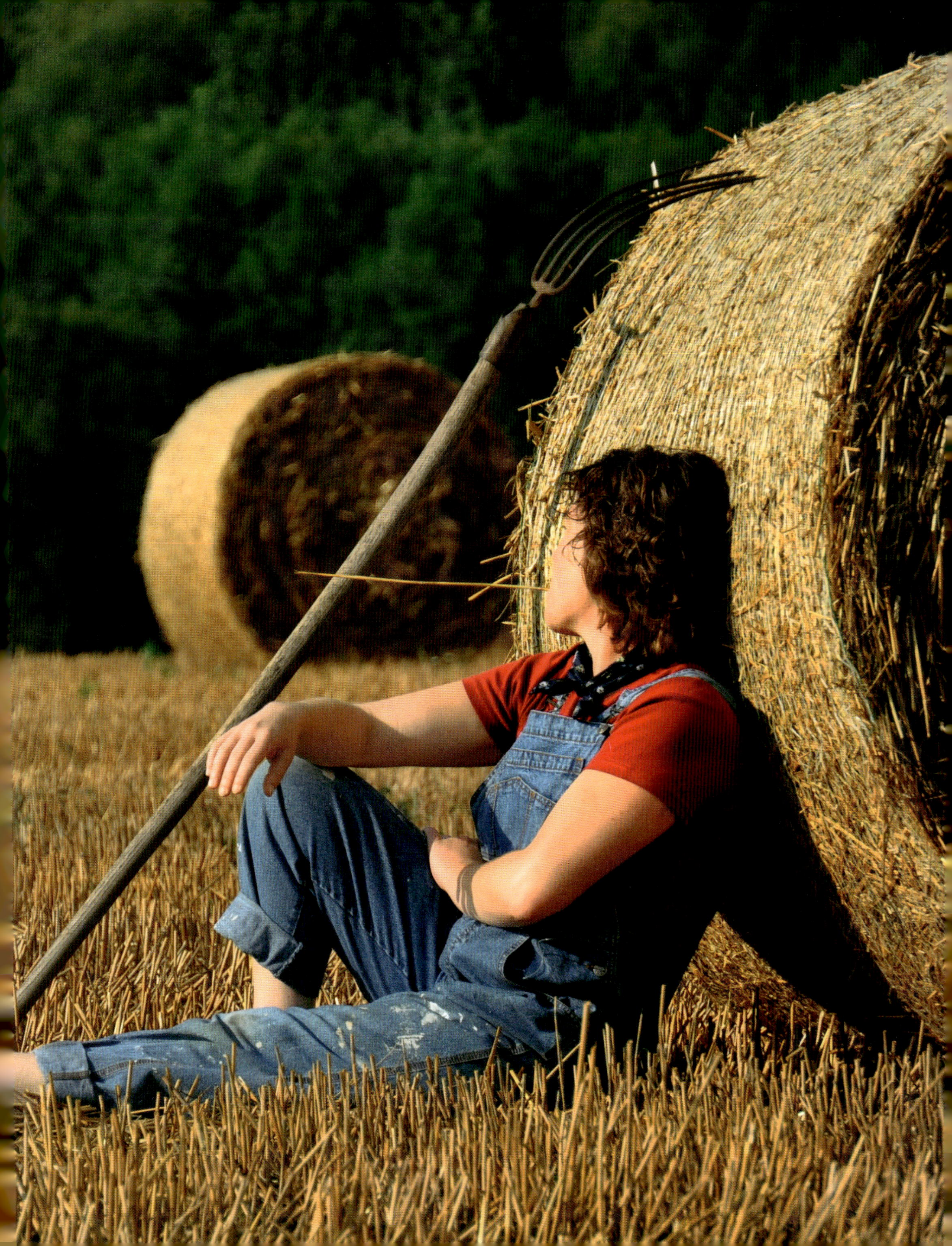

Einleitung

Allenthalben ist es spürbar: Immer mehr Menschen besinnen sich heute auf die Schätze der Natur, auf eine naturnahe Lebensweise und eine natürlich-unverfälschte Ernährung. Das ist kein Zufall: Es hat Zeiten gegeben, in denen der euphorische Glaube an eine hochtechnisierte Zukunft mit unbegrenzten Möglichkeiten unser aller Leben beherrscht hat. Inzwischen sind wir ernüchtert und wissen zumindest um den hohen Preis, den wir für ein Leben auf der Hightech-Überholspur zahlen. Und so halten wir inne, richten den Blick zurück – und entdecken dabei neue – neue alte – Werte.

Eine neue Wertschätzung für das Alte, das Traditionelle, das Ursprüngliche wird heute lebendig – für die Produkte der Natur, die nicht industriell, sondern bäuerlich-handwerklich verarbeitet sind; für Traditionen, die auf jahrhundertealten Gewohnheiten beruhen; für alte Bauernregeln, Kochrezepte, Kräuterkunde, die zuweilen in Büchern, häufiger noch in den Berichten und Erinnerungen von Landfrauen anzutreffen sind, die über einen jahrhundertealten Wissens- und Erfahrungsschatz verfügen.

Damit einher geht das Interesse an der weitgehend in Vergessenheit geratenen Lebenswelt auf dem Land: Wie war das eigentlich früher? Welche Gemüse wurden im Garten angepflanzt? Weshalb wurden solche riesigen Mengen Kartoffeln benötigt? Wie wurden Lebensmittel konserviert? Und weshalb setzte man für so viele kleine und größere Wehwehchen auf alte Hausmittel statt auf ärztliche Hilfe oder Medizin aus der Apotheke? Der Wunsch, die eigenen Wurzeln wieder zu erspüren, das eigene Leben ein bisschen mehr zu erden, eine Atmosphäre zu schaffen, in der Dinge und Menschen uns Geschichte(n) erzählen – dieser Wunsch lässt uns auf Spurensuche gehen nach den Landfrauen und ihrer Weisheit.

Unsere Aufmerksamkeit richtet sich dabei insbesondere auf jene Lebensräume, die die Landfrauen einst als „ihr Reich" ansahen – die Küche und den Garten. Die Küche war das Herzstück für jedwede Form weiblicher Tätigkeit. Von der Küche aus wurde die Versorgung der zumeist großen Familien – in der Regel mit mehreren Generationen unter einem Dach – organisiert. Die Küche war der Ort der sommerlichen Vorratshaltung: Alles, was im Garten und auf dem Feld geerntet wurde, musste dort für die Versorgung im Winter konserviert werden. Die Küche im ländlichen Umfeld war viel mehr als ein Funktionsraum – sie war ein Lebensraum.

Und der Garten? Heute versorgen wir uns auf dem Markt oder im Supermarkt regelmäßig mit frischem Obst und Gemüse. Unsere Vorfahrinnen produzierten ihre Vorräte selbst. Und so groß ihr Küchenwissen, so umfangreich war das Gartenwissen, ein Fundus an Erfahrungen aus Generationen von Frauen, die ihre Tipps und Tricks für den Anbau, die Aussaat, den Schutz vor Schädlingen und die besten Erntezeiten an die jeweils nachfolgende Generation weitergaben.

Mit Erstaunen stellen wir heute fest, wie groß der Wissensschatz der Landfrauen von einst war, wie viel von dem sie bereits vorweggenommen haben, was heute umfangreiche wissenschaftliche Studien erforschen und belegen. Das gilt nicht zuletzt auch für das überlieferte Gesundheits- und Schönheitswissen der Landfrauen. Wenn wir unserem Körper etwas Gutes tun wollen, wenn wir kleinere oder

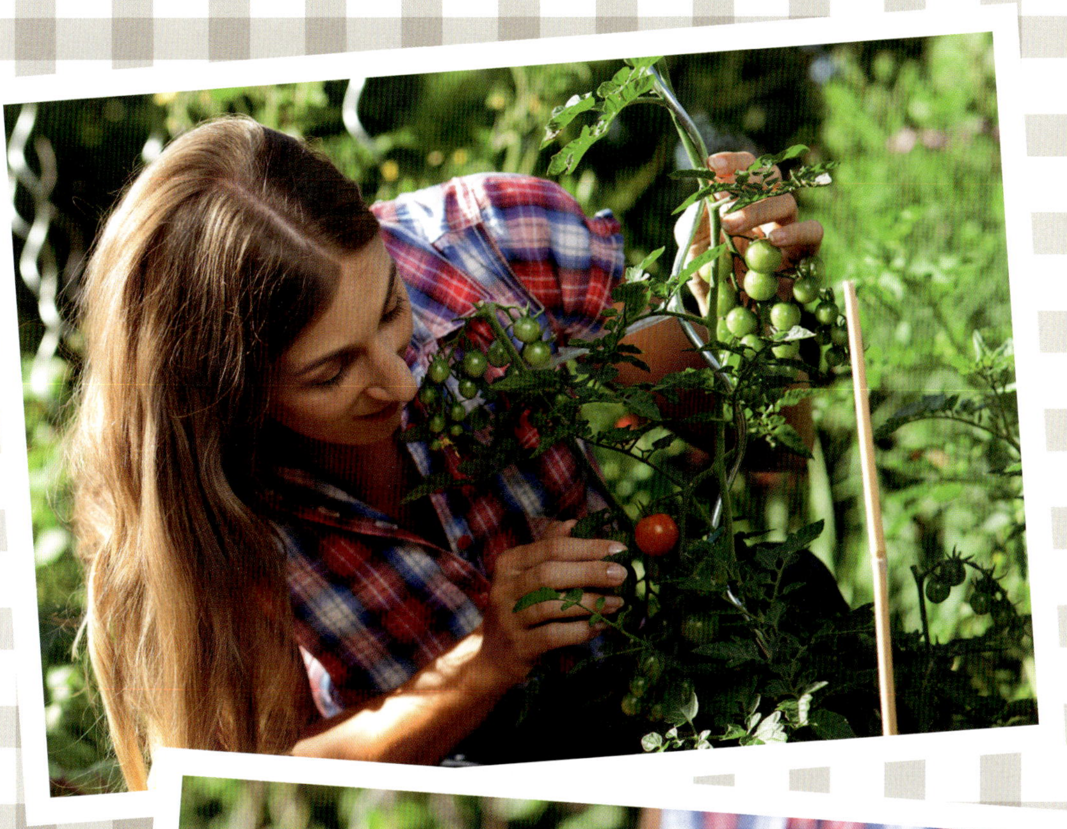

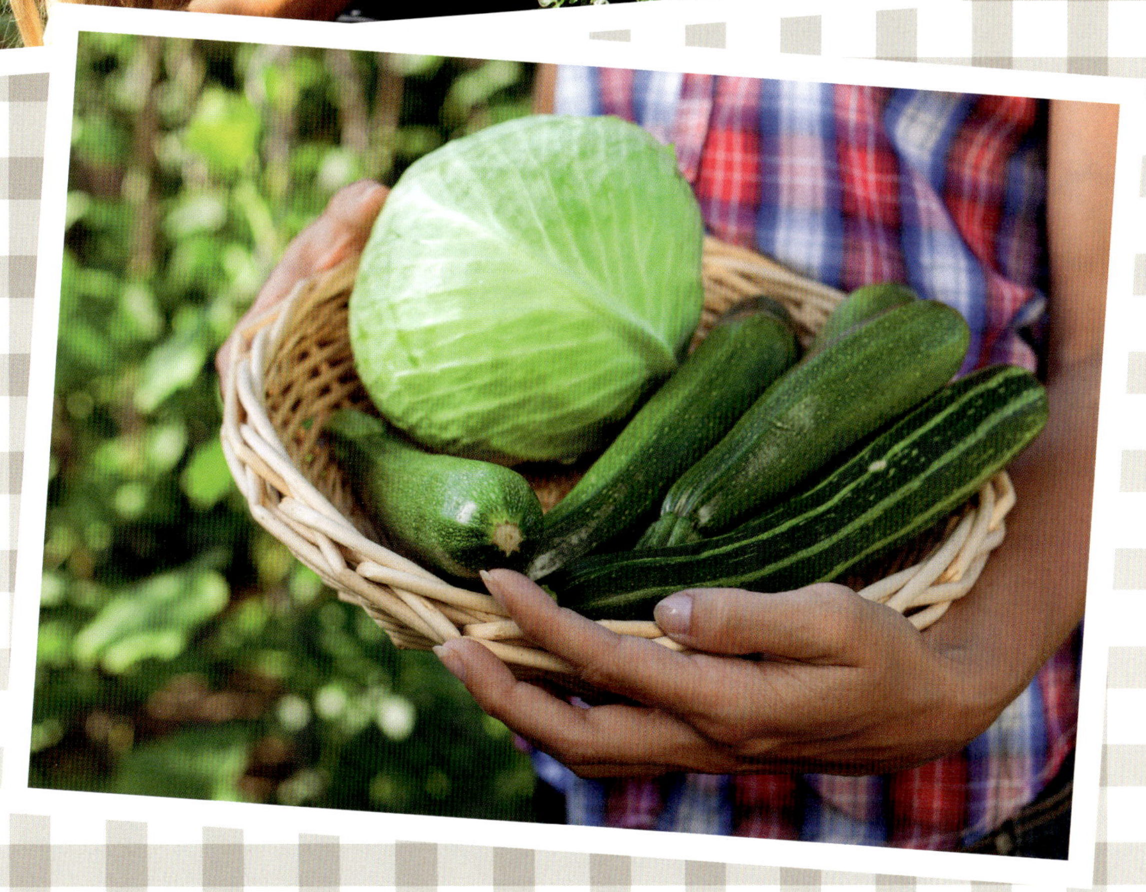

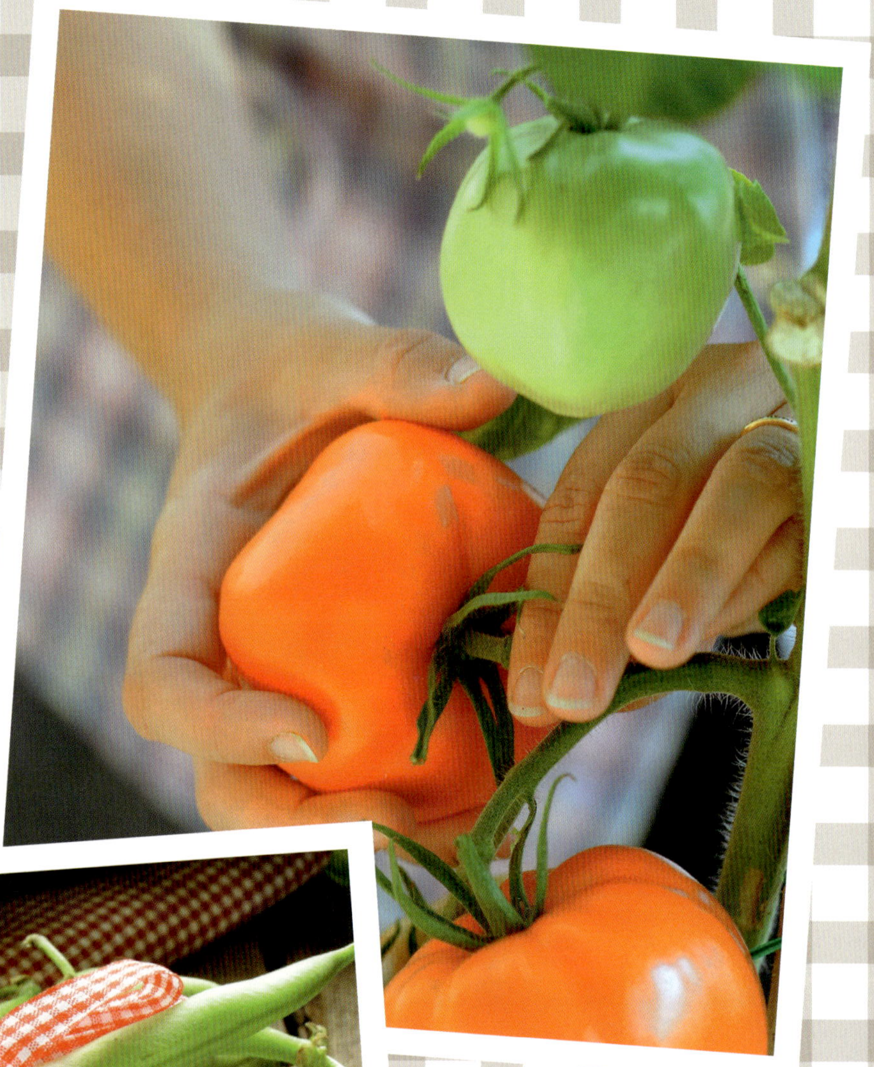

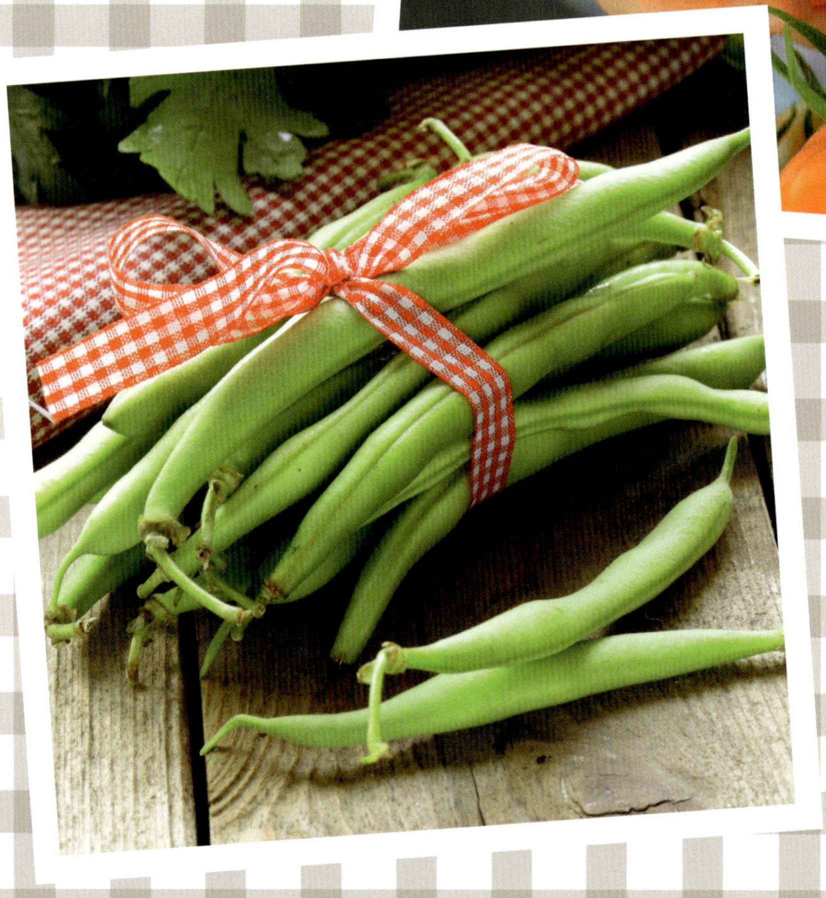

größere Zipperlein kurieren wollen, greifen wir – nicht immer, aber immer öfter – auf die bewährten Hausmittel und -rezepte unserer Ahninnen zurück: Denn die nebenwirkungsfreien heilenden Kräfte der Natur beweisen in zahlreichen Fällen, dass gegen die vielen täglichen Beschwerden von Leib und Seele durchaus ein Kraut gewachsen ist!

Damit verbindet sich die Erkenntnis, dass wir wieder lernen müssen, unser Leben langsamer zu leben, bedächtiger, behutsamer zu werden im Umgang mit der Natur, mit unseren Mitmenschen, mit uns selbst. „Slowfood" statt „Fastfood", eine neue Wertschätzung für regionale Produkte und traditionelle handwerkliche Herstellungs- bzw. Verarbeitungsmethoden, auch wenn – oder gerade weil – sie zeitaufwendiger und nicht auf Quantität, sondern auf Qualität ausgerichtet sind. Zu viele Fleisch-, Fisch- und Lebensmittelskandale haben uns vorsichtig werden lassen und unser Vertrauen in Massenware, Convenience- und Billigprodukte erschüttert. Der Massenexodus aus den heimischen Küchen in die Fastfood-Tempel hat eine Gegenbewegung ausgelöst – zurück an den heimischen Herd, der sprichwörtlich „Goldes wert" ist, und zurück in das kleine Gärtlein hinterm Haus, in dem sich Kräuter und vielleicht ein bisschen Obst und Gemüse züchten lassen.

Wir zweifeln immer mehr an einer Lebensweise und Ernährungsgewohnheiten, die zwar satt machen – aber dabei doch unseren Hunger nicht stillen können nach einer Kultur des Essens, die immer auch eine sinnlich-emotionale Qualität beinhaltet. Und so richten wir den Blick zurück: Landlust allenthalben – wir besinnen uns zurück auf alte Küchen- und Kochtraditionen, auf das Glück des Gärtnerns im eigenen kleinen Nutzgarten und auf bewährte und erprobte Hausmittel.

Wohl dem, der jetzt noch eine Urgroßmutter oder Tante irgendwo auf dem Land hat, die mit Tipps und Tricks und tollen Rezepten aushelfen kann.

Denn auf den Spuren der Landfrauen und ihrer Fertigkeiten ist ein bisschen Nachhilfe durchaus erforderlich. Für alle, denen eine solch professionelle Rückendeckung bei den ersten Schritten auf ländlichem Terrain fehlt, haben wir das vorliegende Buch zusammengestellt: Es enthält eine reiche Auswahl dessen, was kluge Landfrauen über Generationen an Garten-, Küchen- und Heilwissen zusammengetragen haben – leckere Rezepte, nützliche Tipps für Haushalt und Gesundheit und viele praktische Anleitungen für den Garten.

„Die Weisheit der Landfrauen" ist ein Buch der Spurensuche – auch in den eigenen Kindheitserinnerungen. Es ist ja kein Zufall, dass unsere Lieblingsgerichte häufig die sind, mit denen wir als Kinder verwöhnt wurden, dass der Duft von frisch gebackenem Brot uns unweigerlich wieder in die Wohnküche der Großmutter entführt und wir uns bei Ohrenschmerzen immer noch an den mütterlichen Beistand mit den ätherischen Ölen einer erhitzten Zwiebel erinnern: Ein Stück dieser Kindheit im Herzen – und in der eigenen Küche – kann wahre (emotionale) Wunder wirken. Probieren Sie es aus – Sie werden staunen!

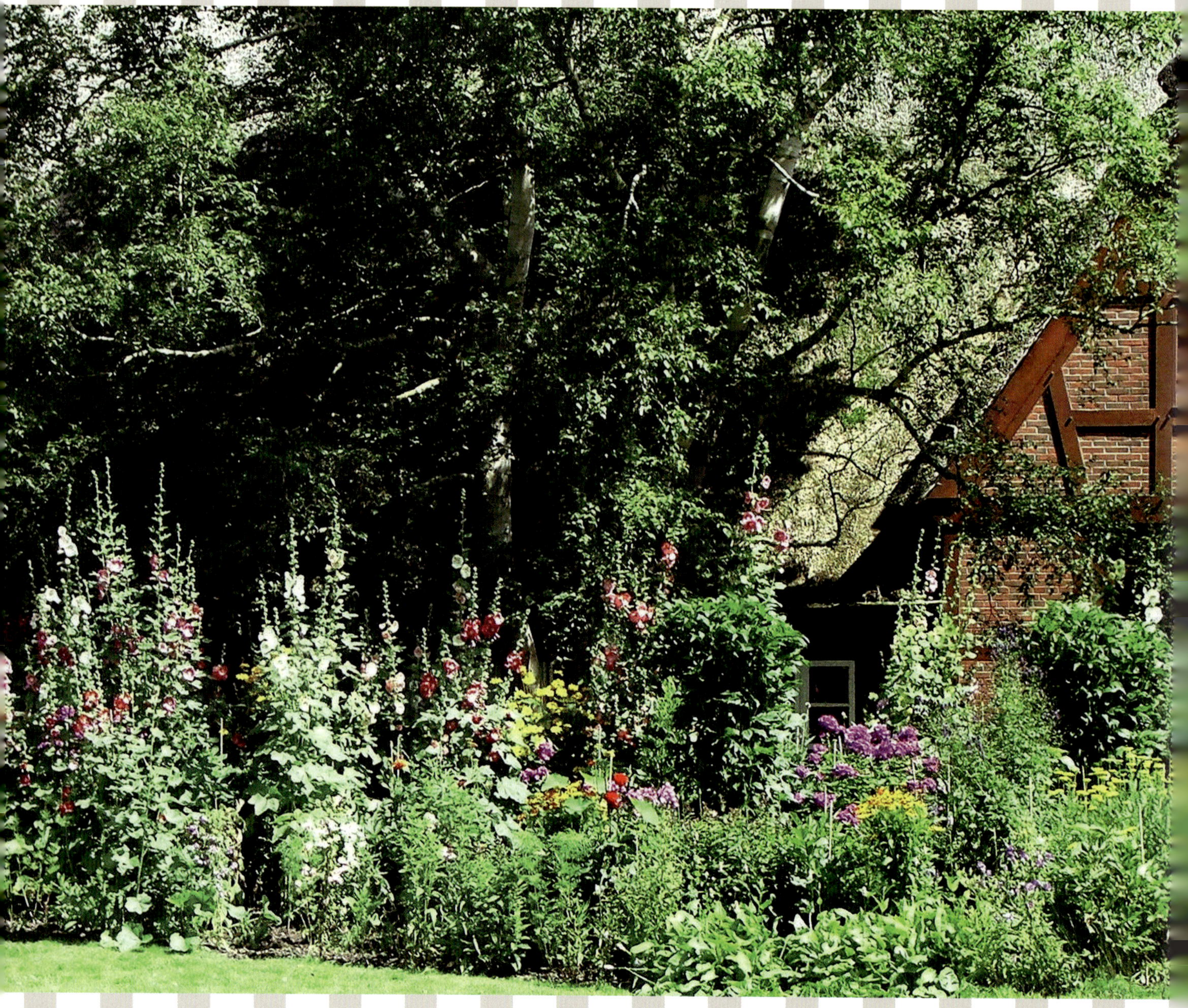

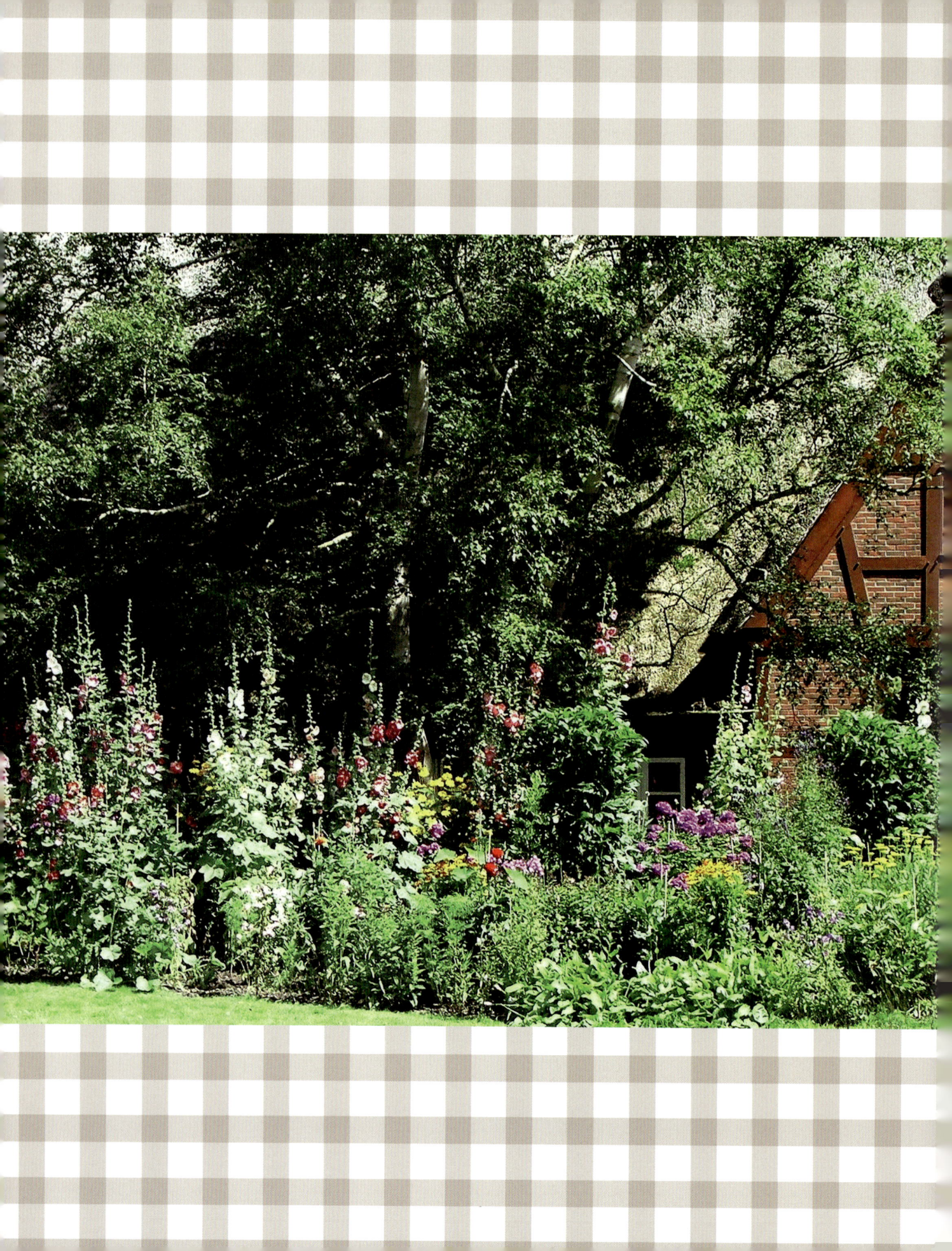

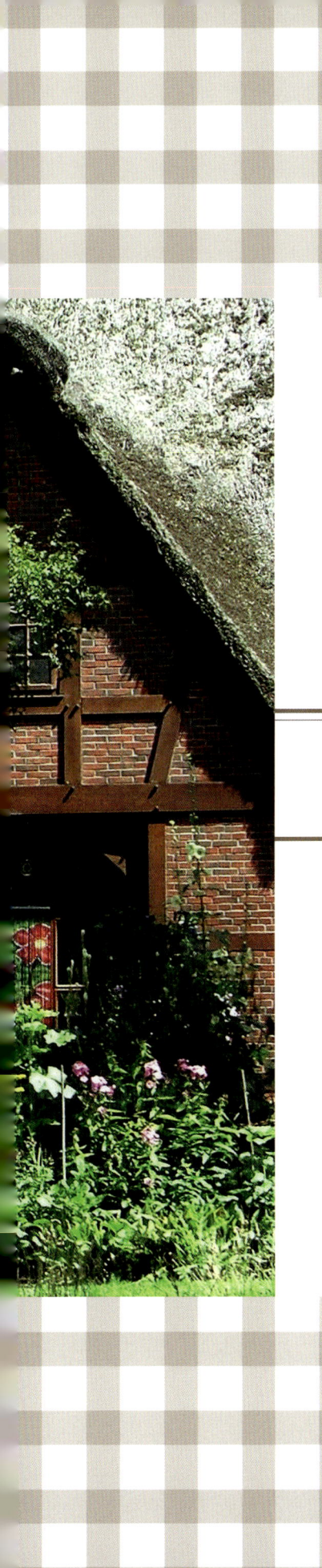

Garten

Der Küchengarten
Das Gartenjahr
Hühnerhaltung

Genuss aus eigener Ernte

Nie war die Sehnsucht nach einem Leben im Einklang mit der Natur und im Rhythmus der Jahreszeiten so groß wie heute. Kein Wunder, erkennen doch immer mehr Menschen, dass das Tempovirus unserer Zeit, der Perfektionswahn und das Prinzip des „immer schneller, höher, weiter" auf Dauer krank machen. So besinnt man sich auf die Vorzüge einer „entschleunigten", naturverbundenen Lebensweise.

Der Frühling, der in der Luft liegt, der Sommer mit seinen Farben, der Herbst mit seinem Duft, der Winter, der Pflanzen und Bäume in bizarre Gebilde verwandelt: Nirgendwo lässt sich die Abfolge der Jahreszeiten so intensiv nachvollziehen wie im Garten. Und genau dorthin zieht es zunehmend gerade auch junge Menschen. Nach Jahrzehnten, in denen der Nutzgarten komplett aus der Mode gekommen war, entdecken wir heute seine vielfältigen Vorzüge wieder ganz neu. Dabei geht es weniger um ökonomische Aspekte als vielmehr um die „Erdung", die die Arbeit im Erdreich mit sich bringt, um die Naturnähe, nicht zuletzt um die Wertschätzung des von eigener Hand Produzierten: Was könnte köstlicher sein als die erste Möhre aus eigener Zucht, frisch aus der Erde gezupft und noch im Garten verspeist? Das Wissen und der Erfahrungsschatz der Landfrauen im Umgang mit Sämereien, mit Pflanzen, mit alten Gemüsesorten oder Kräutern sind heute wertvoller und gefragter denn je. Denn wer weiß schon noch um die Erfordernisse eines Nutzgartens, um die Abfolge der notwendigen Arbeiten und um all die vielen Tricks und Tipps, mit denen unsere Ahninnen ihre Gemüsebeete in einen kleinen Garten Eden verwandelten?

Der verwilderte Schrebergarten der Großeltern kommt heute zu neuen Ehren und wird von den Enkeln und Urenkeln mit Begeisterung rekultiviert. Die Rasenflächen hinterm Haus werden umgegraben und wieder in Nutzgarten verwandelt. Und auch die eingestaubten Gartengeräte aus dem Gartenhäuschen werden aus ihrem Dornröschenschlaf geweckt und auf Vordermann gebracht. Aber damit allein ist es ja noch nicht getan. Jetzt ist guter Rat gefragt: Was eignet sich für den Gemüse-Kleinstgarten? Und was ist pflegeleicht genug für den Anfänger im Beet? Welche Sorten brauchen welche Böden? Und welche Obststräucher lassen üppige Erträge erwarten? Die Antwort kluger Landfrauen ist so simpel wie einleuchtend: Finger weg von allem Exotischen. Finger weg von allen hochgezüchteten und damit in der Regel äußerst empfindlichen Sorten. Das Bodenständige ist allenthalben die sicherste Bank.

Damit richtet sich der Blick gerade auf die Obst- und Gemüsesorten, die in den zurückliegenden Jahren und Jahrzehnten häufig in Vergessenheit geraten sind: Wer kennt schon noch Stielmus oder Pastinaken, Melde oder Mangold, Topinambur oder Petersilienwurzel? Und wer wüsste Sternrenette oder Grüne Stettinger als Äpfel zu identifizieren, geschweige, dass er sie schon einmal gekostet hätte? Rauke, einst ein beliebter Salat in deutschen Landen, war völlig von den Speiseplänen verschwunden, feiert heute jedoch unter seinem wohlklingenden italienischen Namen Rucola ein gewaltiges Comeback. Weißkohl und Rotkohl haben als Bestandteile urdeutscher Kochkunst alle Küchenstürme überstanden. Alte Obst- und Gemüsesorten sind in der Regel nicht wegen geschmacklicher Defizite ins gärtnerische Altenteil abgeschoben worden, sondern eher, weil sie sich nicht unbedingt für Massenanbau und Großproduktion eignen. Angesichts der Renaissance der kleinen privaten Gemüsegärten steht auch einer Wiederentdeckung solch traditionsreicher Gartenprodukte nichts mehr im Weg, sofern sich denn irgendwo noch ein bisschen Samen für eine Neuzucht erhalten hat. Gerade für ungeübte Hobbygärtnerinnen und -gärtner eignen sich diese alten Sorten hervorragend zum Einüben und Erfahrungsammeln. Dank ihrer Robustheit und Anspruchslosigkeit stecken sie auch den einen oder anderen gärtnerischen Anfängerfehler locker weg. Und außerdem belohnen sie die Mühen der Arbeit mit schönen Blüten, wunderbaren Düften und – vor allem – üppigen, wohlschmeckenden Früchten.

Denn eines können auch die leidenschaftlichsten Nutzgärtner und -gärtnerinnen heute nicht leugnen: So befriedigend die Arbeit in der Scholle sein kann, so frohmachend und beglückend die Erfahrung, unter den eigenen Händen das Wachsen und Gedeihen zu erleben: Am Ende soll doch der Lohn der Arbeit stehen. Und der führt in die Küche – und an den Herd. Und so mündet die aktuelle Garten- unweigerlich in die allenthalben spürbare neue Kochlust, oder umgekehrt: Nachdem viele junge Frauen – und Männer! – das eigene Kochen als entspannende, wohltuende, höchst befriedigende Alternative zu Fastfood und Fertigprodukten entdeckt haben, ist die logische Verlängerung dieser Faszination die Rückkehr in den eigenen Nutzgarten. Denn das in der Küche zu verarbeiten, was man selbst zuvor im eigenen Garten gezüchtet hat, ist ohne Frage ein Akt von geradezu archaischer Gefühlsqualität.

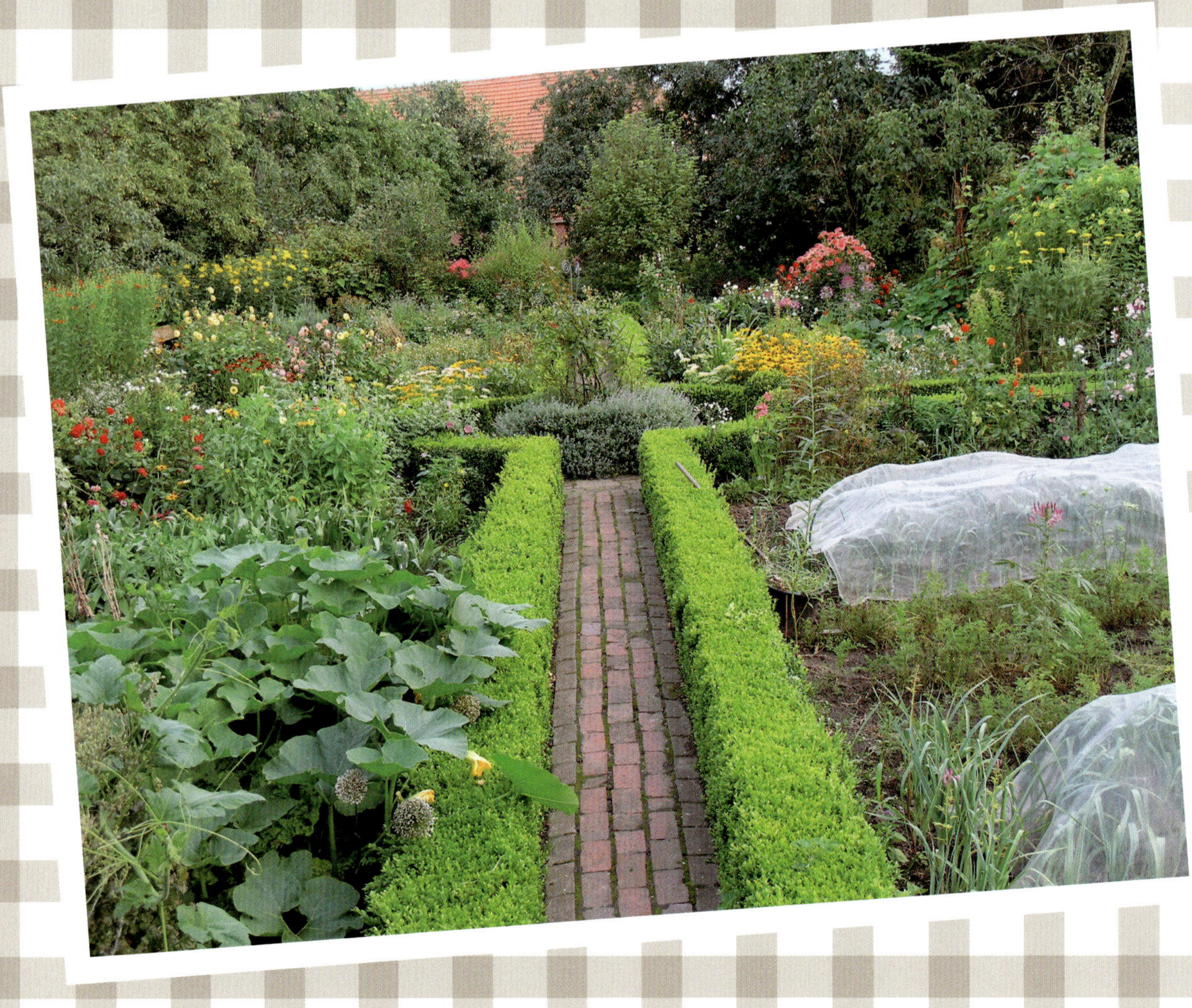

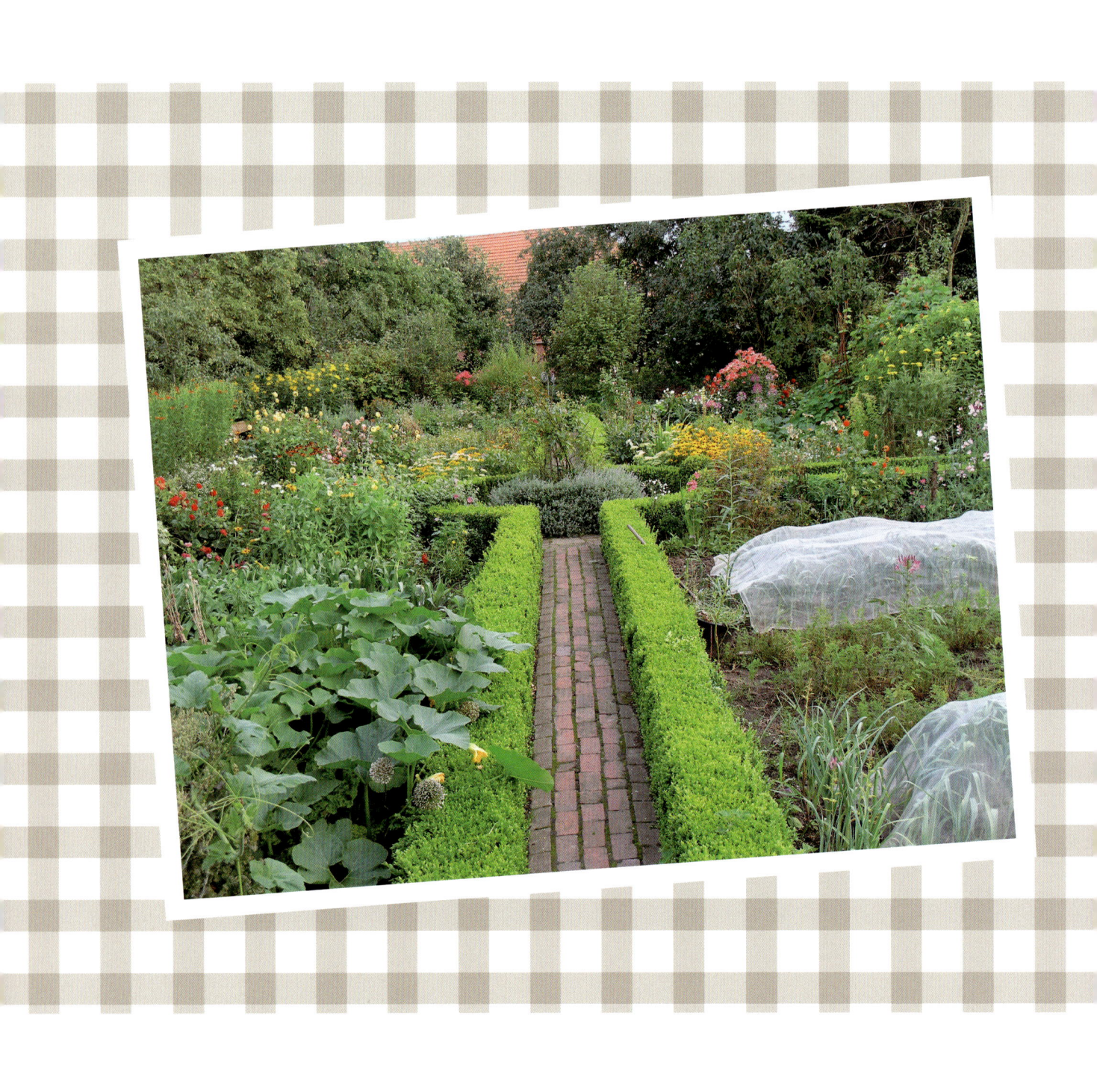

Der Küchengarten

Eigenes Gemüse ernten
Frische Kräuter für die Küche
Obst aus eigener Ernte

Eigenes Gemüse ernten

Wer einen Gemüsegarten sein Eigen nennt, kann im Sommer und Herbst im wahrsten Sinne des Wortes die Früchte seiner Arbeit ernten

Wenn Sie genügend Platz haben, sollten Sie es den Landfrauen gleichtun und sich einen schönen Gemüsegarten anlegen. Denn was schmeckt besser, als selbst geerntetes Gemüse? Und darüber hinaus können Sie sicher sein, dass es völlig natürlich und ohne Giftstoffe herangezogen wurde. Für eine Teilversorgung mit Gemüse müssen Sie ungefähr 30 bis 40 Quadratmeter Anbaufläche pro Person einplanen. Wählen Sie für Ihre Gemüsebeete einen möglichst sonnigen Standort aus. Schattige Plätze verzögern nicht nur das Wachstum der Pflanzen, sondern machen sie auch anfälliger für Krankheiten und Schädlinge. Ein sandig-lehmiger Boden, der Wasser und Nährstoffe gut festhalten kann, ist ideal. Ein guter Humusgehalt ist ebenfalls von Vorteil, da er die Ansiedlung nützlicher Kleinlebewesen fördert.

Was Sie in welcher Kombination in Ihre Gemüsebeete pflanzen, bleibt Ihrem eigenen Geschmack überlassen. Allerdings sollten Sie versuchen, das Gemüse im sogenannten Fruchtwechsel anzubauen. Setzt man beispielsweise Kartoffeln oder Tomaten Jahr für Jahr an dieselbe Stelle, ist der Boden rasch ausgezehrt, und die Erträge sinken. Kartoffeln und Tomaten, aber auch Gurken, Kürbisse und Zucchini gehören zu den Starkzehrern, das heißt, sie verbrauchen sehr viele Nährstoffe. An den Platz eines Starkzehrers sollte im Folgejahr im Idealfall ein Schwachzehrer treten, zu denen z.B. Bohnen, Möhren, Salate oder Zwiebeln gehören. Ein Beet lässt sich auch innerhalb einer Gartensaison mehrfach nutzen. Diese Mehrfachnutzung bezeichnet der Gärtner als Kulturfolge (meist eine Hauptkultur plus eine Vor- oder Nachkultur).

Fruchtgemüse – Tomaten brauchen viel Sonne und Wärme. Ideal ist eine Kultur im Gewächshaus oder unter einem transparenten Dach. Eine solche Dachkonstruktion ist vor allem in niederschlagreichen Sommern von Vorteil, da die Tomate zu viel Regen leicht übel nimmt. Faule Früchte sind die Folge. Der Boden sollte sehr nährstoffreich sein. Da die Tomate keinen Frost verträgt, darf sie erst ab Mitte Mai ins Freiland. Ob Stab- oder Buschtomaten – sie brauchen in jedem Fall einen Holzpfahl oder Spiralstab, an dem Sie die Pflanze hochbinden. Von der Aussaat bis zur Ernte vergehen in der Regel 10 bis 16 Wochen. Die Erntezeit erstreckt sich über den August und September. Tragen Ihre Pflanzen zum Herbstbeginn noch unreife Früchte, so können Sie auch diese abernten und sie nachreifen lassen.

Bei **Kürbispflanzen** ist die Unterteilung in Speise- und Zierkürbisse sowie in Sommer- und Winterkürbisse von Bedeutung. Was bei uns landläufig als Kürbis bezeichnet wird, sind die Winterkürbisse. Zu den Sommerkürbissen zählt beispielsweise die Zucchini. Wie der Name bereits vermuten lässt, erntet man die Winterkürbisse trotz früher Aussaat im April (Vorkultur) oder Mai (Freiland) später als ihre sommerreifen Verwandten. Die Erntezeit der Winterkürbisse beginnt erst im Herbst. Sie lassen sich gut lagern und können bei optimalen Bedingungen sogar bis ins Frühjahr hinein verwendet werden.

▶ *1) Frische Tomaten aus dem eigenen Garten schmecken unvergleichlich lecker. 2) Kürbisse reifen im Spätsommer und Herbst. Sie lassen sich vielfältig verwerten.*

Landfrauen-Tipp

Ihren Gemüsegarten sollten Sie zwei bis drei Wochen vor dem Bepflanzen düngen. Dann haben sich die Nährstoffe bereits im Boden verteilt und können von den Pflanzen gut aufgenommen werden. Ein ausgezeichneter natürlicher Dünger für den Garten ist Tiermist wie Schaf- oder Pferdemist. Tierische Dünger haben nicht nur einen recht ausgewogenen Nährstoffgehalt, sondern darüber hinaus den Vorteil, dass sie auch sehr gut die Wärme im Boden halten.

Landfrauen-Tipp

Saatgut keimt nie hundertprozentig. Mit Keimproben können Sie bestimmen, wie dicht ausgesät werden muss. Legen Sie hierzu auf eine flache Schale eine doppelte Lage Löschpapier. Breiten Sie darauf die Samenkörner gleichmäßig aus, decken Sie sie mit einer zweiten Lage ab und feuchten Sie sie an. Die Wartezeiten für Gemüsesämereien sind bei etwa 18 °C unterschiedlich lang. 10 Tage: Beifuß, Bohnen, Endivien, Erbsen Kohlarten, Kopfsalat, Kresse, Schwarzwurzeln, Zichorien; 13 Tage: Radieschen und Gartenkresse; 14 Tage: Gurken, Kürbis, Melonen, Mangold, Porree, Rote Bete, Tomaten, Zwiebeln; 21 Tage: Bohnenkraut, Borretsch, Karotten, Kerbel, Kümmel, Pastinaken, Spinat, Thymian; 28 Tage: Feldsalat, Majoran, Melisse, Petersilie, Sellerie, Spargel.

Die mitunter auch als Gartenkürbis bezeichnete **Zucchini** wird bei deutschen Gartenbesitzern immer beliebter. Die Pflanze braucht einen humosen Boden und viel Sonne. Hat man im April keine Jungpflanzen vorgezogen, erfolgt die Direktsaat im Mai. Schon sechs bis acht Wochen später kann zum ersten Mal geerntet werden. Man sollte die Früchte nicht zu groß werden lassen. Jung und zart schmecken sie am besten, optimal ist eine Länge von 15 bis 20 cm. Die rasche Abernte der jungen Früchte hat zudem den Vorteil, dass die Pflanze mehr neue Blüten und so auch neue Früchte ausbildet. Man kann also über viele Wochen kontinuierlich ernten.

Gurkenpflanzen sind hierzulande eine beliebte Gemüsepflanze, sei es als Salat- oder als Einlegegurke. Die Pflanzen brauchen einen sonnigen und warmen Standort. Der Platz sollte außerdem windgeschützt sein. Achten Sie darauf, dass der Boden locker und humos ist, denn die Wurzeln benötigen viel Luft. Da Gurkenpflanzen sehr kälteempfindlich sind, können sie, sofern man keine Pflanzen vorgezogen hat, erst in der zweiten Maihälfte ausgesät werden. Meist kann man ab August mit der Ernte beginnen. Wenn man die reifen Früchte regelmäßig abpflückt, lässt sich dadurch der Ertrag meist steigern.

Bei den **Paprikagewächsen** unterscheidet man zwischen Gewürz- und Gemüsepaprika. Gewürzsorten, wie die Chilischote, aber auch die Gemüsesorten sind eigentlich ein wärmeres Klima gewöhnt. Sie können aber in unseren Breiten durchaus gedeihen, wenn sie einen sehr sonnigen, warmen und

◀ *1) Zucchini sollten möglichst jung geerntet werden, dann sind sie besonders zart. 2) Gurken lassen sich frisch zu Salat verarbeiten oder einkochen bzw. einlegen.*
▶ *1) Chilischoten brauchen warmes Klima, gedeihen am besten im Gewächshaus. 2) Weißkohl gibt es in frühen und späten Sorten. Letztere sind frostunempfindlich. 3) Wirsing ist ein besonders delikates Kohlgemüse für die anpruchsvolle Küche.*

windgeschützten Standort haben. Was den Boden betrifft, sind Paprikapflanzen anspruchsvoll. Sie müssen in lockerer und durchlässiger Erde stehen, der Boden sollte humushaltig und reich an Nährstoffen sein. Mit der Jungpflanzenanzucht sollten Sie ab Anfang März beginnen. Die Auspflanzung ins Freiland kann zwischen Mitte Mai und Anfang Juni erfolgen. Die Erntezeit beginnt Ende Juli.

Kohlgemüse – Beim **Weißkohl** gibt es frühe, mittelfrühe und späte Sorten. Rot- und Weißkohl brauchen einen gut mit Dünger vorbereiteten Boden, müssen aber, wenn sich die Köpfe bilden, noch einmal nachgedüngt werden. Die Jungpflanzen, werden in der ersten Aprilhälfte in ein Frühbeet gepflanzt. Alternativ können Sie auch Setzlinge kaufen und diese direkt ins Freiland setzen. Die Kulturzeit der einzelnen Sorten geht sehr stark auseinander. Bei einigen beträgt sie 10, bei anderen bis zu 20 Wochen.

Übrigens unterscheidet sich der **Wirsing** zwar geschmacklich vom Weißkohl, die Kultur ist jedoch vollkommen identisch. Beide Kohlsorten können leichten Frost ohne weiteres vertragen und können daher bis in den Winter hinein geerntet werden.

Der auch als Spargelkohl bezeichnete **Brokkoli** ähnelt dem Blumenkohl. Während dieser jedoch geschlossene Blüten bildet, verteilen sich die Blütenknospen des Brokkoli locker über die gesamte Pflanze. Der Brokkoli kann von Anfang April bis Mitte Juni ins Freiland ausgesät werden. Gepflanzt wird er von Ende Mai bis Ende Juli. Zehn bis zwölf Wochen nach der Aussaat kann geerntet werden. Die Sprosse werden in einer Länge von

◀ *1) Brokkoli gilt als besondes gesund. Er soll sogar vor Krebs schützen. 2) Der Grünkohl als typisches Wintergemüse kommt im Spätsommer auf die Beete. 3) Frische Gartenmöhren können roh gegessen oder gekocht werden.*
▶ *1) Kartoffelanbau im Garten lohnt nur, wenn das Grundstück besonders groß ist. 2) Radieschen werden nach Bedarf mehrmals im Jahr neu ausgesät.*

Landfrauen-Tipp

Auch der beste Boden braucht einmal eine Pause. Da Kartoffeln dem Boden nur sehr wenige Nährstoffe entziehen, sollten Sie sie im Wechsel mit anderen Gemüsearten anpflanzen. In der Küche sollten Sie frische Kartoffeln wie Nudeln oder Reis erst ins kochende Wasser geben: Dann werden sie nicht mehlig und Sie erhalten schnittfeste Kartoffeln für jede Art von Salaten. Alte Kartoffeln werden wieder schmackhaft, wenn Sie dem Kochwasser etwas Essig hinzufügen. Auch das Zugeben von etwas Milch kann hilfreich sein. Die Kartoffeln werden dann nicht dunkel, und der Geschmack wird verbessert.

Landfrauen-Tipp

Fenchel ist sehr gesund, er fördert die Verdauung und enthält viel Vitamin C. Achten Sie allerdings darauf, neben Fenchel besser keine Tomaten zu pflanzen: Denn die rote Früchte tragenden Pflanzen mögen diese Knollen nicht und werden Ihnen eine zu enge Nachbarschaft mit wenig Aroma heimzahlen.

ungefähr 15 bis 20 cm abgeschnitten, bevor sich die Blüten öffnen.

Die Kultur des **Grünkohls** ist auch im Halbschatten möglich, er hat aber einen hohen Nährstoffbedarf. Ausgepflanzt wird von Juni bis August, ernten kann man den frostharten Kohl ab Oktober bis ins Frühjahr hinein.

Wurzel- und Knollengemüse – Möhren brauchen wie alle Rübengewächse einen lockeren Boden, damit sie sich unter der Erde gut ausbreiten können. Man unterscheidet bei den Möhren frühe, Sommer- und späte Sorten. Die frühen sät man bereits Ende Februar, die späten erst Anfang Mai. Die frühen Möhren sind nach 10 bis 14 Wochen erntereif. Die späten brauchen 22 bis 26 Wochen.

Der **Fenchel** ist eine äußerst vielseitige Nutzpflanze. Er bevorzugt lockeren und humushaltigen Boden. Man sollte die Erde reichlich mit Kompost versetzen. Die im April vorgezogenen Pflanzen können zwischen Mitte Juni und Mitte Juli ins Freiland gesetzt werden. Nach etwa 12 Wochen kann die erste Ernte eingebracht werden.

Will man im Garten **Kartoffeln** für den direkten Verbrauch anbauen, so eignen sich Frühkartoffeln am besten. Später reifende Sorten dagegen werden nach der Ernte meist eingelagert und sind aus diesem Grund nur bedingt für den Gartenanbau geeignet. Man lässt die Kartoffeln, bevor man sie in den Boden einsetzt, am besten etwas vorkeimen. Der Ertrag lässt sich so steigern, und die Ernte kann zwei bis drei Wochen früher erfolgen.

◀ *1) Pikanter Knollenfenchel für die Mittelmeerküche. 2) Knollensellerie wächst im Herbst heran und kann im Winter noch geerntet werden.*
▶ *1) Zwiebeln werden im Frühjahr gesteckt oder im Herbst direkt ins Beet ausgesät. 2) Porree kann Frost vertragen. Man erntet ihn noch den ganzen Winter über. 3) Die rot blühenden Feuerbohnen sehen gut aus und liefern wohlschmeckende Früchte.*

Gegen Mitte April werden die Knollen in den Boden gesetzt. Frühkartoffeln werden meist Ende Juni geerntet. Das Beet kann anschließend noch für eine Nachkultur genutzt werden.

Zwiebel- und Lauchgemüse – Sie erhalten im Handel Samen für viele verschiedene **Zwiebelsorten**. Sie unterscheiden sich in Größe, Farbe und Anbauart. Zwiebeln können gestaffelt angebaut werden, sodass sie im ganzen Jahr Saison haben. Der ideale Boden ist locker und durchlässig. Bereits im Februar kann man mit der Pflanzenanzucht beginnen, die Frühsaat ins Beet erfolgt Ende März oder später. Die sogenannten Winterzwiebeln dagegen sät man im August aus. Sie bleiben den Herbst und Winter über im Beet und werden im Frühjahr vereinzelt. Die Ernte der Frühsaaten kann man im August oder September in Angriff nehmen. Wer im Sommer Winterzwiebeln ausgesät hat, kann im Folgejahr ab Mai ernten.

Den auch als Lauch bezeichneten **Porree** erhalten Sie als Sommer-, Herbst- und Winterporree. Der Sommerporree wird bereits im März gesät, allerdings ins Frühbeet, den Herbstporree dagegen sät man im April direkt ins Freiland. Die Aussaat des Winterporrees erfolgt erst im Juni. Den Sommerporree erntet man ab Juli, den Herbstporree ab September. Der Winterporree kann während der kalten Jahreszeit im Beet bleiben und bis zum Frühjahr geerntet werden. Man sollte die Pflanzen jedoch beim Eintreten des ersten Frostes anhäufeln und etwas mit Reisig abdecken.

Hülsenfrüchte – Wer in seinem Garten Hülsenfrüchte anbauen will, wird sich meist für Bohnen entscheiden, denn die Kultur von Erbsen und Linsen ist aufwendig und bringt wenig Ertrag. Wer mit wenig Aufwand viel ernten will, sollte sich für **Stangenbohnen** entscheiden. Sie sind wesentlich ertragreicher als **Buschbohnen**, aber dafür auch anspruchsvoller. Sie brauchen lockere humose Erde und einen warmen, geschützten Standort.

Als Rankhilfe eignen sich Holzpfähle oder Metallstangen, die man in den Boden steckt. Werden Stangenbohnen Anfang Juni ausgesät, ist die erste Ernte 12 bis 16 Wochen später möglich. Bis in den Herbst hinein kann jedoch immer wieder durchgepflückt werden.

Salate – Gerade bei Salat und anderem Blattgemüse ist es wichtig, dass der Weg vom Feld bzw. vom Beet bis auf den Teller nicht zu lang ist, damit die Pflanzen nichts von ihrer Frische und Knackigkeit einbüßen.

Der Klassiker unter den Salaten ist der **Kopfsalat**, den man in aufeinander folgenden Sätzen vom Frühjahr bis zum Herbst anbauen kann. Man muss allerdings auf den richtigen Erntezeitpunkt achten. Sobald der Salat blüht – schießt, wie man auch sagt – ist er ungenießbar.

Neben dem Kopfsalat ist ein breites Spektrum verschiedenster Salatsorten erhältlich, die sich alle für den Gartenanbau eignen. Zu nennen sind hier beispielsweise der Schnittsalat, der Eissalat und der Feldsalat.

Der **Schnittsalat** bildet keine Köpfe, sondern aufrecht stehende Blätter aus und eignet sich vor allem als Frühjahrsgemüse. Der **Eissalat**, auch Krachsalat genannt, hat besonders feste Blätter, was ihn so knackig macht. Speziell für den Winterspeiseplan geeignet ist der **Feldsalat**, auch unter dem Namen Rapunzel bekannt. Er wird erst im August oder September ausgesät und kann vier Wochen später geerntet werden.

▶ *1) Grüner Kopfsalat ist der meistangebaute Salat in Deutschland. 2) Radicchio rosso kommt auch aus Italien und enthält viele Bitterstoffe. 3) Roter Lollo rossa und die grüne Form Lollo bionda stammen aus Italien. 4) Frisée-Salat ist die krausblättrige Variante des bekannten Endiviensalates.*

Landfrauen-Tipp

Schneiden Sie den Kopfsalat so heraus, dass die Außenblätter an der Wurzel stehen bleiben – in der Küche werden sie sowieso meist weggeworfen: Dann treiben aus den Blattachseln viele frische Blätter, die wie Pflücksalat geerntet werden und wie Kopfsalat schmecken.

Frische Kräuter für die Küche

*Der kleine Bruder des Gemüsegartens ist der Kräutergarten.
Mit der richtigen Auswahl an Kräutern bringen Sie frische Würze in Ihren Speiseplan*

Ist Ihr Garten groß genug, sollten Sie auf keinen Fall auf die Anlage eines Kräuterbeets verzichten. Im Gegensatz zum Gemüsegarten macht das Kräuterbeet, ist es einmal angelegt, nicht sehr viel Arbeit. Vom Frühjahr bis in den späten Herbst hinein können Sie Ihre zubereiteten Speisen mit schnittfrischen Küchenkräutern würzen. Und im Winter kommen dann die getrockneten oder eingefrorenen Vorräte zum Einsatz. Mit der richtigen Planung sind Sie also das ganze Jahr lückenlos mit Kräutern versorgt.

Das Kräuterbeet sollte im Garten einen etwas exponierten Standort haben, denn die Würzpflanzen brauchen sehr viel Sonne. Ein idealer Unterbringungsort ist eine sogenannte Kräuterspirale (siehe Seite 33).

Ein Kräuterbeet in Szene zu setzen, lohnt sich in jedem Fall, denn die meisten Pflanzen sind nicht nur nützlich, sie sind auch meist schön anzusehen und duften verführerisch. Zum erholsamen Aufenthalt im Garten kann es auch gehören, hier und da im Kräuterbeet ein Blatt abzuzupfen und mit dem intensiven Kräuteraroma die Nase zu verwöhnen.

Welche Kräuter Sie in Ihrem Garten kultivieren, hängt von Ihrem persönlichen Geschmack ab – im wahrsten Sinne des Wortes. Es empfiehlt sich jedoch, häufig verwendete Pflanzen wie Petersilie oder Dill auf jeden Fall mit einzuplanen. Damit Sie einen Eindruck erhalten, welche Kräuter sich für die Gartenkultur eignen und wozu man sie verwenden kann, stellen wir die wichtigsten Vertreter der Kräuterküche im Kurzportrait vor.

Petersilie – Petersilie wird meist einjährig kultiviert. Man erhält die Würzpflanze in gekräuselter und glatter Form. Die Samen keimen sehr langsam, daher muss man mit der Vorzucht früh beginnen. Kurz vor dem ersten Frost kann man die Pflanzen ins Beet setzen. Die Direktaussaat kann im Frühsommer erfolgen. Hat eine Pflanze mindestens acht Blätter getrieben, darf man ernten. Petersilie kann zur Vorratshaltung getrocknet werden, oder man friert sie ein.

Bohnenkraut – Das Bohnenkraut ist eine einjährige Würzpflanze. Man kann es im Mai direkt ins Freiland aussäen und dann von Juni bis September ernten. Wie der Name bereits verrät, eignet sich Bohnenkraut vor allem als Geschmacksverstärker für Bohnengerichte. Bei anderen Speisen sollte man Bohnenkraut wegen seines intensiven Geschmacks nur sparsam verwenden.

Schnittlauch – Der Schnittlauch gehört zu den wichtigsten Gewürzen in der Kräuterküche. Er findet vor allem bei der Zubereitung von Salaten Verwendung, passt aber auch gut zu Suppen, Eierspeisen oder Fischgerichten. Der Schnittlauch wird im zeitigen Frühjahr ins Freiland ausgesät. Geerntet werden kann er, sobald die Pflanzen ca. 15 cm hoch sind.

Basilikum – Das Basilikum ist einjährig. Es wird im Mai ausgesät und kann von Juni bis November

▶ *1) Die krause Petersilie gibt es mittlerweile in wunderschönen Farbtönen. 2) Bohnenkraut ist als typisches Würzkraut für Bohnengerichte bekannt. 3) Schnittlauch gehört in jedes Kräuterbeet.*

Landfrauen-Tipp

*Frische Petersilie „belebt" getrocknete Kräuter: Die Frische geht
auf die getrockneten Kräuter über. Probieren Sie es einfach
einmal aus und geben Sie die gleiche Menge frischer Petersilie
mit getrocknetem Dill, Basilikum, Majoran oder Rosmarin
in ein verschließbares Glas. Einige Stunden wirken lassen:
Der Unterschied im Geschmack wird Sie verblüffen!*

Landfrauen-Tipp

Ist Ihr Kind erkältet, hilft Majoranbutter, die Nase wieder freizubekommen. Diese können Sie auf folgende Weise selbst herstellen: Pulverisieren Sie einen Teelöffel getrockneten Majoran mit einem Mörser und füllen Sie ihn in ein hitzefestes Glas. Geben Sie nun einen Teelöffel Weingeist hinzu, verschließen das Glas fest und lassen es einige Stunden stehen. Fügen Sie jetzt einen Teelöffel Butter hinzu und erwärmen Sie das Ganze im Wasserbad, bis die Butter geschmolzen ist. Nehmen Sie das Glas aus dem Wasser, rühren Sie die Mischung um und geben Sie sie durch Filterpapier in einen Salbentiegel. Reiben Sie die Majoranbutter mehrmals täglich in oder unter die Nasenlöcher Ihres Kindes.

geerntet werden. Man verwendet Basilikumblätter frisch zu Tomaten oder im Salat, beliebt ist aber auch die Herstellung von Pesto, einer italienischen Basilikumsoße. Kleingeschnitten und in Öl eingelegt lässt sich Basilikum gut konservieren.

Oregano – Bei der Kultur von Oregano empfiehlt es sich, vorgezogene Pflanzen zu kaufen oder sie selbst vorzuziehen. Kurz vor dem letzten Frost kann man sie ins Freiland setzen. Sind die Pflanzen 15 cm hoch, kann man zum ersten Mal ernten. Will man die Pflanzen trocknen, wartet man, bis sie kurz vor der Blüte stehen, dann abschneiden und kopfüber aufhängen. Später Blätter abstreifen und weiter trocknen.

Majoran – Der Majoran ist verwandt mit dem Oregano, er stellt eine etwas süßere Variante dar. Er wird meist einjährig kultiviert, ist aber manchmal auch winterhart. Majoran wird im Topf vorgezogen und darf erst nach dem letzten Frost ins Freiland. Sind die Pflanzen 15 cm hoch, darf geerntet werden. Für den Winter lässt sich Majoran trocknen oder einfrieren.

Melisse – Die Melisse, auch Zitronenmelisse genannt, ist winterhart, mehrjährig und wird bis zu 60 cm hoch. Die Aussaat ins Freiland erfolgt kurz vor dem letzten Frost. Ernten kann man während der gesamten Saison. Zum Trocknen Blätter kurz vor der Blüte abschneiden. Frisch verwendet man die Melisse zur Verfeinerung von Salaten und Soßen, Gemüse, Geflügel und Fisch, getrocknet nutzt man sie als Teekraut.

Pfefferminze – Die Pfefferminze ist winterhart und mehrjährig. Sie wird bis zu 1 m hoch. Will man Minze kultivieren, kauft man am besten Pflanzen, die man im Frühjahr oder Sommer ins Beet setzt. Ein halbschattiger Standort ist ideal. Sind die Pflanzen 15 cm hoch, kann zum ersten Mal geerntet werden. Die Pfefferminze eignet sich in frischer oder getrockneter Form besonders gut für Teeaufgüsse.

◀ 1) Basilikum gehört zur italienischen Küche. Passt sehr gut zu Tomaten.
2) Oregano, der wilde Majoran, kommt ursprünglich aus dem Mittelmeerraum.
3) Majoran stammt aus Indien. Er passt zu Fleischgerichten und Würsten.
4) Zitronenmelisse ist winterhart und wird als Würz- und Heilkraut verwendet.
▶ 1) Pfefferminze wird zum Aromatisieren von Salaten und Gemüsen verwendet.
2) Estragon mit seinem mild-scharfen Aroma gehört in die Sauce Vinaigrette.
3) Dill passt als frisches Grün gut zu Gurkensalaten und Fischgerichten.
4) Salbei hat in der italienischen Küche einen festen Platz.
5) Rosmarin wird frisch und getrocknet in der Mittelmeerküche verwendet.
6) Thymian riecht stark würzig und hat einen herben Geschmack.

Estragon – Das Aroma des Estragons erinnert leicht an Lakritze. Die Pflanze ist mehrjährig und winterhart. Sie kann bis zu 60 cm hoch werden. Die gekauften Jungpflanzen werden im Frühjahr oder Sommer ins Kräuterbeet gesetzt. Ernten kann man während der gesamten Saison. Für die Nutzung der frischen Pflanze schneidet man einzelne Triebspitzen ab, zum Trocknen werden ganze Zweige abgetrennt. Estragon dient zur Verfeinerung von Salaten, Soßen oder Geflügelgerichten. Bekannt ist Estragon außerdem als Essigaroma.

Dill – Der Dill gehört bei uns zu den beliebtesten Küchenkräutern. Die Pflanzen sind einjährig, aber winterhart, sodass sie im Folgejahr wieder aus der Erde sprießen. Nach dem letzten Frost kann man den Dill ins Freiland aussäen, mit der Vorkultur kann man bereits fünf Wochen früher beginnen. Dillpflanzen brauchen viel Sonne und einen feuchten Boden. Wenn die Pflanzen eine Höhe von etwa 15 cm erreicht haben, kann zum ersten Mal geerntet werden. Will man den Dill zum direkten Verbrauch ernten, schneidet man einzelne Blätter ab. Möchte man getrocknete Vorräte anlegen, sollte man warten, bis die Pflanzen kurz vor der Blüte stehen, und dann ganze Stängel abschneiden. Zum Trocknen hängt man den Dill kopfüber auf und streift später die Blätter vorsichtig von den Stängeln ab. Dill kann in der Küche sehr vielfältig eingesetzt werden. Er passt zu Suppen und Dressings, Fisch, Geflügel und vielem mehr.

Salbei – Der Salbei ist ein mehrjähriger winterharter Halbstrauch, der bis zu 1 m hoch werden kann. Vorgezogene Pflanzen setzt man nach dem letzten Frost ins Freiland. Mit der Direktaussaat sollte man bis zum späten Frühjahr warten. Kleinere Mengen für den Direktverbrauch können Sie jederzeit ernten. Mit der Ernte für den Wintervorrat sollten Sie frühestens Mitte August beginnen. Die abgeschnittenen Stängel werden zur Lufttrocknung aufgehängt. Salbei passt zu vielen Fleischgerichten und zu Gemüse. Getrocknet kann er als Teeaufguss bei Erkrankungen des Rachenraums verwendet werden.

Rosmarin – Der Rosmarin gehört zu den Klassikern unter den Gewürzen und sollte in keinem Kräuterbeet fehlen. Der Halbstrauch ist nicht in allen Regionen winterhart und wird bis zu 90 cm groß. Da die Samen sehr langsam keimen, ist der Kauf von Pflanzen empfehlenswert. Nach dem letzten Frost setzt man den Rosmarin ins Beet. Geerntet werden kann während der gesamten Saison, die Pflanze eignet sich aber auch zum Trocknen (auf einem Gitter oder in der Mikrowelle). Rosmarin passt zu vielen Fleisch- und Fischgerichten und verschiedenem Gemüse.

Thymian – Der mehrjährige winterharte Halbstrauch kann kurz vor dem letzten Frost ausgepflanzt werden. Zur direkten Verwendung schneidet man einzelne Triebspitzen ab, zum Trocknen kurz vor der Blüte die ganzen Stängel, die zunächst aufgehängt und später auf einem Gitter oder in der Mikrowelle nachgetrocknet werden. Thymian ist als Gewürz fast universal einsetzbar. Er passt zu vielen Fleisch- und Fischgerichten, zu Salat und Gemüse.

Landfrauen-Tipp

Sommersalbei blüht ein zweites Mal, wenn man ihn unmittelbar nach der ersten Blüte auf Handbreite zurückschneidet und für reichlich Nährstoffe und Wasser sorgt.

Eine Kräuterspirale anlegen

Wie bereits eingangs zu diesem Kapitel gesagt, brauchen Kräuter in der Regel einen sehr sonnigen Standort. Eine beliebte Möglichkeit, den Kräutergarten attraktiv in Szene zu setzen, ist die Anlage einer Kräuterspirale. Je nachdem, wie groß die Spirale werden soll, heben Sie einen Kreis von 1–2 m Durchmesser spatentief aus. Für den Aufbau können Sie Natur- oder Backsteine verwenden, die Sie mit einer leichten Neigung nach innen zu einer spiralförmigen Mauer aufbauen.

Die Steine werden nur aufeinandergelegt, Mörtel kommt nicht zum Einsatz. Die Kräuterspirale sollte nicht höher als 80 cm sein, damit man noch gut an alle Pflanzen heranreicht. Wichtig ist, dass der Teil, in dem sich die Spirale abflacht, nach Südosten zeigt. So bekommen die Kräuter die größtmögliche Menge an Sonnenlicht.

Schon während man die Spirale aufbaut, füllt man sie innen zur Stabilisierung mit grobem Schotter. Oben bringt man eine Substratschicht aus Sand, Kies und Erde auf. Mischen Sie das Substrat so an, dass es in den höheren Regionen der Spirale sandiger ist und nach unten immer erdiger wird.

So schaffen Sie oben gute Bedingungen für wärmeliebende Kräuter wie Bohnenkraut und Salbei, in der Mitte gedeihen z. B. Schnittlauch und Dill am besten und unten feuchtigkeitsliebende Pflanzen wie die Melisse.

▲ *1) Die Kräuterspirale bietet den Pflanzen optimale Wuchsbedingungen. 2) Die Kräuterspirale wird in der vorgesehenen Größe aus dem Erdreich geformt. 3) Am Fuß der Spirale beginnend werden die Steine nun nebeneinander ausgelegt. 4) Die Zwischenräume der Steine mit Erde füllen, bis die Konstruktion stabil ist.*

Obst aus eigener Ernte

*Auch im kleinsten Garten können Sie problemlos ein paar Beerensträucher unterbringen.
Sie passen sogar ins Zierbeet und liefern schöne Früchte. Wer Kinder hat, sollte auf keinen Fall darauf verzichten,
Erdbeeren anzubauen. Sie sind pflegeleicht und gehören zu den beliebtesten Früchten. Wenn Sie an einer sonnigen
Hauswand ein Spalier bauen oder eine Pergola errichten, haben Sie ideale Voraussetzungen zum Anbau von Wein
oder Kiwis. Für die Pflanzung von Obstbäumen muss zunächst allerdings ausreichend Platz vorhanden sein.*

Erdbeeren sind der Renner

Anders als Obstbäume und Beerensträucher, die zu den Gehölzen gehören, sind die Erdbeeren *(Fragaria vesca)* staudenartige Pflanzen. Sie bilden krautige Büschel, die im Herbst verwelken und in den Wurzeln überdauern. Im Frühjahr treiben sie dann wieder aus. Typisch sind die dreilappigen Blätter und die kleinen cremeweißen Blüten, die eine Verwandtschaft mit den Rosengewächsen erkennen lassen.

Die Früchte sind keine echten Beeren, sondern Scheinbeeren, zumal sie ihre Samen nicht innen bilden, sondern außen auf der Schale. Die Samen, die sich als kleine gelbe Pünktchen abzeichnen, sind botanisch gesehen Nüsse. Die Sammelnussfrüchte enthalten Vitamin C und Catichene, die antibakteriell wirken und zudem Schwermetalle binden können. Außerdem sind sie reich an Mineralstoffen, Spurenelementen, Ballaststoffen und anderen Wirkstoffen. Leider sind Erdbeeren nicht für alle Personen verträglich. Gelegentlich kommen nach dem Verzehr Hautausschläge vor. Vermutlich ist dies aber auf den Einsatz von Spritzmitteln zurückzuführen. Es lohnt sich, eigene Erdbeeren im Garten zu kultivieren, die nur mit biologischen Mitteln behandelt werden.

Durch den Einsatz mehrerer verschiedener Sorten gibt es vom Juni bis zum Herbst ständig frische Früchte zu ernten. Neben großfrüchtigen Züchtungen sind auch kleinfrüchtige empfehlenswert. Diese mit den Wildarten nahe verwandten Pflanzen bilden den ganzen Sommer hindurch Früchte. Die Kultursorten sind dagegen auf eine Haupterntezeit beschränkt. Bei der Auswahl von Sorten für den Garten ist natürlich auch der Geschmack wichtig. Beim Probieren – z. B. bei Bekannten oder Nachbarn – können gute Sorten gleich für die Vermehrung vorgemerkt werden. Die Stauden lassen sich auch als Zierpflanzen einsetzen. Sie bilden flächige Bestände, wenn sie sich ungehindert ausbreiten können.

▶ *Herkunft:* Die wilde Walderdbeere ist weltweit in Regionen mit gemäßigtem Klima verbreitet. An der Züchtung war neben anderen Arten auch die Chile-Erdbeere *(F. chiloensis)* beteiligt. Mittlerweile sind mehr als 1000 Sorten verbreitet. Neben großfrüchtigen Sorten, die nur einige Jahre tragen, sind in Versandgärtnereien auch ausdauernde Monatserdbeeren zu bekommen. Sie dienen vorzugsweise als Bodendecker.

▶ *Standort:* Erdbeeren wachsen auf jedem Gartenboden. Den typischen Waldpflanzen bekommt eine reichliche Humusversorgung gut. Die großfrüchtigen Sorten bleiben nur wenige Jahre vital. Für sie ist ein Standortwechsel nötig. Die Monatserdbeeren sind viele Jahre ertragsfähig. Der Standort kann halbschattig liegen. Zur Fruchtreife ist natürlich ein sonniger Platz günstiger.

▶ *1) Frisch geerntete Erdbeeren aus dem Garten sind viel aromatischer als gekaufte. 2) Stroh zwischen den Erdbeerpflanzen hält die Früchte trocken und sauber.*

Landfrauen-Tipp

Achten Sie beim Pflanzen von Erdbeeren darauf, dass das Herz der Pflanzen dicht über dem Boden steht. Erdbeeren verfaulen sonst leicht. Erdbeeren, die zu früh geerntet wurden, reifen nicht nach. Außerdem sollte man sie – wenn überhaupt – erst kurz vor dem Verzehr zuckern, da sie sonst weich werden.

Landfrauen-Tipp

Für die Verwendung in Konfitüren und Kompotten sollten Stachelbeeren gepflückt werden, sobald sie einen Durchmesser von 1 bis 1,5 Zentimetern haben. Lichten Sie Stachelbeeren und Johannisbeeren alljährlich nach der Ernte aus, damit die Jungtriebe genug Licht erhalten und Krankheiten vorgebeugt wird. Schneiden Sie hierzu überalterte und zu dicht stehende Zweige direkt über dem Boden ab und entfernen Sie auch alle nach innen wachsenden Triebe, sodass 6 bis 10 kräftige, gut verteilte Jungtriebe pro Strauch überbleiben.

▸ *Pflanzung:* Eine günstige Pflanzzeit ist im Spätsommer. Dann wachsen die Pflanzen noch vor dem Winter an und bringen im nächsten Jahr schon eine üppige Ernte hervor. Möglich ist aber auch eine Pflanzung im Frühjahr. Die ersten Erdbeeren reifen im Juni. Sie leiten die Obsterntezeit ein. Der Hauptertrag der großfrüchtigen Sorten setzt im dritten Jahr ein. Danach bauen sie ab, sodass eine Nachpflanzung erforderlich wird. Diese sollte jedoch nicht am selben Standort erfolgen, weil der Boden ausgezehrt und mit Stoffwechselausscheidungen angereichert ist. Vielmehr ist ein Standortwechsel nötig. Bewährt hat sich eine Reihenpflanzung. Sie erleichtert die Pflege und die Ernte. In Erdbeerplantagen erfolgt die Pflanzung auf kleinen Dämmen. Besonders auf schweren Böden bleiben die Pflanzen hier gesünder, weil die Wurzeln nicht mit Nässe zu kämpfen haben und der Boden besser belüftet wird. Im Garten ist sowohl eine Reihenpflanzung möglich als auch eine Gruppenpflanzung in Verbänden. Zur besseren Platzausnutzung lassen sich Erdbeeren auch unter Obstbäumen und zwischen Sträuchern einsetzen. Wer keinen Garten hat oder keinen freien Platz, kann die Stauden sogar in Kübeln kultivieren. Hier haben sich Hängeerdbeeren bewährt.

▸ *Pflege:* Nach der Pflanzung ist ausreichende Wasserversorgung bei Trockenheit nötig. Von Vorteil ist eine Mischkultur mit Knoblauch, der Grauschimmel abhält. Während der Blütezeit und Fruchtbildung empfiehlt sich das Mulchen mit Stroh, das die Früchte luftig und sauber hält.

Beerenobst hat überall Platz

Beerenobst ist besonders beliebt, weil die Früchte einen angenehmen süßsäuerlichen Geschmack aufweisen und dazu viele Vitamine und Mineralstoffe enthalten. Sie sind aber auch ausgesprochen empfindlich und bekommen bei unsachgemäßem Transport schnell Druckstellen. Das Angebot auf den Märkten ist aus diesem Grund meist nicht besonders reichhaltig. Umso mehr bietet es sich an, selbst Beerensträucher im Garten zu kultivieren, weil dann die beste Qualität unmittelbar frisch geerntet werden kann.

Tipps für die Verarbeitung und Zubereitung

Alle Beerenfrüchte sollten Sie nach der Ernte nur kurz waschen. Die Stängel, Blütenblätter und Kelche werden am besten erst unmittelbar vor dem Verzehr oder der Weiterverarbeitung entfernt. So vermeiden Sie, dass unnötig Saft austritt und Aromastoffe verloren gehen. Je nach Geschmack gibt man zu rohen Beeren etwas Zucker. Gern werden die Früchte auch zu Marmeladen, Gelees oder Saft verarbeitet.

Johannisbeere *(Ribes-Sorten)*

▸ *Merkmale:* Die Rote Johannisbeere stammt von verschiedenen Wildarten ab, die in Europa und Westasien heimisch sind. Die kleinen Gehölze aus der Familie der Steinbrechgewächse *(Saxifragaceae)* haben in jedem Garten Platz. Obwohl die Pflanzen selbstfruchtbar sind, sollten stets mehrere Exemplare verschiedener Sorten gesetzt werden. Das begünstigt die Befruchtung und verlängert die Erntezeit. Das Sortiment bietet diverse rote, schwarze und gelbe bzw. weiße Züchtungen in Strauch- oder auch Stammform. Die Schwarze Johannisbeere mit ihrem kräftigen Aroma gehört bei uns zu den wertvollsten Früchten mit einem besonders hohen Vitamin-C-Gehalt.

▸ *Standort:* Alle Johannisbeersorten gedeihen am besten auf humosen Böden mit guter Wasserführung. Der Standort kann sonnig oder halbschattig sein.

▸ *Pflege:* Neben dem regelmäßigen Auslichtungsschnitt, der die Verjüngung fördert, bekommt den

◂ *1) Johannisbeeren lassen sich in jedem Garten unterbringen. Die meisten Sorten sind rot, es gibt aber auch aromatische weiße Sorten. 2) Stachelbeeren reifen je nach Sorte von Mitte Juni bis in den August.*

Johannisbeerbüschen oder -bäumchen das Mulchen mit Kompost oder Grasschnitt gut. Es hält den Boden feucht und schützt das flache Wurzelwerk. Bei Stammformen, die auf wilde Goldjohannisbeeren veredelt sind, müssen gelegentlich Wildtriebe aus den Veredelungsunterlagen entfernt werden.

Stachelbeere *(Ribes uva-crispa)*
▸ *Merkmale:* Wie die Johannisbeerbüsche zählen diese kleinen Sträucher oder Stämmchen nicht – wie die meisten Obstgehölze – zu den Rosengewächsen *(Rosaceae)*, sondern zu den Steinbrechgewächsen *(Saxifragaceae)*. Die mit Dornen bewehrten Gehölze entwickeln aus selbstfruchtbaren Blüten je nach Sorte rote, gelbe oder grüne Früchte. Die Pflanzung verschiedener Sorten verlängert die Erntezeit und macht unabhängiger gegen Ausfälle durch Krankheiten.

▸ *Standort:* Die flachwurzelnden Büsche oder Bäumchen brauchen einen sonnigen Platz, etwa als kleine Hecke neben dem Gemüsegarten, mit reichlicher Humusversorgung.

▸ *Pflege:* Der Schnitt im Spätwinter ist wichtig, um der vorzeitigen Vergreisung entgegenzuwirken. Zudem bekommt den Beerenobstpflanzen das Mulchen mit Kompost, Grasschnitt und dergleichen gut. Stämmchen brauchen ständig eine Stütze, damit die Kronen nicht umknicken.

▸ *Tipp:* Viele Sorten haben immer wieder mit Mehltau zu kämpfen. Sie lassen sich kaum durch Spritzungen heilen. Wählen Sie deshalb solche Sorten, die resistent oder weniger anfällig für diese Pilzkrankheit sind.

Jostabeere *(Ribes x nidigrolaria)*
Sie ist durch Kreuzung von Schwarzen Johannisbeeren mit Stachelbeeren entstanden. Die Früchte sind fast so groß wie Stachelbeeren und schmecken nach Schwarzen Johannisbeeren. Die Sträucher erreichen auch die Größe von Johannisbeerbüschen. Jostabeeren enthalten viel Vitamin C und wirken gegen Erkältungskrankheiten.

▸ *Standort:* Wie Johannisbeeren brauchen auch Jostabeeren einen Platz auf humosem Boden. Der Standort kann halbschattig sein. Ideal ist eine Gruppenpflanzung mit Johannisbeeren. Die Sträucher sind allerdings selbstfruchtbar und tragen auch in Einzelstellung.

▸ *Pflege:* Das Mulchen des Bodens mit Kompost, Rindenmulch oder anderen organischen Stoffen hält den Boden feucht und trägt zur Humusversorgung bei. Im Winter erhalten die Büsche einen maßvollen Auslichtungsschnitt. Dabei genügt es, einige alte Zweige direkt am Boden zu entfernen. Das begünstigt die Verjüngung und wirkt einer Vergreisung entgegen.

Himbeere *(Rubus idaeus)*
▸ *Merkmale:* Diese typische Waldpflanze zählt zu den Halbsträuchern. Sie entwickelt keine ausdauernden Zweige, sondern bildet kurzlebige Bodentriebe. Als sogenannte Pionierpflanzen breiten sich Himbeeren stark durch Wurzelausläufer aus. Im Handel sind verschiedene Sorten erhältlich, die sich besser für den Garten eignen als Wildpflanzen.

▸ *Standort:* Himbeeren brauchen lichte Plätze mit lockerem Boden. Das Mulchen mit Kompost, Grasschnitt und dergleichen hält sie gesund und wüchsig. Sehr gut bieten sich z.B. Hanglagen oder andere ungenutzte Flächen an, wo sie sich ausbreiten dürfen. Sonst sind sie besser an einem gepflegten Spalier aufgehoben.

▸ *Pflege:* Die kurzlebigen Ruten müssen nach der Ernte abgeschnitten werden. Die Jungtriebe, die sich während des Sommers immer wieder aus dem Boden bilden, werden ausgedünnt und an ein Gerüst geheftet. Wichtig ist es, kranke Ruten unverzüglich abzuschneiden und zu verbrennen.

Brombeere *(Rubus-Sorten)*
▸ *Merkmale:* Die erhältlichen Gartenbrombeeren sind durch Selektion und Kreuzung verschiedener Wildarten entstanden. Es gibt sommergrüne und immergrüne Züchtungen sowie dornenlose und solche mit bewehrten Trieben. Es sind Halbsträucher, die kein Geäst entwickeln, sondern kurzlebige Zweige. Brombeeren blühen im Sommer und fruchten im Herbst.

▸ *Standort:* Wer genügend Platz etwa an einem ungenutzten Hang hat, kann diese wüchsigen Halbsträucher verwildern lassen. Bei strenger Kultur brauchen sie ein Spalier oder eine Kletterhilfe. Das kann auch ein Drahtzaun sein. Auf jeden Fall ist ein humoser Boden nötig.

▸ *Pflege:* Eine strenge Erziehung ist nicht möglich, zumal die Triebe nur wenige Jahre erhalten bleiben. Vielmehr ist eine ständige Verjüngung nötig. Dazu werden nach der Ernte im Herbst oder im Spätwinter immer wieder einige alte Ruten entfernt. Junge Triebe bleiben erhalten. Falls nötig (bei Gefahr von strengen Frösten), bekommen sie einen Winterschutz. Außer der Verjüngung ist eine reichliche Humusversorgung, etwa durch das Mulchen mit Kompost, nützlich.

Heidelbeere *(Vaccinium corymbosum)*
▸ *Merkmale:* Neben der heimischen Wildart gibt es Kulturheidelbeeren, die ursprünglich aus Nordamerika stammen. Sie bilden größere Büsche und entwickeln aus kleinen selbstfruchtbaren Glockenblüten etwa kirschgroße Früchte. Durch Züchtung sind verschiedene Sorten entstanden, die gleichermaßen anbauwürdig sind.

▸ *1) Jostabeeren sind ein Kreuzung aus Schwarzen Johannisbeeren und Stachelbeeren. 2) Himbeeren gehören zu den köstlichsten Früchten für den Rohverzehr.*
3) Brombeeren enthalten sehr viel Zucker und verschiedene wertvolle Vitamine..

Landfrauen-Tipp

Der Fruchtertrag von Apfelbäumen verbessert sich, wenn im Bereich der Kronentraufe und einige Handbreit darüber hinaus Eisenfeilspäne in der Oberkrume untergegraben werden. Die Reife von Äpfeln können Sie leicht feststellen, wenn Sie folgende Regel beachten: Rotschalige Sorten sollten mindestens zur Hälfte rot sein. Kippen Sie die Frucht am Zweig ein wenig: Löst sich der Apfel nicht, sollte man mit der Ernte noch warten.

▸ *Standort:* Heidelbeeren zählen wie Eriken und Rhododendren zu den Moorbeetpflanzen. Sie brauchen sauren Boden. Auf normalem, kalkhaltigem Gartenboden bekommen sie gelbe Blätter, tragen nur winzige Früchte und verkümmern. Sie brauchen also ein eigenes Beet mit selbstgemischtem Moorbeetsubstrat oder fertiger Rhododendronerde. Der Standort sollte halbschattig liegen.

▸ *Pflege:* Kulturheidelbeeren bekommt man in gut sortierten Gärtnereien als kräftige Containerpflanzern. Die robusten und frostharten Büsche brauchen außer der regelmäßigen Nährstoff- und Wasserversorgung keine besondere Pflege.

▸ *Tipp:* Heidelbeerbüsche lassen sich zusammen mit Preiselbeeren und Rhododendren in einem eigenen Moorbeet in Gruppen pflanzen. Dazu ist ein Erdaustausch nötig.

Kernobst

Beim Kernobst gibt es unterschiedliche Kronenformen, die von der Art, von der Sorte, von der Unterlage und vom Schnitt beeinflusst werden. Die Arten, also Apfel-, Birn- und Quittenbäume, unterscheiden sich in der Wuchsform und -stärke recht deutlich voneinander. So wachsen Apfelbäume breit und kugelig, Birnbäume ziemlich schlank und aufrecht und Quitten wiederum ähnlich den Apfelbäumen breit und kugelig. Entscheidend werden Apfel- und Birnbäume von der Veredelungs-Unterlage bestimmt (das ist das Stämmchen, worauf die Krone veredelt ist); die Quitten weniger, weil für sie nur zwei Unterlagen in Frage kommen. Für den Apfel gibt es die meisten verschiedenen Unterlagen; angefangen beim Sämling, der besonders große Kronen bildet, über die starkwüchsigen Typen-Unterlagen (spezielle Züchtungen) wie etwa Typ M 11 und M 25, die über 5 m hohe Bäume hervorbringen können, weiterhin über die mittelstark wachsenden Typen, wie etwa M 4 oder M 7, die ca. 3 bis 4,5 m hohe Bäume entwickeln, bis hin zu den schwach wachsenden Typen, wie etwa M 9 oder M 27, die nur 1,5 bis 3 m hohe Bäumchen bilden. Bei der Birne dienen vorwiegend Sämlinge und Quitten-Unterlagen als Veredelungsunterlagen, wobei Sämlinge einen kräftigen Wuchs und Quitten einen schwachen Wuchs bewirken.

Apfel *(Malus domestica)*

▸ *Merkmale:* Dieses Kernobstgehölz ist weltweit in allen gemäßigten Regionen verbreitet. Es gibt davon mehr als 1000 Sorten, die alle ursprünglich von Wildapfelbäumen *(M. sylvestris)* abstammen. Sämlinge bringen meistens nur kleine Früchte (Holzäpfel) hervor. Die Sorten werden deshalb durch Veredelung vermehrt. Es gibt verschiedene Baumformen, und zwar vom klein bleibenden Spindelbusch bis zum mächtigen Hochstamm. Die Blütezeit dauert je nach Sorte von April bis Mai. Reife Früchte gibt es mit den Frühsorten bereits Ende Juli. Späte Sorten bleiben in einem kühlen Winterlager bis zum Frühjahr frisch.

▸ *Standort:* Apfelbäume gedeihen als typische Waldrandpflanzen an weniger günstigen Gartenplätzen auch in Nordlagen. Natürlich lassen sie sich ebenso an vollsonnige Plätze setzen. Wichtig ist ein tiefgründiger, stets gut durchfeuchteter Boden ohne Staunässe.

▸ *Pflege:* Nach der Pflanzung darf die Erziehung von Jungbäumen mittels Schneiden und Heften nicht vernachlässigt werden. Richtig erzogene Kronen brauchen dann nur noch ein wenig ausgelichtet zu werden. Gut bekommt den Bäumen eine reichliche Kompostversorgung im Wurzelbereich.

▸ *Tipp:* Apfelbäume sind selbstunfruchtbar. Es sind also mehrere Exemplare nötig, um Früchte zu bekommen. Pflanzen Sie also stets mehrere Sorten in Gruppen.

◂ *1) Die Kulturheidelbeere stammt aus Nordamerika und kann kirschgroß werden. 2) Gesunde und gepflegte Apfelbäume tragen in guten Jahren reichlich Früchte.*

Birne *(Pyrus communis)*

▸ *Merkmale:* Dieses Kernobst wird – wie der Apfel – in allen gemäßigten Regionen der Erde angebaut. Es gibt ungezählte Züchtungen, die alle von der Wildbirne stammen. Diese entwickelt einen mächtigen Baum mit kleinen, holzigen Früchten (Holzbirnen). Für den Garten eignen sich veredelte Sorten besser, insbesondere die schwachwachsenden Veredelungen auf Quitten-Unterlagen.

▸ *Standort:* Birnbäume brauchen einen sonnigen Stand auf tiefgründigen Böden mit gutem Wasserabzug. Am besten gedeihen sie auf lehmigen Sandböden. Besonders gut lassen sie sich als Spaliere an einer Südwand ziehen.

▸ *Pflege:* Die Pflege richtet sich nach der Erziehungsform. Hochstämme auf Sämlingsunterlagen brauchen nach der Erziehung und Formgebung in den ersten Jahren später nur gelegentlich einen Auslichtungsschnitt. Bei eher schwach wachsenden Buschbäumchen wirkt ein regelmäßiger Schnitt der vorzeitigen Vergreisung entgegen. Spalierbäumchen müssen am jeweilgen Gerüst gezogen werden.

▸ *Tipp:* Birnen können auch ohne Bestäubung Früchte entwickeln (Jungfernfrüchtigkeit). Dennoch ist es förderlich, mehrere Sorten zu pflanzen, die sich dann gegenseitig bestäuben. Eine gute Befruchtersorte ist die 'Williams Christbirne'.

Quitte *(Cydonia oblonga)*

▸ *Merkmale:* Mit das Erste, was die Lehrlinge in den Baumschulen kennenlernen, sind die Quitten. Der Biss in einen solchen „Apfel" ist äußerst einprägsam. Roh sind die Früchte knochenhart und kein Genuss. Die kleinen Bäumchen aus dem persischen Raum blühen ähnlich wie Apfelbäume weiß und fallen dann natürlich auch durch ihre Früchte auf. Sie werden erst geerntet, wenn der Flaum verschwindet und die Schale einen glänzend glatten Teint bekommt.

▸ *Standort:* Im Garten passen Quitten gemeinsam mit anderem Strauchobst wie Felsenbirnen, Haseln oder Kornelkirschen in pflegeleichte Obsthecken oder auch freiwachsend etwa an Terrassen oder in den Vorgarten. Der Boden sollte tiefgründig, locker und kalkarm sein. Auf schweren, kalkhaltigen Böden bekommen sie leicht Chlorosen (erkennbar an gelben Blättern).

▸ *Pflege:* Quitten bilden große Büsche, die Apfelbuschbäumen sehr ähnlich sind. Sie lassen sich bis zum Boden beastet als Sträucher ziehen oder auch als kleine Stammbäumchen, wenn die unteren Äste entfernt werden. Sonst brauchen sie keine besondere Pflege.

▸ *Tipp:* Es genügt ein Exemplar, um Früchte zu bekommen, denn Quitten sind selbstfruchtbar. Natürlich lassen sich auch mehrere Pflanzen nebeneinander kultivieren, so etwa Apfel- und Birnenquitten in verschiedenen Sorten (z.B. 'Bereczki', 'Vranja' oder die 'Konstantinopeler'). Die Sorten werden oft auf Weißdorn veredelt. Dann ist bei der Pflege auf Wildtriebe aus der Veredelungsunterlage zu achten. Diese müssen unverzüglich entfernt werden.

Steinobst

Beim Steinobst gibt es einige markante Unterschiede zwischen den verschiedenen Arten. Grundsätzlich ist wie beim Kernobst der Erziehungsschnitt entscheidend für den Wuchs. Später muss in der Regel nur noch ausgeglichen werden (mit Ausnahme des Pfirsichs, der wegen seiner Frostempfindlichkeit manchmal stark zurückzuschneiden ist). Anders als beim Kernobst, das sehr schnittverträglich ist und selbst einen Rückschnitt ins alte Holz recht gut verträgt, reagiert das Steinobst auf

▸ *1) Birnen werden in den gemäßigten Zonen überall auf der Welt angebaut. Hier eine Mostbirne für die Saftherstellung. 2) Die besonders aromatischen Apfelquitten sind meist etwas härter als die Birnenquitten.*

Landfrauen-Tipp

Birnenjungpflanzen sollen nicht höher als 6 Meter wachsen, und zwar mit flachen Fruchtästen, die nicht geschnitten werden. Entfernen Sie deshalb alle 5 bis 6 Jahre alles, was darüber hinausgewachsen ist, sowie alle steilen Triebe und Wasserschosse. Ernten Sie Birnen generell hart und lagern Sie sie bis zur Genussreife, sonst wird ihr Fruchtfleisch grobkörnig. Achten Sie darauf, dass der Lagerraum kühl und dunkel ist.

Landfrauen-Tipp

Setzen Sie Pflaumen und Zwetschgen am besten eine Pyramiden-
krone auf, die aus vier oder fünf Seitenleitästen besteht und über
der Sie in lockerer Folge einige flache Fruchtäste anordnen.
Die frühe Blüte wird häufig von Spätfrösten ausgedünnt.
Es ist deshalb unter Umständen zweckmäßiger, die Krone jahrelang
ungeschnitten zu lassen, ohne dass der Ertrag nennenswert sinkt.
Ehe die Krone völlig vergreist, können Sie sie verjüngen, indem
die Leitäste auf untere Verzweigungen abgesetzt werden.

den Schnitt häufig mit „Gummifluss" (Austritt von gummiartiger Flüssigkeit).

Süßkirsche *(Prunus avium)*
Die wilde Vogelkirsche ist die „Mutter" aller Süßkirschen-Sorten. Dieses heimische Wildgehölz erwächst zu einem mächtigen Baum. Auch die meisten Veredelungen brauchen viel Raum zur Entfaltung. Alle Sorten sind selbstunfruchtbar. Es sind also mehrere Bäume erforderlich (z. B. auch in Nachbargärten), damit es zur Bestäubung der Kirschblüten und zur Fruchtentwicklung kommt.

Je nach Sorte dauert die Reifezeit der Früchte etwa vom Juni bis zum Juli. Die besonders schmackhaften „Herzkirschen" sind weichfleischig und daher wenig transportfest. Sie werden auch entsprechend seltener im Handel angeboten. Häufiger findet man die knackigen und festfleischigen „Knorpelkirschen".

▸ *Standort:* Süßkirschenbäume brauchen tiefgründige, lehmhaltige Böden mit guter Durchlüftung und Wasserführung. Staunässe vertragen sie nicht. Zudem benötigen sie genügend Raum, um ihre großen Kronen zu entfalten. Ein sonniger Standort begünstigt die Fruchtreife.

▸ *Pflege:* Nach der Erziehung sollten Süßkirschen nur wenig geschnitten werden, zumal sie von Natur aus breite, lichte Kronen entwickeln. Nur dürres Holz ist unverzüglich zu entfernen.

Sauerkirsche *(Prunus cerasus)*
Die Sorten dieses Steinobstbäumchens stammen von der wilden Weichselkirsche. Sie bleiben wesentlich kleiner als Süßkirschenbäume und entwickeln mehr oder weniger überhängende Triebe. Die Früchte entwickeln sich aus weißen Blüten je nach Sorte im Juni/Juli. Sie dienen mehr zur Konservierung als für den Frischverzehr. Es gibt selbstfruchtbare und selbstunfruchtbare Sorten. Ein Sortenmix fördert die Befruchtung.

▸ *Standort:* Für gutes Gedeihen brauchen Sauerkirschbäumchen einen tiefgründigen Boden mit guter Wasserführung in sonniger Lage.

▸ *Pflege:* Anders als Süßkirschenbäume bekommt den Sauerkirschbäumen ein gelegentlicher Auslichtungsschnitt gut, zumal sie dichte Kronen entwickeln. Vor allem sollten immer wieder stark überhängende Triebe – sogenannte Peitschentriebe – eingekürzt werden. Das kann im Sommer nach der Ernte oder auch im Spätwinter geschehen.

Pflaume, Zwetschge, Reneklode, Mirabelle *(Prunus domestica)*
Neben Kirschen, Pfirsichen und Aprikosen gehören Pflaumen zu den wichtigsten Steinobstarten im Garten. Zu den Pflaumen zählen auch die Zwetschgen, Renekloden und Mirabellen, die sich im Wesentlichen nur in der Fruchtform und Farbe sowie im Geschmack unterscheiden.

Alle Pflaumen heißen botanisch *Prunus domestica*. Sie stammen ursprünglich aus dem Kaukasus und wurden wahrscheinlich – wie viele Obst-Arten – von den Römern im Mittelmeerraum und später auch nördlich der Alpen angesiedelt. Im Frühjahr sind die Bäume mit weißen Blüten übersät. Im Spätsommer bringen sie reichlich Frucht. Zwetschgen oder auch Zwetschen haben eine typische ovale Form und eine blaue Haut. Die bekanntesten sind die 'Hauszwetschgen'. Ähnliche Früchte trägt die 'Italienische Zwetschge'. Ihre Früchte sind aber deutlich größer als 'Hauszwetschgen'. Pflaumen unterscheiden sich durch die runde Fruchtform und die rote oder gelbe Farbe. Bekannte Sorten sind 'Königin Viktoria' und die 'Ontariopflaume'. Renekloden oder

◂ *1) Sauerkirschen werden vor allem zum Einmachen angebaut. 2) Zwetschgen sind länglich-oval, blauviolett und haben grüngelbes Fruchtfleisch.*

Reneclauden sind ebenfalls rund. Es gibt rote, gelbe und blaue Sorten, so etwa 'Graf Althans', 'Große Grüne Reneclaude' oder 'Quillins'. Auch die Mirabellen sind rund, aber deutlich kleiner. Die bekannteste ist wohl die 'Nancymirabelle'. Natürlich unterscheiden sich die Sorten auch im Geschmack, in der Reifezeit und in der Haltbarkeit. Der Ertrag ist sehr von der Bestäubung abhängig. Es gibt selbstfruchtbare und selbstunfruchtbare Sorten. Bei selbstfruchtbaren Sorten, wie etwa der 'Hauszwetschge' genügt ein Exemplar, um schöne Früchte zu bekommen. Selbstunfruchtbare Sorten, wie die 'Große Grüne Reneclaude' fruchten nur, wenn sie Blütenstaub von anderen passenden Sorten abbekommen.

▶ *Standort:* Die robusten Bäumchen wachsen auf praktisch jedem Gartenboden. Er sollte nährstoffreich und wasserführend sein. Eine sonnige Lage begünstigt auf jeden Fall die Fruchtreife.

▶ *Pflege:* Ungepflegte Pflaumenbäume haben häufig mit Krankheiten zu kämpfen. Neben dem Schnitt und der Vernichtung kranker Zweige ist Bodenpflege erfahrungsgemäß das beste „Pflanzenschutzmittel". Kompostgaben auf die Baumscheiben sichern die Nährstoffversorgung und erhalten die Bodenfeuchtigkeit. Bei Bäumen, die im Rasen stehen, sollte das Gras stets kurz gehalten werden.

Pfirsich *(Prunus persica)*
Dieses kleine Steinobstgewächs, das ursprünglich aus China stammt, bildet eher einen Großstrauch als einen Baum, da es kein kräftiges Geäst entwickelt. Die meisten Sorten sind selbstfruchtbar. Es genügt also ein Exemplar. Mischpflanzungen sichern aber bessere Ernten, zumal Frostschäden immer wieder Ausfälle zur Folge haben.

▶ *Standort:* Ideal sind geschützte, vollsonnige Südlagen oder bei Spaliererziehung Südwände. Sie brauchen tiefgründigen, humosen Boden mit gutem Wasserabzug. In rauen Regionen ist es besser, auf dieses empfindliche Obstgehölz zu verzichten oder es durch robustere Arten (z.B. Aprikosen) zu ersetzen.

▶ *Pflege:* Wenn der Standort passt, entwickeln sich buschige Bäumchen. Zur Kräftigung des Geästs ist ein Rückschnitt der Zweige nützlich. Gut tragende Bäumchen sollten gestützt werden, um das Ausschlenzen (Ausbrechen) der Zweige zu verhindern.

Aprikose *(Prunus armeniaca)*
Diese kleinen Steinobstbäumchen waren ursprünglich vom Kaspischen Meer bis Nordchina verbreitet. Mittlerweile wurden sie in gemäßigten Regionen weltweit angesiedelt. Bei uns brauchen sie unbedingt geschützte Plätze. Obwohl das Holz robuster ist als etwa das des Pfirsichbaumes, kann in unseren Breiten die frühe Blüte Spätfrostschäden abbekommen.

▶ *Standort:* Im Hausgarten bekommen Aprikosen einen vollsonnigen Platz auf tiefgründigem, nährstoffreichem, wasserführendem Boden. Sie lassen sich auch gut an Spalieren ziehen.

▶ *Pflege:* Nach der Erziehung brauchen Aprikosen nur noch maßvoll geschnitten zu werden. Allerdings ist es erforderlich, kranke Triebe unverzüglich zu entfernen, um eine Ausbreitung der Welkeerreger zu verhindern. Günstig auf die Gesunderhaltung wirkt sich das Mulchen der Baumscheibe mit Kompost aus.

▶ *1) Aprikosen brauchen sonnige und frostgeschützte Plätze im Garten. 2) Pfirsiche haben einen besonders hohen Gehalt an Vitamin E. Bei stark tragenden Bäumen muss man die Äste unterstützen, damit sie unter der Last nicht abbrechen.*

Landfrauen-Tipp

Pfirsiche enthalten viel Saft, aber so gut wie keine Pektine.
Zum Einkochen sollten Sie daher die Pfirsiche entweder
mit Johannisbeeren mischen oder genügend Gelierzucker
benutzen. Die Hälfte Zucker können Sie sparen, indem Sie
zu eingekochten Pfirsichen etwas Zitronensaft hinzufügen.

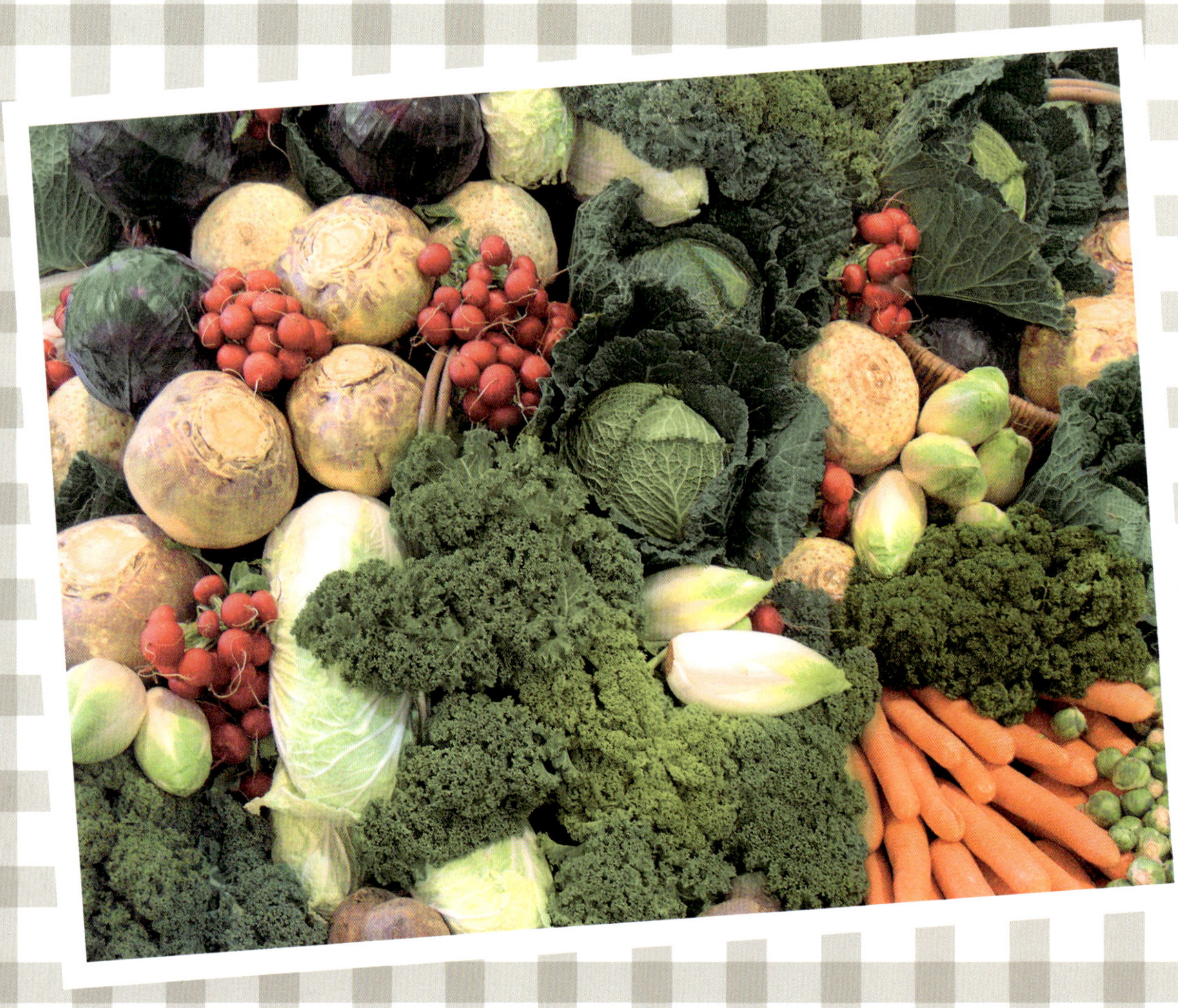

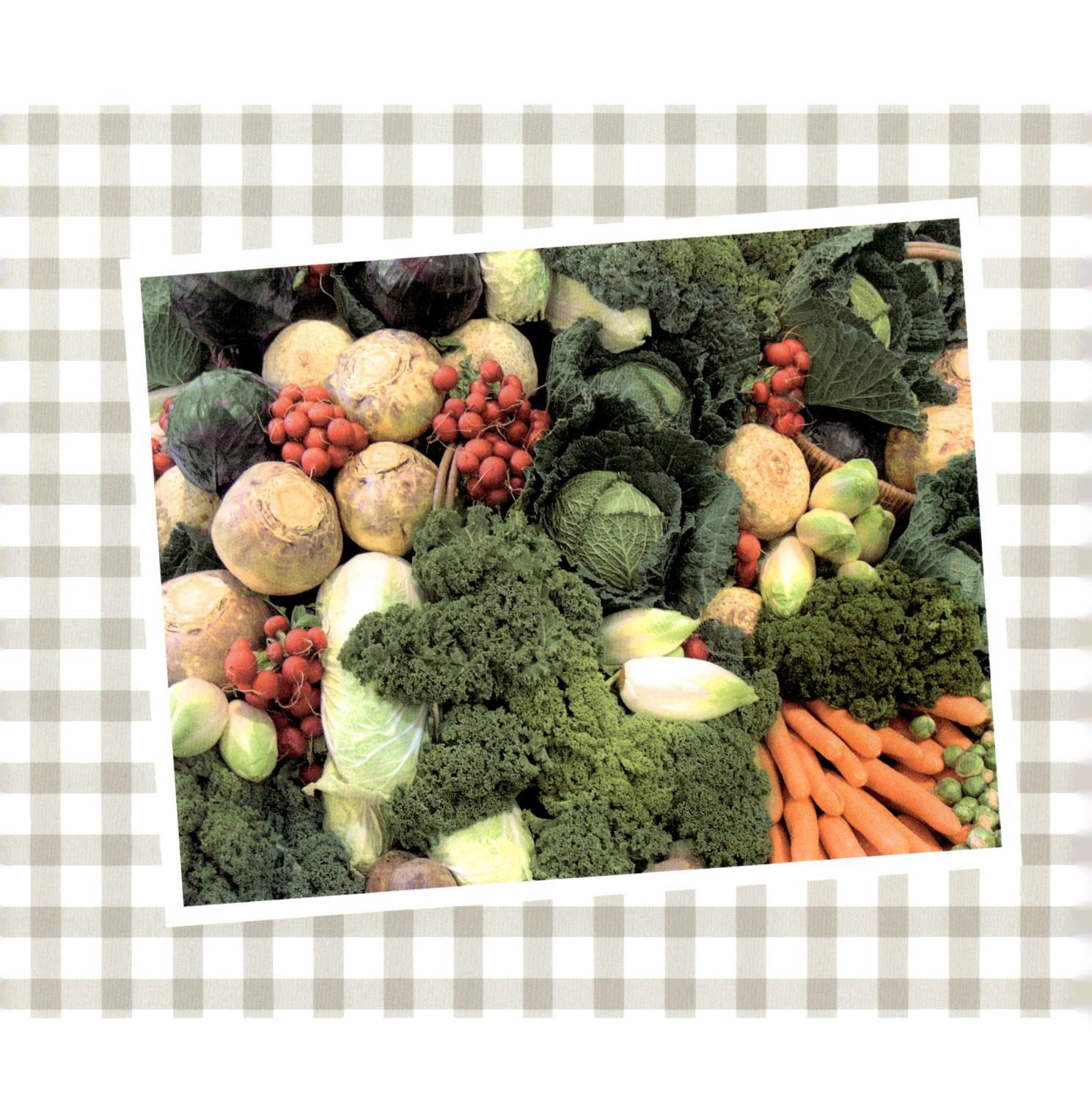

Das Gartenjahr

Januar

Der Januar ist im Jahresdurchschnitt der kälteste Monat. Bäume und Sträucher sind in der Saftruhe, Stauden überdauern den Winter im Boden.

Neben den ersten Aussaaten von Gemüse- und Sommerblumen ist noch Platz für Dattelkerne, Zitrussamen und andere exotische Früchte, die sich durch Samen vermehren lassen.

Die Kübelpflanzen im Winterquartier brauchen – wie die Zimmerpflanzen – mit zunehmender Tageslänge wieder mehr Wasser.

An trüben Tagen sollten die Jungpflanzen zusätzlich beleuchtet werden, damit sie nicht eingehen und kräftig aufwachsen.

Im Glashaus sind jetzt Bodenproben zu empfehlen; falls nötig, Kompost verteilen und einarbeiten.

Draußen beginnt bei mildem Wetter der Gehölzschnitt; gehäckseltes Holz ist ideal zum Mulchen unter Sträuchern und zur Anlage von Wegen.

Kontrollieren Sie gelegentlich den Winterschutz im Garten, und schütteln Sie, falls nötig, Nassschnee von den Zweigen.

Im Januar werden die Tage wieder länger. Jetzt ist die Zeit für die Saatgutbestellung und für die ersten Aussaaten (z. B. Kübelpflanzen aus exotischen Früchten).

Etwa gegen Ende des Monats bekommen auch die Zimmerpflanzen wieder mehr Wasser.

Februar

Der Februar ist für Gartenfreunde ein Monat der Vorbereitung, aber auch der ersten praktischen Arbeiten im Zier- wie im Nutzgarten.

Bei frostfreiem Wetter ist Pflanzzeit für Bäume und Sträucher.

Obstgehölze vertragen jetzt im Spätwinter den Schnitt am besten; es genügt in der Regel, zu dichte Bäume und Sträucher ein wenig auszulichten.

Ein Sonnenschutz ist an klaren Wintertagen nicht nur unter Glas, sondern auch im Garten nötig. Empfindliche Baumstämme bekommen einen Rindenschutz. Rosen schattiert man am besten mit Reisig, damit sie nicht zu früh treiben.

Bei frostfreiem Wetter beginnt die Zeit zum Veredeln der Obstgehölze.

Bevor Lupinen, Margeriten und andere Stauden wieder austreiben, sind die alten Stengel zurückzuschneiden.

Kübelpflanzen, die zu groß oder langstielig sind, vertragen den Rückschnitt jetzt am besten.

Etwa Ende Februar lässt sich das Glashaus oder Frühbeet für die erste Aussaat von Salat, Spinat, Kohlrabi und Radieschen nutzen.

Tomaten, Paprika und andere Gemüse, die jetzt gesät werden, brauchen viel Licht. An trüben Tagen ist eine künstliche Beleuchtung empfehlenswert.

Landfrauen-Tipp

Jede Landfrau kennt die Bauernregel „Januarsonne hat weder Kraft noch Wonne." Für das bäuerliche Arbeitsjahr stellt der Januar traditionell eine Zeit der Ruhe und Vorbereitung dar. So ist in der Winterruhe vor dem Frühjahrsaustrieb die beste Zeit zum Gehölzschnitt. Dabei fällt eine Menge Schnittgut an, das sich im Garten gut nutzen lässt. Dünne Zweige eignen sich beispielsweise zur Anlage eines Hügelbeetes, in dem sie den holzigen Kern bilden. Ansonsten werden die Zweige gehäckselt und zum Mulchen oder als natürlicher Wegbelag benutzt.

Landfrauen-Tipp

Eine alte Bauernregel rät: „Fürchte nicht den Schnee im März, darunter wohnt ein warmes Herz." Im März als erstem Frühlingsmonat fällt der „Startschuss" für die Gartenarbeit, aus gutem Grund heißt der Monat im Altdeutschen auch „Lenzmond". Wer mit Sicherheit gute Erträge erzielen möchte, sät jetzt am besten stets mehrere Sorten. Insbesondere bei Tomaten und anderen Gemüsearten, die eine lange Entwicklungszeit haben, lohnt sich dies in jedem Fall, damit es zu keiner „Missernte" kommt und wenigstens einige Pflanzen reichlich gute Früchte tragen.

März

Endlich werden die Tage wieder spürbar länger – vom Monatsanfang bis zum Ende um fast zwei Stunden. Licht und Wärme wecken die Pflanzen.

Noch ist Zeit zum Schneiden der Bäume und Sträucher; jedoch nur noch zum Auslichten und für andere kleinere Eingriffe. Größere Eingriffe, wie etwa das Entfernen dicker Äste, sollten nicht mehr durchgeführt werden.

Ein Rückschnitt bei Sommerflieder und ähnlich empfindlichen Sträuchern, die oft vom Frost stark geschädigt wurden, fördert die Erholung.

Bei frostfreiem Boden ist wieder Pflanzzeit für alle Arten von Gehölzen und Stauden.

Wenn der Boden abgetrocknet und erwärmt ist, beginnt die Saatzeit bzw. Pflanzzeit für Möhren, Spinat, Salat, Rote Bete, Petersilie, Zwiebeln und andere Frühgemüse.

Bevor der Rasen austreibt, lässt er sich durch Vertikutieren verjüngen und zum Wachsen anregen.

Zimmer- und Kübelpflanzen jetzt umtopfen. Bei langstieligen Oleandern, Engelstrompeten und anderen regt Rückschnitt zur Verzweigung an.

Vlies oder Folie schützen empfindliche Pflanzen weiterhin vor Nachtfrost und kaltem Wind und müssen regelmäßig kontrolliert werden.

Reifer Kompost sollte möglichst bald verbraucht werden, zumal der Regen die Nährstoffe auswäscht; man braucht jetzt ohnehin reichlich davon zum Pflanzen sowie im Gemüsegarten.

April

An milden Tagen beginnt die Natur jetzt mit Kraft zu sprießen. Blütengehölze öffnen ihre Knospen, bunte Zwiebelblumen zeigen ihre Pracht.

Jetzt ist im Freiland Aussaat-Zeit für Möhren, Dill, Petersilie, Radieschen, Rettiche, Rote Rüben, Rosenkohl, Erbsen, Pastinaken, Eissalat, Kohlrabi, Borretsch, Brokkoli, Zucchini, Kürbisse und andere Gemüse; drinnen geht die Anzucht von Tomaten, Paprika und anderen empfindlichen Arten voran.

Ringelblumen, Kornblumen, Goldmohn, Sonnenblumen, Reseda und andere Sommerblumen werden in vorbereitete Beete gesät.

Kräftige engstehende Sämlinge aus der Vorzucht müssen jetzt rechtzeitig in Töpfe pikiert werden.

Noch ist Pflanzzeit für ausdauernde Stauden und Gräser.

Gehölze lassen sich nur bis zum Austrieb pflanzen, es sei denn, Sie kaufen Containerpflanzen, die das ganze Jahr erhältlich sind.

Für raues Wetter werden Folien und Vliese zum Schutz der frühen Saatbeete vorbereitet.

Unter Glas muss je nach Wetter gelüftet oder schattiert werden.

Bei mildem Wetter kommen die Kübelpflanzen ins Freie; frostempfindliche jedoch nur zum Abhärten.

Noch können Obstbäume veredelt und Gehölze durch Steckhölzer vermehrt werden.

Mai

Im berühmten „Wonnemonat" Mai grünt und blüht es überall im Garten. Die Sonne hat schon enorme Kraft, und der Sommer ist nicht mehr weit.

Mitte Mai beginnt die Saison für alle frostempfindlichen Pflanzen. So können auch Zucchini, Tomaten und andere wärmebedürftige Gemüse ausgesät oder ausgepflanzt werden. Ebenso Sommerblüher ins Freie, genauso die Knollen von Dahlien und Gladiolen.

Wenn das Glashaus frei wird, ist Platz für Paprika, Gurken, Melonen und anderes Gemüse, die Schutz brauchen.

Das „Wachswetter" im Mai lässt auch das Unkraut sprießen. Die wichtigste Pflegearbeit im Garten ist jetzt das regelmäßige Jäten.

Im Mai nach dem Austrieb beginnt die Pflanzzeit für Containerpflanzen.

Das Schnittgut vom Rasenmähen eignet sich zum Mulchen der Beete, oder es wird mit anderen Gartenabfällen vermischt und kompostiert.

Nach dem Abernten von Salat, Rettichen und anderen Frühgemüsen lassen sich die Lücken mit vorkultivierten Pflanzen aus dem Haus oder geeigneten Nachsaaten wieder schließen.

Gießwasser muss jetzt reichlich bereitstehen. Das Sammeln von Regenwasser in Fässern und Zisternen lohnt sich auf jeden Fall.

Im Frühbeet und Gewächshaus ist – je nach Wetter – das Lüften, Ablüften, Gießen und Schattieren wichtig.

Juni

Endlich ist Sommer! Die Natur schenkt uns im Juni die längsten Tage des Jahres, und ringsum werden im Garten Blütenträume wahr.

Der Juni ist der Rosenmonat. Jetzt blühen die meisten Wild- und Edelrosen. Welke Blüten sollten immer wieder entfernt werden.

Bei Trockenheit ist die Bewässerung die wichtigste Gartenpflege. Kübel- und Balkonpflanzen brauchen jetzt täglich viele Liter Wasser. Eine Bewässerungsanlage erleichtert die Versorgung.

Den Rasen jetzt regelmäßig mähen. Das Gras kann liegen bleiben („Mulchmähen"), oder man nimmt es zum Kompostieren bzw. zum Mulchen von Beeten und Rabatten.

Noch ist Pflanz- bzw. Aussaatzeit für Salat, Kohl, Möhren und andere Gemüse auf freie oder frei gewordene Beete, wobei auf günstige Folgesaaten und Mischkulturen zu achten ist.

Glashäuser- und Frühbeete brauchen jetzt eine regelmäßige Schattierung, sonst verbrennen die Pflanzen. Ebenso wichtig ist das Lüften.

Im Juni werden Veilchen, Bartnelken und andere Zweijahresblumen für das nächste Jahr ausgesät.

Heftiges Gießen oder ein Platzregen verkrusten den Boden. Falls nötig, muss er gelockert werden, oder man schützt ihn mit einer Mulchdecke.

Die beste Zeit für den Heckenschnitt ist etwa Ende des Monats, dann haben die meisten Gehölze den Hauptzuwachs hinter sich. Danach bleiben sie ziemlich in Form. Auf brütende Vögel achten!

Landfrauen-Tipp

„Mairegen auf die Saaten, dann regnet's Dukaten" – so lautet eine altbewährte Bauernregel. Die kluge Landfrau weiß jetzt, wie sie ihre Saat mit Kräutern und Heilpflanzen vor Schädlingen schützen kann. So vertreibt Blattläuse ein im Verhältnis 1:3 mit Wasser verdünnter Wermuttee. Gegen Milben und alle Pilzkrankheiten lässt man 50 Gramm Zwiebelschalen auf 1 Liter Wasser ziehen und spritzt damit den Sommer über alle vier Wochen.

Landfrauen-Tipp

Im Juli hat die kluge Landfrau stets die folgende Bauernregel im Hinterkopf: „Was du an einem Tag versäumst im Juli, das schaffen im August zehn Tage nicht herbei." Der Hobbygärtner sollte in der zweiten Junihälfte Endivien ins Freiland pflanzen, wenn er im Oktober ernten will, ebenso Winterzwiebeln und Winterporree. Tomaten, Gurken und Paprika müssen jetzt besonders intensiv gegossen werden, am besten mit abgestandenem Wasser. Ab Monatsende lohnt die Aussaat von Feldsalat, auf den abgeernteten Gemüsebeeten sollten Folgesaaten oder Gründünger ausgesät werden.

Juli

Der Hochsommermonat Juli bringt oft Hitze und längere Trockenheit. Das regelmäßige Bewässern der Gartenpflanzen steht dann im Vordergrund.

Das Mulchen der Beete spart jetzt im Hochsommer Wasser; das Schnittgut vom Rasen ist dazu gut geeignet. Es ist besser, gelegentlich durchdringend zu gießen, als häufig nur oberflächlich.

Während der Kirschenernte müssen Sie dürre und kranke Zweige sofort ausschneiden.

Tomatenpflanzen sollten unten vollständig entblättert werden, das verhindert die Ausbreitung von Pilzkrankheiten. Außerdem sind die Geiztriebe regelmäßig zu entfernen.

Zum Rosen- und Obst-Veredeln – und zwar durch Okulation – ist jetzt im Juli die günstigste Zeit.

Hohe Stauden brauchen eine Stütze, sonst fallen sie bei Regen oder Gewitterstürmen leicht um. In den Beeten wird verblühtes und abgestorbenes Material regelmäßig entfernt, damit weitere Blüten angeregt werden.

Erdbeeren lassen sich durch die als Kindel bezeichneten Ableger vermehren; am besten steckt man diese Ausläufer gleich in Töpfe mit lockerer Erde.

An heißen Sommertagen brauchen besonders Kübelpflanzen reichlich Wasser.

Am Gartenteich werden verblühte Seerosen abgeschnitten, ehe sie zu Boden sinken und dort verfaulen.

August

Mit heißen „Hundstagen" und heftigen Gewittern erreicht der Sommer im August seinen Höhepunkt. Nun beginnt im Garten die große Zeit der Ernte.

August und September sind gute Monate für die Neusaat von Rasen.

Beim Sommerschnitt der Gehölze werden krumme Gipfeltriebe korrigiert und Konkurrenztriebe entfernt.

Von Wildstauden lohnt es sich, reifen Samen zu ernten und für die Aussaat im nächsten Frühjahr in Papiertüten geordnet zu lagern.

Die Zweijahresblumen werden im August ausgepflanzt.

Im Gemüsegarten ist jetzt Zeit zur Aussaat von Feldsalat, Spinat und winterharten Zwiebeln.

Freie Beete sollten nicht brachliegen. Gründüngersaaten keimen schnell und bilden eine dichte Pflanzendecke.

Bei Trockenperioden wird im Garten reichlich gegossen; wenn nötig, morgens und abends.

Achten Sie bei der Obsternte auf die Blütenknospen, die bereits für das nächste Jahr ausgebildet sind.

Auslichtungs- und Pflegeschnitt werden bei Pfirsich, Aprikose und Beerensträuchern direkt nach der Ernte ausgeführt.

Immergrüne Hecken werden jetzt geschnitten. Blumenwiesen erhalten im August den zweiten Schnitt.

September

Bei meist beständigem Wetter wird es nun schon merklich kühler. Der Garten liefert jetzt reiche Ernte, die gelagert und haltbar gemacht wird.

Kübelpflanzen, die keinen Frost vertragen, gehören wie die Zimmerpflanzen bei Nachtfrostgefahr ins Haus. Die robusten Arten sollten aber so lange wie möglich draußen bleiben.

Beim Abernten der Obstbäume sind auch die fauligen Früchte sofort zu beseitigen, denn sie sind später oft die Ursache für Krankheiten.

Rhabarber für das kommende Jahr kann jetzt gepflanzt werden.

Noch grüne Tomaten reifen am Strauch aus, wenn man Folienhauben einsetzt.

Feldsalat ist ein vitaminreiches Wintergemüse; jetzt ist noch Saatzeit.

Im September ist die ideale Pflanzzeit für Bäume, Sträucher, Stauden, Gräser und Frühjahrszwiebeln.

Nach der Brutsaison sollten die Vogelnistkästen gereinigt werden. Im Winter nehmen die Vögel sie gern als Schlafplätze an.

Bei mildem Spätsommer-Wetter ist noch immer günstige Saatzeit für neuen Rasen. Nachtfrost schadet der aufgehenden Saat übrigens nicht.

Brachflächen können noch mit Gründünger eingesät werden.

Leimringe an Birnbäumen zum Schutz vor dem Birnenknospenstecher anbringen.

Oktober

Im Oktober werden die Tage merklich kürzer. Die Zugvögel verlassen uns. Zum Monatsende wird es mitunter schon richtig kalt.

Noch ist günstige Pflanzzeit für Bäume, Sträucher, Stauden, Gräser und Zwiebelblumen.

Vor den ersten strengen Frösten muss der Garten eingewintert werden. Bereiten Sie rechtzeitig Fichtenzweige, Strohmatten, Vliese und andere Schutzmaterialien vor.

Bei Gärten in Waldrandlage ist es empfehlenswert, junge Obstbäume mit Wildschutzgitter zu ummanteln, damit die Rinde nicht verbissen wird.

Von Sommerblumen kann man Samen für das nächste Jahr ernten.

Jetzt kann man Frostspanner mit Leimringen fangen, die an den Obstbaumstämmen angelegt werden; danach wieder abnehmen!

Eingelagerte Kübelpflanzen brauchen viel frische Luft; an frostfreien Tagen die Quartiere gut belüften.

Frisch gepflanzte große Bäume sollten sorgfältig gepfählt und gebunden werden.

Vom Teich wird das schwimmende Falllaub abgefischt, bevor es zu Boden sinkt und dort verfault. Frostempfindliche Teichpflanzen ins Winterquartier bringen.

Balkonkästen und Kübel mit ausgeblühten Sommerblumen werden geleert und gereinigt.

Den Rasen jetzt zum letzten Mal mähen.

Landfrauen-Tipp

„Im Oktober Sturm und Wind uns den frühen Winter kündt" – im Wissen um diese Bauernregel räumt die Landfrau jetzt frostempfindliche Pflanzen ein: Rosmarin und Basilikum werden in Kübel gesetzt und kommen zum Überwintern ins Haus. Geranien, Fuchsien und Margeriten werden zuvor kräftig zurückgeschnitten und dann an einen hellen, luftigen und kühlen Ort gestellt. Abgeerntete Beete werden mit der Grabegabel gelockert und für den Winter mit einer Mulchschicht bedeckt. Auch winterharte Balkonbepflanzung sollte abgedeckt werden.

Landfrauen-Tipp

Eine alte Bauernregel besagt: „Ist der November kalt und klar, wird trüb und mild der Januar." Der Anfang des Novembers, auch Nebelmond genannt, gibt der klugen Landfrau Aufschluss darüber, wie der weitere Winter verläuft. Das bäuerliche Arbeitsjahr geht nun merklich dem Ende entgegen. Die letzten noch unreifen Früchte der Tomate können Sie vor den ersten Frösten retten, indem Sie die Triebe mit den Früchten abschneiden, die Blätter entfernen und die Zweige an einer Schnur kopfüber aufhängen.

November

Bäume und Sträucher im Garten sind jetzt kahl. Nasskaltes Nebelwetter lässt die letzten tapferen Herbstblüher auf den Beeten absterben.

Wenn der Boden frostfrei ist, können weiterhin noch Bäume und Sträucher gepflanzt werden.

Empfindliche Gartenpflanzen brauchen einen Frostschutz; Edelrosen werden angehäufelt. Kübelpflanzen kommen in ein kühles Quartier.

Wasserleitungen im Garten, die einfrieren könnten, werden entleert.

Staudenbeete und Rabatten mit einer Schicht Komposterde, Rindenmulch oder Laubstreu versehen.

Im Gemüsegarten werden die Beete geräumt, nur frostharte Gemüse bleiben draußen.

Wintergemüse wie Porree, Endivien- und Feldsalat, Grünkohl und Rosenkohl nach und nach ernten.

Trockene Blüten und Samenstände können abgeschnitten und zur Dekoration als Trockensträuße und Gestecke verwendet werden.

Für zu eng stehende Bäume und Sträucher ist jetzt eine günstige Zeit zum Umpflanzen. Allerdings sollten sie noch nicht länger als etwa 5 Jahre am bisherigen Standort stehen.

Laub- und Totholzhaufen im Garten sollten jetzt nicht mehr umgeschichtet oder versetzt werden, denn oft haben sich Igel darunter eingenistet.

Dezember

Die Klimaerwärmung macht weiße Weihnachten in unseren Breiten immer seltener. Meist zeichnet sich der Dezember durch feuchtkaltes Wetter aus.

Falls noch nicht geschehen, bekommen empfindliche Gartenpflanzen einen Frostschutz.

Bei frostfreiem, trockenem Wetter beginnt etwa Ende des Monats die Zeit zum Bäume- und Sträucherschneiden.

Stauden werden vor dem Wintereinzug bis auf den Boden heruntergeschnitten.

Blütenzweige z.B. von Forsythien, die am Monatsanfang geschnitten und in eine Vase gestellt werden, blühen etwa an den Weihnachtstagen auf.

Hauptwege am Haus und im Garten müssen eis- und schneefrei gehalten werden; also rechtzeitig Schneeräumer bereitstellen.

Weihnachtsbäume im Topf möglichst früh kaufen und ans warme Klima im Haus gewöhnen. Nach dem Fest die Bäume nur bei mildem Wetter wieder hinausstellen.

Noch ist Zeit zum Umgraben von Rasenstücken, wenn Staudenbeete oder der Gemüsegarten erweitert werden sollen. Das umgestochene Gras verrottet dann bis zum Frühjahr.

Wenn Sie viele Setzlinge (z.B. von Liguster) etwa für Hecken brauchen, ist jetzt eine günstige Zeit zur Vermehrung; holzige Stecklinge treiben in einem Topf mit Sand zügig Wurzeln.

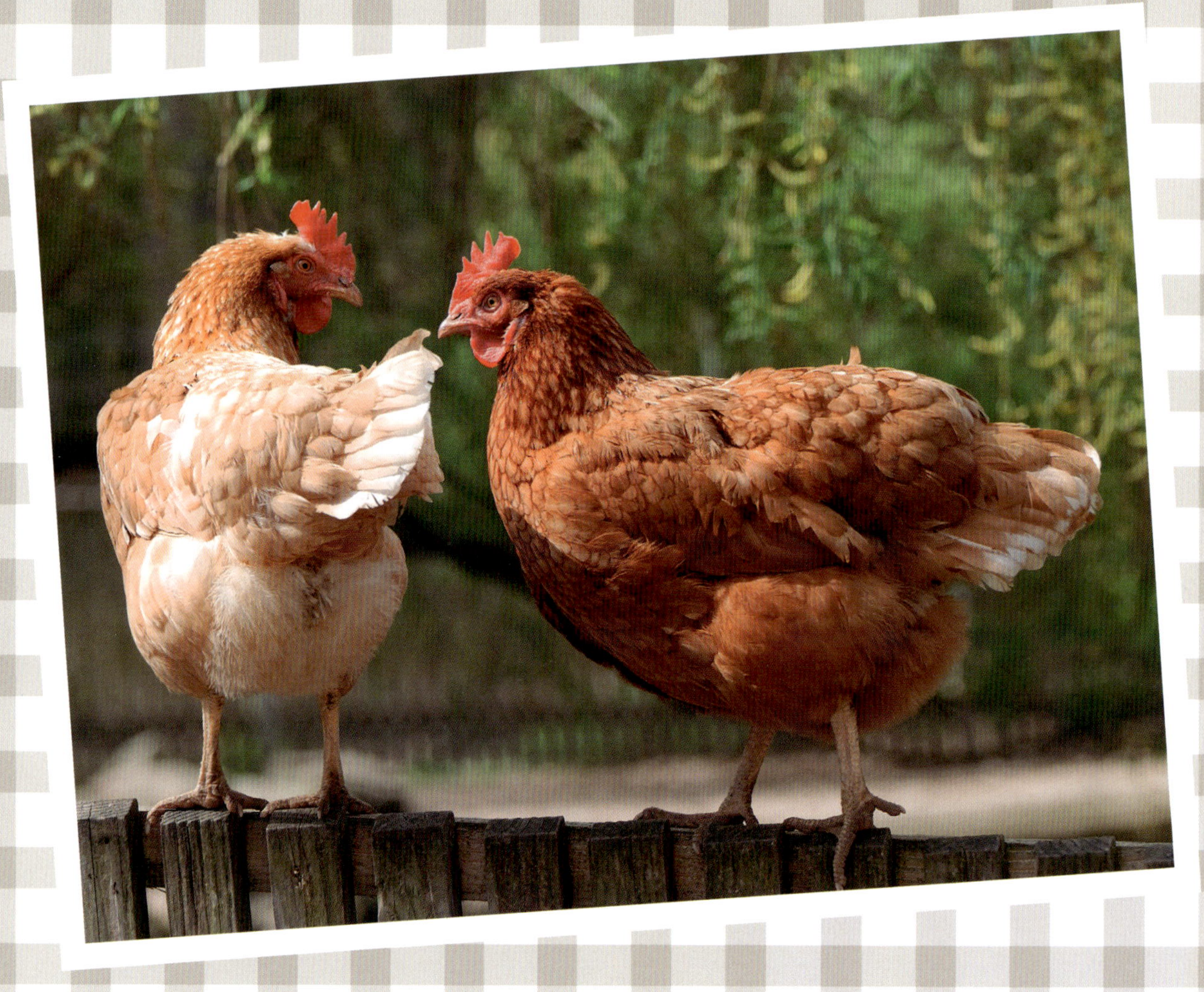

Hühnerhaltung

oder „Mit zehn Leitlinien zum glücklichen Huhn"

Hühnerhaltung

oder

„Mit zehn Leitlinien zum glücklichen Huhn"

„Es wird uns ewig räthselhaft bleiben, wie es der Mensch anfing, die freiheitliebenden Wildhühner zu vollendeten Sklaven zu machen", urteilte Alfred Edmund Brehm in seinem „Illustrirten Thierleben" von 1867. Als Herr Brehm seine Enzyklopädie vor knapp 150 Jahren verfasste, hätte er sich wohl kaum träumen lassen, dass es für die Hühner noch viel schlimmer kommen würde. Die letzte Hühnervolkszählung der Welternährungsorganisation FAO fand 2008 statt. Das Ergebnis: Eine stattliche Anzahl von 18.398.436.000 Hühnern bevölkert unseren Planeten, und das in fast allen Teilen der Erde. Unzweifelhaft leben die meisten von ihnen unter „unhühnerischen" Bedingungen. Das muss nicht so sein und war nicht immer so.

War der Tod im Hahnenkampf oder als Opfertier beispielsweise bei den alten Griechen auch kein schöner, so war das Leben doch zumeist ein gutes. Lange Zeit wurde den Hühnern Achtung gezollt, ihrer Schönheit, ihrer stolzen Haltung, ihrem Gruß an den Tag. Im alten Rom durften sie gar orakeln. Später wurden sie selbstverständliches Mitglied der bauerhöflichen Gemeinschaft. Umtriebig liefen sie auf den Höfen herum, ihr Gegacker gehörte zum Dorfleben. Die Hühner lebten in relativer Freiheit, konnten draußen picken und in der Sonne baden, lieferten den Bauern und Selbstversorgern Eier und Fleisch und wurden auch wegen ihrer Anspruchslosigkeit geschätzt. Erst im 19. Jahrhundert setzte die Intensivhaltung ein.

Was die Massentierhaltung beim Huhn angeht, muss man leider konstatieren, dass es diese Spezies besonders schwer erwischt hat. Daher ist es umso schöner, dass sich heute immer mehr Menschen dazu entscheiden, sich ein paar Hühner auf dem eigenen Grundstück zu halten und ihren Anblick und ihre Eier zu genießen. Denn Hühner, die artgerecht gehalten werden, erfreuen nicht nur sich selbst ihres Lebens, sondern auch den Halter. Schließlich hatten schon Herzöge und Fürsten in ihren Schlossgärten Hühner – und ihre Köche bereiteten aus den Eiern köstliche Kuchen und Soufflés. Warum also sollten wir es anders machen?

Hühnerhalten mag eine Kunst sein, aber eine, die man ohne allzu viele Mühen erlernen kann – viele Regeln erklären sich allein durch den gesunden Menschenverstand. Man halte sich vor Augen, dass das heutige Haushuhn gar nicht so viel andere Bedürfnisse und Verhaltensweisen zeigt wie seine jahrtausendealten Vorfahren, und befolge die nachfolgenden zehn Leitlinien für eine artgerechte Haltung. Die Belohnung: Eier in Hülle und Fülle, das gute Gefühl, etwas zur artgerechten Haltung beizutragen, und die Freude am Gackern im Garten.

Noch ein Hinweis: Auch wenn der Begriff „Huhn" im engeren Sinne die Henne bezeichnet, wird er hier wie in der Umgangssprache für das männliche und weibliche Tier verwendet.

▶ *1) So fühlen Hühner sich wohl und machen ihre Besitzer mit Eiern glücklich. 2) Glucken sind ihrem Ruf gemäß fürsorgliche Mütter.*

Landfrauen-Tipp

Hühner bleiben bevorzugt in Sichtweite des Stalls. Daher ist ihr Aktionsradius nicht besonders groß, selbst wenn es die Umstände zulassen würden – wobei die einzelnen Rassen einen unterschiedlich stark ausgeprägten Freiheitsdrang haben. Ein ungeschütztes, freies Gelände ist für Hühner also als Auslaufvariante ungeeignet. Berücksichtigen Sie bei der Anlage des Außengeländes, dass das Huhn instinktiv stets nach Schutz sucht.

Landfrauen-Tipp

Zum Osterfest gehören bunt gefärbte Eier. Was halten Sie von einer kleinen hübschen „Osterwiese" in Ihren eigenen vier Wänden? Säen Sie hierzu rechtzeitig vor dem Osterfest in einer niedrigen Blumenschale mit frischer Blumenerde Gartenkresse aus. Stellen Sie die Schale an einen warmen, sonnigen Ort und gießen Sie die Kresse täglich. So entsteht langsam eine „Osterwiese", in der Sie Ostereier hübsch dekorieren können. Zum Osterfrühstück kann die Wiese zum Verzehr „gemäht" werden.

1. Sozialverhalten berücksichtigen

Hühner sind Herdentiere. Ein Huhn allein macht nicht nur keinen Sommer, sondern ist unglücklich. Optimal für eine Kleingruppe heißt: zehn bis 15 Hennen und ein Hahn. Weniger geht zwar auch, bei mehr muss genügend Platz vorhanden sein, damit die Herde bei der Regulierung der Rangordnung nicht in Stress gerät. Gerade wegen dieser geordneten Rangordnung braucht es Raum, damit sich Hühner, so gern sie auch zusammen picken, fressen oder gackern, auch einmal aus dem Weg gehen können. Nur mit einem Balkon wird das schwierig. Wer einen Mix bevorzugt, sollte die verschiedenen Hühner schon im Kükenalter aneinander gewöhnen. Hühner sind im Alter denn doch recht eigen und freunden sich nicht mehr gern mit Hühnern anderer Rassen an.

2. Gesunde Ernährung für gesunde Hühner

Fast noch wichtiger als Fressen ist Wasser. Hühner brauchen keinen Champagner, frisches Wasser reicht aus. Das aber muss immer ungehindert zur Verfügung stehen. Als Rinnentränke, Nippeltränke oder Bechertränke. Auch eine offene Wasserfläche ist geeignet, zumal dann alle Hühner gleichzeitig trinken können und es nicht zu Rangeleien kommt. Gleiches ist für die Bemessung von Futtertrögen zu beachten. Überhaupt das Futter: Der eine bemisst die Rationierung mit der Briefwaage, der andere streut es eher großzügig in seine Hühnerschar. Fragt man zehn Hühnerhalter, bekommt man zehn Antworten. Zu beachten ist: Hühner sind Allesfresser, da aber in Zeiten von BSE kein tierisches Protein mehr an Nutztiere verfüttert werden darf, ist das Huhn, das nicht nach draußen darf, zwangsweise Vegetarier. Da macht sich ein Terroir im heimischen Garten, wo das Huhn fröhlich Regenwürmer und Insekten picken darf, hervorragend. Ansonsten sollte auf eine ausgewogene Mischung aus Getreide, pflanzlichen Proteinen, Mineralstoffen und Spurenelementen geachtet werden. Die einschlägigen Futtermittelhersteller halten alle möglichen Mixturen bereit. Finden Sie einfach heraus, ob Ihr Huhn zur Kategorie „Feinschmecker" oder im wahrsten Sinne des Wortes „Allesfresser" gehört.

3. Jogging hält fit

Hühner legen pro Tag ein bis zwei Kilometer zurück. Die wollen erst einmal erwandert werden. Deswegen gilt auch hier: Der Balkon ist nicht der ideale Hühneraufenthaltsort. Kurze Flugversuche unternimmt das Huhn mit Todesmut – man gehört schließlich immer noch zur Klasse der Vögel. Eine hühnerfreundliche Architektur im Auslaufgehege und im Stall ist entsprechend zu berücksichtigen. Höher gelegene Sitzstangen oder Legenester zwingen das Huhn zu kurzen Starts und Landungen im Luftraum. Und auch bei Hühnern gilt: Wer sich nicht bewegt, neigt zu Fettleibigkeit …

4. Ein neugieriges Huhn ist ein ausgeglichenes Huhn

Hühner zeigen ein ausgeprägtes Erkundungsverhalten. Eine Umgebung, die nicht eintönig, sondern abwechslungsreich ist, fördert das Sozialverhalten und ist das beste Mittel gegen Federpicken und stressbedingtes atypisches Verhalten. Der Neugier müssen allerdings auch Grenzen gesetzt werden, schon zum eigenen Schutz des Huhns. Eine Umzäunung ist obligatorisch. Sie dient nicht nur dazu, das Huhn auch in der dritten Dimension in seine Schranken zu weisen, sondern hält auch Fressfeinde am Boden von außen fern. Und die gibt es, vor allem in ländlichen Gebieten, immer noch zuhauf: Für Fuchs, Marder oder Iltis sind Hühner Leckerbissen; Hunde und Katzen sehen in Küken ganz ausgezeichnete Spielkameraden. Freude daran haben aber nur Hund und Katze.

◀ 1) Artgerechte Haltung macht nicht nur den Hühnern Freude. 2) Ein ausreichendes Platzangebot verhindert durch Stress verursachtes atypisches Hühnerverhalten.

5. Baden ist kein Luxus

Hühner sandbaden gern. Das ist nicht darauf zurückzuführen, dass Hennen in ihrer Frühzeit eitle, mit Federboas bekleidete Diven waren. Sandbaden ist gut für das Gefieder, hält Parasiten und Ungeziefer fern und dient dem artgerechten Komfortverhalten. Und wenn kein geeigneter Platz für eine natürliche Sandbadewanne vorhanden ist? Wo in deutschen Landen an jedem Wochenende die Produkte des Heimwerkermarktes zu sehen und zu hören sind, sollte es doch eigentlich auch machbar sein, aus Brettern, Säge und Quarzsand eine entsprechende Holzkiste zu zimmern. Es muss ja nicht der Luxuswhirlpool mit düsen- und temperaturgesteuerter Mittelmeersandstrandberieselung sein …

6. Immer mit der Ruhe

Hühner sind fleißige Tiere. Aber hin und wieder brauchen sie auch eine Pause. Minimalstandard ist, dass sie sich nachts in einen geschützten Raum auf höher gelegene Stangen zurückziehen können. Die wilden Vorfahren hatten dazu ihren Schlafbaum, moderne Hühner bevorzugen den Hühnerstall-Loft mit Stangenschlafstatt. Aber auch während des Tages zieht sich ein Huhn gern einmal zurück. Hennen müssen ihre Eier in Ruhe legen können. Attraktive Nester sollten mit weicher Einstreu versehen sein und an einem abgedunkelten Ort stehen, damit Frau Huhn störungsfrei ihre Heldentat vollbringen kann. Stolzes Gegacker und ein besonders dickes Ei werden der Dank für die Pausenraumgestaltung sein.

7. Der Hahn ist kein Muss – aber sinnvoll

Ein Hahn in einer Herde ist nicht unbedingt erforderlich, für das stressfreie Aushandeln und letztendliche Einhalten der Rangordnung jedoch auch alles andere als unnütz. Im sozialen Gefüge der Hühner entspricht der polygame Hahn dem natürlichen Standard. Für das Befruchten der Eier ist er eh unabdingbar, aber er dient auch als Mediator, Schlichter und ausgleichende Charaktergröße in einem Hühnerhaufen. Nichts gegen Hennen, aber ein Hahn sieht einfach auch imposant und schön aus. Geräuschempfindliche Nachbarn lassen sich eventuell mit einem täglichen Ei besänftigen.

8. Hühner machen ganz schön viel Mist

Um genauer zu sein: Sie koten mit Vorliebe während des Essens und des Ruhens. Und das nicht in geringen Mengen. Für den Hühnerhalter heißt dies, dass Fress- und Ruhebereiche so angelegt sein müssen, dass der Kot auf einem Kotbrett oder in Kotgruben gesammelt wird. In jedem Fall sind Bereiche, in denen bevorzugt gekotet wird, Lieblingsaufenthaltsorte für Parasiten und Brutstätten für Krankheitserreger. Da das Huhn sich selbst zwar ausgesprochen sauber hält, ansonsten aber eher selten zum Wischmob greift, heißt Hühnerhalten eben auch: hygienisch einwandfreie Bedingungen schaffen, sauber machen, Kotbretter abkratzen. Manchmal hilft auch der vor allem bei französischen Obergockeln und Heimwerkermännern so beliebte Hochdruckreiniger.

▶ *1) Ausreichend dimensionierte Futtertröge sind bei größeren Herden ein Muss. 2) Bei erhöhten Nistkästen kann eine Hühnerleiter sinnvoll sein – und Treppensteigen hält ja bekanntlich fit.*

Landfrauen-Tipp

Hühner putzen und glätten ihr Gefieder mehrmals am Tag und lassen sich jedesmal viel Zeit dazu. Achten Sie daher darauf, dass Krallen und Schnäbel weder durch mangelnde Möglichkeit des Abwetzens zu lang sein noch zu stark beschnitten werden dürfen, da beides das Putzen beeinträchtigt. Außerdem sollten Ihre Hühner Zugang zu einem Untergrund haben, der ihnen Sandbäder erlaubt, die sie besonders gern an einem warmen Platz nehmen. Die gesundheitliche Verfassung Ihrer Tiere können Sie übrigens gut am Zustand des Federkleides ablesen!

Landfrauen-Tipp

Generell sind Hühner Allesfresser, doch das heißt nicht, dass sie alles gleich gern fressen. Für ihre Vorlieben entscheidend ist, wie das Futter aussieht und wie es sich anfühlt. An Getreide steht zum Beispiel Weizen besonders hoch im Kurs. Neben Körnern werden unter anderem Pflanzenteile aller Art, Gras, Samen, Fallobst, Würmer, Insekten, Schnecken und sogar Mäuse verspeist. Allerdings können Sie sich darauf leider nicht verlassen: Hühner haben auch individuelle Vorlieben – und manche weigern sich strikt, die Hühnerhalterin von ihrer lästigen Schneckenplage zu befreien …

9. Zweiraumwohung, Altbausanierung und Wintergarten

Hühner sind recht anpassungsfähig, aber extreme Hitze oder extreme Kälte halten auch sie nicht gut aus. Noch wichtiger als die Umgebungstemperatur ist allerdings eine gute Lüftung und eine ausreichende Lichtzufuhr. Baupläne für Hühnerställe gibt es in Hülle und Fülle, sodass sich der geneigte Hühnerhalter das schönste Modell aussuchen oder selbst eine Hühnerpension bauen kann. Staunen Sie über den Einfallsreichtum von Hühnern: Ein ausgedienter Wohnwagen wird ganz schnell in Beschlag genommen und entsprechend zweckentfremdet. Wer genügend Platz auf seinem Grundstück hat, sollte sich die Vorteile der mobilen Hühnerhaltung vor Augen führen. Das ist für Boden und Grasnarbe positiv, die Hühner halten sich nicht nur im oder nahe am Stall auf, und schließlich tut eine Ortsveränderung auch Familie Huhn gut. Ob alter Bauwagen oder Luxusmodell aus dem Hühner-Luxus-Accessoire-Katalog – Tiere sind da wahrscheinlich weniger geschmäcklerisch als Menschen. In Zeiten der Vogelgrippe gilt Stallpflicht, damit keine Wildvögel ins Hühnergehege eindringen können. Für größere Betriebe, zumal die, die ökologisch produzieren, ist diese Verordnung – wenn auch gesundheitspolitisch angesagt – eine Katastrophe. In kleinerem Hühnerhalter-Maßstab aber mag der mediterran angehauchte Mensch als Vorbild dienen. Was macht der, wenn es draußen noch recht frisch ist, er aber dennoch seinen Espresso gern unter der wenn auch noch spärlichen Sonneneinstrahlung schlürfen will? Richtig: Er verzieht sich in den Wintergarten. Der, wenn er bestimmten Auflagen entspricht, auch bei einem Hühnerstall als ein vor Vogelgrippe schützend geeigneter Anbau anerkannt wird.

◀ *1) Für ein funktionierendes Sozialgefüge in der Herde ist ein Alphatier unabdingbar. Ein Hahn ist dafür prädestiniert. 2) Auch Hühner stehen auf „Schöner Wohnen".*

▶ *1) Optimal: das Huhn auf der Stange. 2) Ein Wintergarten für Hühner? In Zeiten von Stallpflicht wegen Vogelgrippe-Alarm eine hervorragende Alternative.*
3) Hühner haben einen ausgezeichneten Seh- und Hörsinn.

10. Fluchtversuche ermöglichen

Des Huhnes alter Feind ist der aus der Luft. Dazu zählt in unseren Regionen vor allem der Habicht. (Wobei andere Kleinraubtiere durchaus schlimmere Massaker im Hühnerstall anrichten können.) Instinktiv vermeiden Hühner deswegen große Freiflächen, die keinerlei Schutz vor Angriffen aus dem Luftraum bieten. Ein betonierter Innenhof ohne jede Bepflanzung ist zwar leicht sauber zu halten, aber alles andere als ein geeignetes Hühnerrevier. Seien Sie einfallsreich! Bieten Sie Ihren Hühnern Schutzräume in Form von Bäumen, Büschen, Sträuchern. Jede Deckungsmöglichkeit wird ein Huhn dankbar in Anspruch nehmen. Und neugierig erkunden. Und wenn dennoch einmal Gefahr aus der Luft droht: Vertrauen Sie dem Hahn!

ℒandfrauen-Tipp

Wenn ein Hahn Gefahr für sich und seine Hennen wittert, kann er sich zur Attacke verpflichtet fühlen. Unangenehme Folgen kann das haben, wenn der Störenfried ein menschlicher ist. Schon das Erschrecken ist groß, wenn ein Hahn sich richtig aufplustert und mit Drohgebärden auf einen zukommt, größer ist es, wenn er einen anspringt, und schmerzhaft sind die Wunden, wenn er hackt und kratzt. Bei Hähnen, die sich leicht angegriffen fühlen und dann eher den offensiven Weg wählen, ist also Vorsicht geboten!

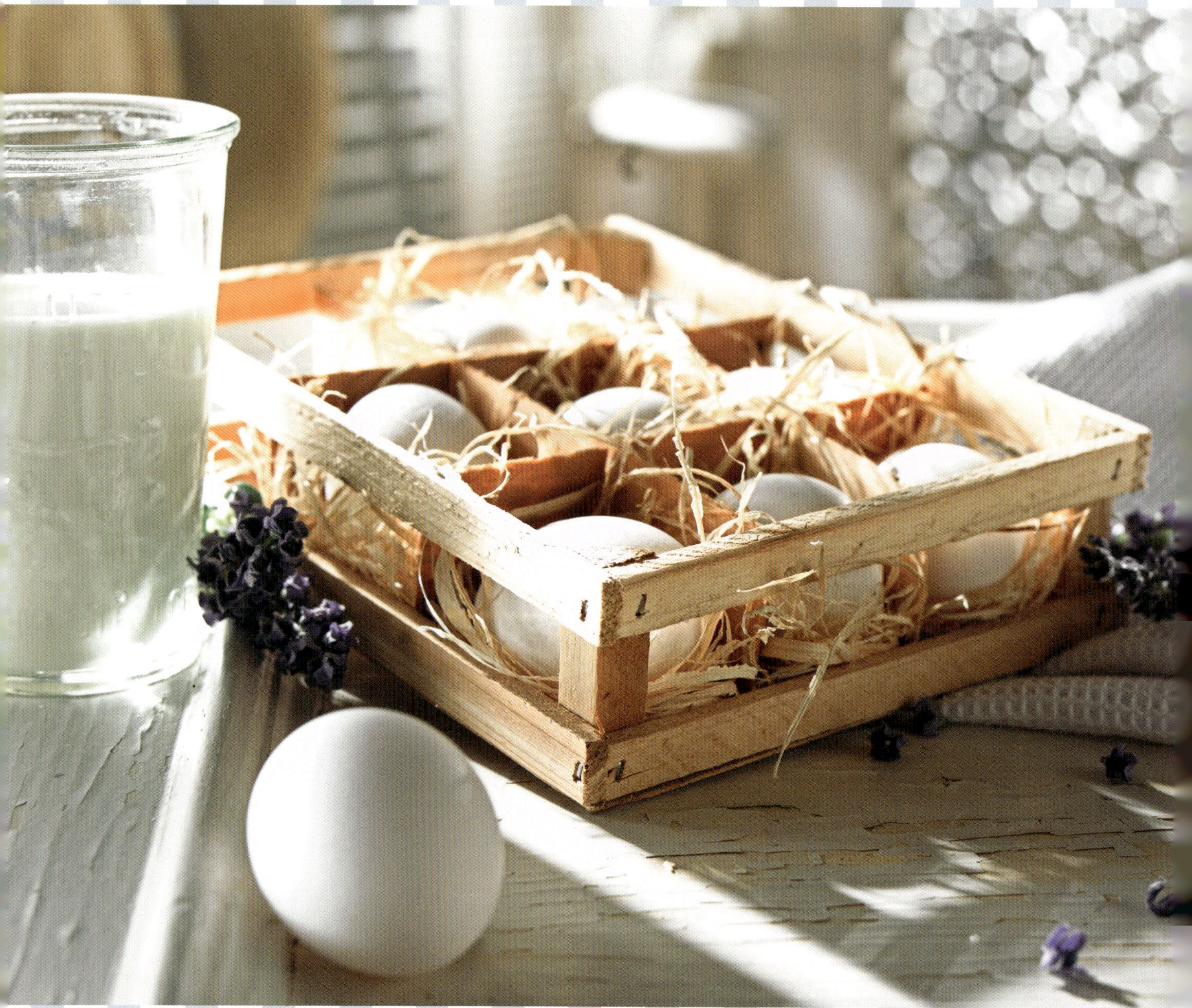

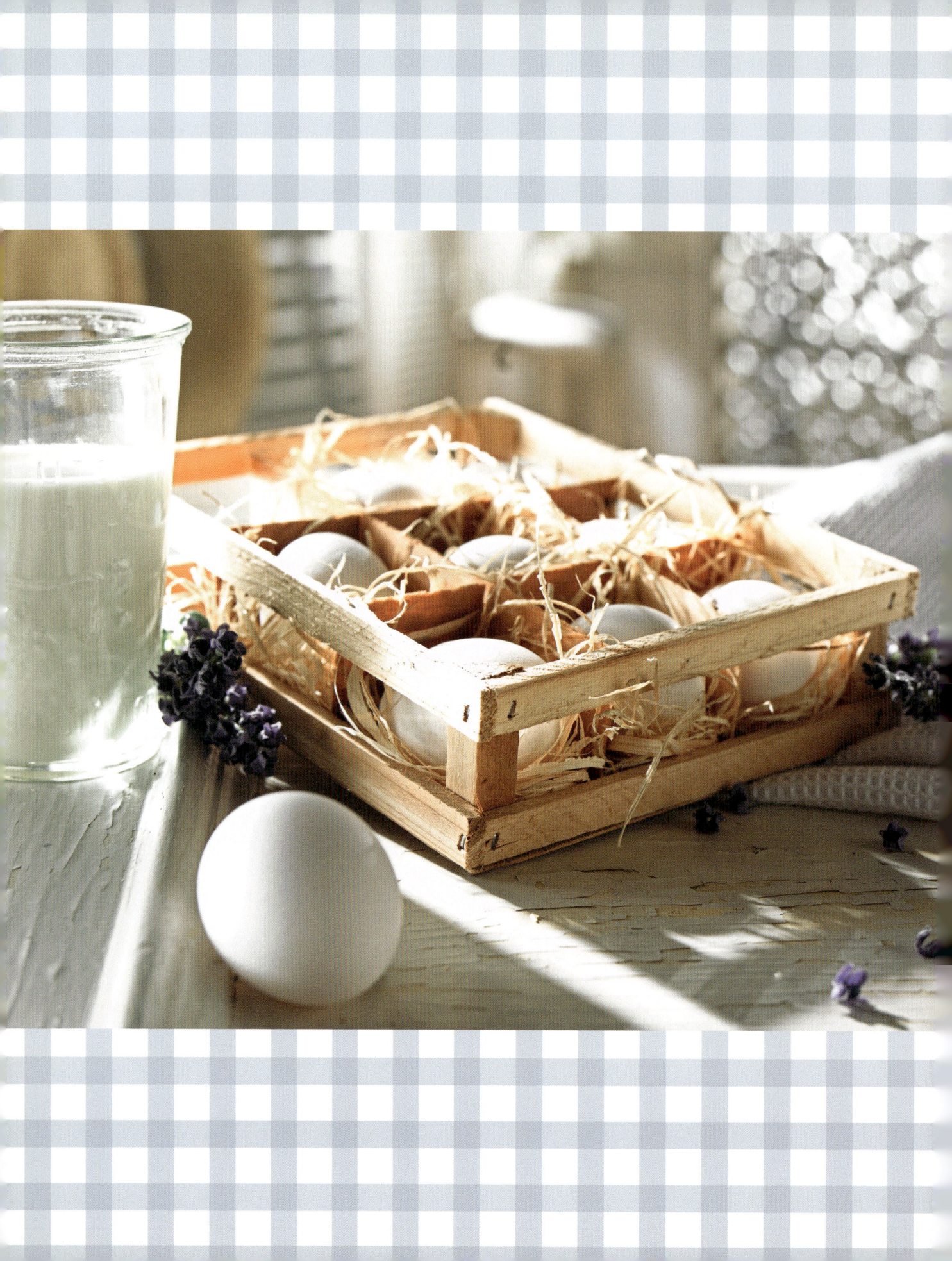

Küche

Kochen

Backen

Marmeladen & Eingemachtes

Kulinarische Landlust

Wir leben in komfortablen Zeiten. Mitten im Winter können wir frische Erdbeeren, Ananas oder Spargel servieren, die eine Reise um die halbe Welt hinter sich gebracht haben, ehe sie auf unserem Teller landeten. Und um ein ganzes (Fertig-)Menü auf den Tisch zu bringen, braucht es gerade mal ein paar Minuten.

Für unsere Mütter und Großmütter auf dem Land waren Fertigmenüs und Convenience-Produkte kulinarische Science-Fiction. Über ihren Speiseplänen stand nicht ein „Alles-zu-jeder-Zeit"-Prinzip, sondern eine klar saisonale „Alles-zu-seiner-Zeit"-Vorgabe. Auf den Tisch kam, was frisch aus dem eigenen Garten oder vom Markt verfügbar war. So war ein jahreszeitlicher Rhythmus vorgegeben, der von den ersten frühlingszarten Salatblättern über die sommerliche Gemüse- und Früchtefülle bis zum winterlichen (Grün- oder Rosen-)Kohl reichte, der erst richtig schmackhaft wurde, wenn ein paar Frostnächte über ihn hinweggegangen waren.

Wenn im Frühsommer die Erntezeit begann, bedeutete das für die Landfrauen Großeinsatz in der Küche. Der dauerte an, bis im Spätherbst Garten und Feld ihren Winterschlaf antraten. Der Überfülle an frischen Köstlichkeiten in den Sommermonaten Herr bzw. Frau zu werden, war eine echte Herausforderung – und die Grundlage einer aufwendigen Vorratshaltung. Kein Wunder also, dass zahllose Hausfrauengenerationen endlos Zeit und Mühe in die Konservierung von Lebensmitteln investiert haben. Waren dann die Vorratsregale randvoll gefüllt, war das der Landfrauen ganzer Stolz – und ein emotionales Ruhekissen, weil sie wussten, dass sie für alle winterlichen Eventualitäten gerüstet waren. Mit ihrem Erfahrungsschatz und ihrer Routine „managten" die Küchenchefinnen während des Sommers körbe- und säckeweise Erdbeeren, Kirschen, Pflaumen, Erbsen, Bohnen oder Gurken. Die vielen Tricks und Kniffe, die es bei der Konservierungsarbeit zu beachten galt, gehörten dabei zum „Familienschatz", der von einer Hausfrauengeneration an die nächste weitergegeben wurde: Wie man aus saftigen Früchten leckere Konfitüren, Gelees oder Säfte gewinnt, wie man frische Eier konservieren kann, wie sich aus Weißkohl ein ebenso leckeres wie gesundes Sauerkraut herstellen lässt, das für einen ordentlichen Vitamin-C-Vorrat im Winter sorgte, und was dem hochprozentigen Aufgesetzten den besonderen Geschmack verleiht – all das beherrschten die Landfrauen mit einer selbstverständlichen Souveränität, die keines Kochbuchs bedurfte.

Neben dem, was aus dem eigenen Garten kam, erfreuten sich auch jene Gaben großer Beliebtheit, die in der freien Natur „für umsonst" und zudem meist in großen Mengen zu finden waren: Holunder, Schlehen, Heidel- oder Blaubeeren; Pilze; Kräuter; aber auch schmackhafte Gänseblümchen, junge Brennnessel- oder Löwenzahnblätter, aus denen sich wunderbare Salate zaubern ließen. Auch hier war Erfahrungswissen vonnöten, um Genießbares von Ungenießbarem zu unterscheiden.

Zum kulinarischen Luxus in Großmutters Zeit gehörte Fleisch: Je wertvoller es war, desto seltener kam es auf den Tisch. Ein Steak, ein Schnitzel, ein leckerer Braten waren Sonn- und Feiertagen vorbehalten. Unter der Woche ging es oft fleischlos oder mit ein paar Speckschwarten zu – es sei denn, Großmutter „opferte" ein Huhn, einen Hasen, ein Kaninchen, die sie selbst in ihrem kleinen Stall züchten und natürlich auch selbst schlachten konnte. Solch maßvoller Umgang mit Fleisch, einst aus Sparsamkeit geboren, erhält vor dem Hintergrund ernährungswissenschaftlich angeratener Selbstbeschränkung in Sachen Fleischkonsum ganz neue Aktualität.

Überhaupt erscheint heute vieles von dem, was die Landfrauen von einst in ihrem Küchenreich kreierten, in einem neuen Licht. Längst sind es nicht mehr Mangel oder Not, die dazu führen, dass wir Marmeladen selbst machen, Senfbirnen für das Partybuffet vorbereiten, Granatapfel und Hühnerhaltung wiederentdecken. Nachdem wir die Höhen und Tiefen von Fastfood und Convenience-Produkten erlebt haben, nachdem wir extravagante Reisen durch die Küchen dieser Welt unternommen haben, kehren wir heute gern auch wieder zu den guten alten Traditionen der Landfrauenküche zurück. Denn sein eigenes Brot zu backen, dessen frischer aromatischer Duft durchs ganze Haus weht, aus frischen Produkten einen kleinen Vorrat an schmackhaften Chutneys zu produzieren, fruchtig-köstliche Marmelade mit Obst der Saison selbst herzustellen: Das macht Spaß, schafft ein hohes Maß an persönlicher Befriedigung und eröffnet nicht zuletzt das Abenteuer außergewöhnlicher Gaumenfreuden und einer verblüffenden Geschmacksvielfalt!

Suppen & Eintöpfe
80

92 Salate, Gemüse & Beilagen

Hauptgerichte
110

Süßspeisen & Desserts
132

Kochen nach Landfrauenart

Wenn in großen Töpfen und Schüsseln nach alten Familienrezepten zubereitete deftige Hausmannskost dampft und duftet, versammeln sich Jung und Alt voller Vorfreude in der großen Bauernküche rund um den sauber geschrubbten und üppig gedeckten Holztisch. Auf die fröhliche Hofgemeinschaft warten gesunde und schmackhafte Speisen, die die patente Landfrau aus unverfälschten Zutaten eigener Produktion nach allen Regeln der Kochkunst gezaubert hat.

In diesem Kapitel finden Sie aus dem reichhaltigen Erfahrungsschatz der Landfrauen die schönsten Kochrezepte für Gerichte, die nach harter Arbeit auf Feld und Flur köstlich schmecken und richtig satt machen. Ob kräftige Wurzelsuppe mit Ochsenfleisch, herzhafte Kohlrouladen oder knusprig gebratene Bauernente – alle Rezepte schmecken frisch wie auf dem Land und unvergleichlich gut.

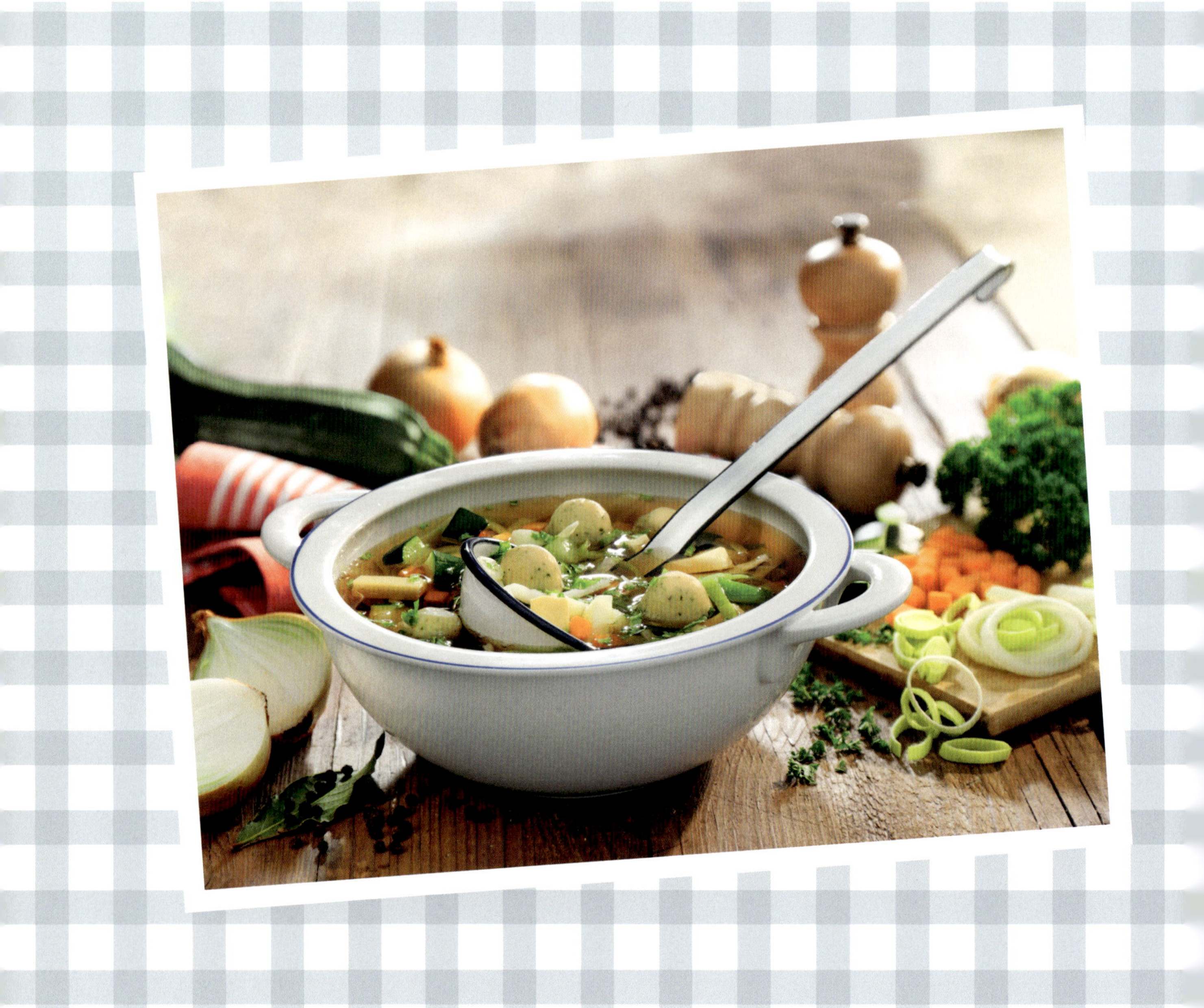

Suppen & Eintöpfe

Wildkräutersuppe

Die Wildkräuter vorsichtig waschen. Die Blätter von den Stielen zupfen und klein hacken. Möhren und Kartoffeln schälen, waschen und in Würfel schneiden.

Die Butter bei mittlerer Temperatur in einem Topf zerlassen und die gehackten Kräuter einige Minuten darin anschwitzen. Möhren und Kartoffeln zugeben, kurz andünsten und mit der Gemüsebrühe ablöschen. Kurz aufkochen lassen und 30–40 Minuten sanft köcheln lassen. Die Suppe mit einem Pürierstab pürieren, die Sahne unterrühren und mit Salz und Pfeffer abschmecken.

Die Wildkräutersuppe in tiefe Teller geben und mit abgespülten und trocken getupften Gänseblümchen garniert servieren.

Zubereitungszeit: 20 Minuten
(plus Kochzeit)

Pro Portion:
ca. 312 kcal/1302 kJ

Zutaten
für 4 Personen

4 Handvoll Wildkräuter
(z. B. Brennnesseln, Sauerampfer, Spitzwegerich, Schafgarbe etc.)
3 Möhren
3 Kartoffeln
1 El Butter
2 l Gemüsebrühe
200 g Sahne
Salz
Pfeffer
einige Gänseblümchen

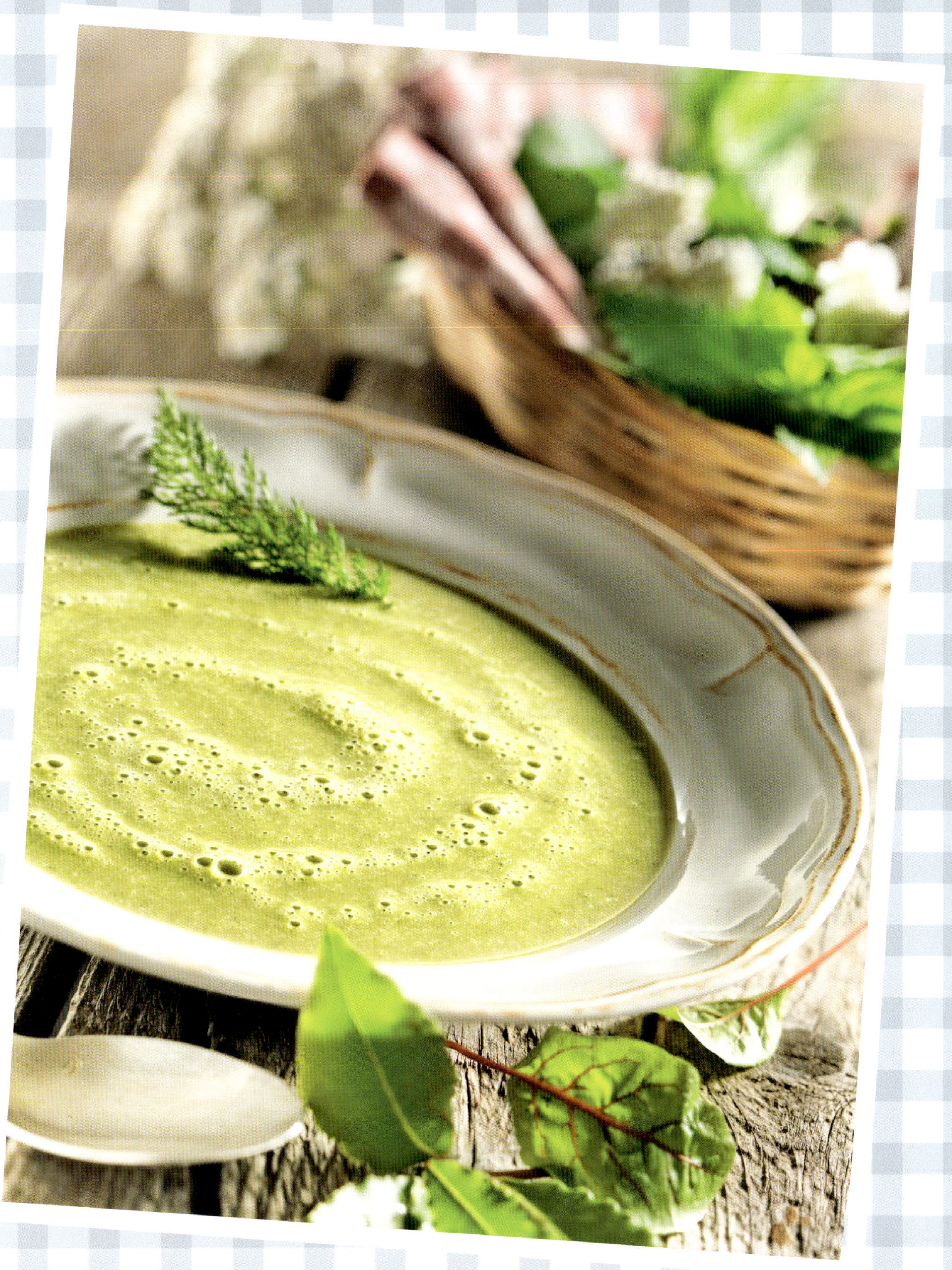

Landfrauen-Tipp

In der Vorratskammer der Landfrau befinden sich stets getrocknete Hülsenfrüchte. Reich an Kohlenhydraten und Vitaminen sind sie trocken und kühl gelagert ein Jahr und länger haltbar. Gewürze wie Lorbeer und Pfeffer, aber auch Thymian und Majoran heben ihr Aroma.

Deftige Erbsensuppe

Die Erbsen in einen Topf geben und mit 1 Liter Wasser bedeckt über Nacht einweichen.

Am nächsten Tag die Erbsen in dem Einweichwasser zum Kochen bringen. Nach 30 Minuten den Bauchspeck im Stück dazugeben und die Erbsensuppe auf mittlerer Temperatur weitere 30 Minuten köcheln lassen.

Den Porree putzen und in dünne Ringe schneiden. Möhren und Kartoffeln schälen und in kleine Würfel schneiden. Das Gemüse in die Erbsensuppe geben und die Lorbeerblätter hinzufügen.

Die Zwiebeln schälen, fein würfeln, im heißen Öl glasig dünsten und ebenfalls in die Suppe geben. Den Sellerie schälen und im Stück in die Suppe geben. Die Fleischbrühe hinzufügen und alles ca. 30 Minuten weiterkochen.

Selleriestück, Lorbeerblätter und Speck entfernen und die Suppe mit einem Kartoffelstampfer etwas zerdrücken. Den Speck würfeln und mit den Mettenden in die Suppe geben. Mit frisch gemahlenem Pfeffer würzen. Die Suppe nochmals ca. 30 Minuten auf kleiner Flamme unter gelegentlichem Rühren ziehen lassen.

Zubereitungszeit: 30 Minuten
(plus Einweich- und Garzeit)

Pro Portion:
ca. 940 kcal/3870 kJ

Zutaten
für 4-6 Personen

300 g getrocknete Erbsen
300 g Bauchspeck
200 g Porree
100 g Möhren
300 g Kartoffeln
2 Lorbeerblätter
2 Zwiebeln
2 El Öl
100 g Knollensellerie
500 ml Fleischbrühe
500 g Mettenden
Pfeffer

Hühnersuppe mit Nudeln

Zutaten
für 4 Personen

1 küchenfertiges Suppenhuhn (ca. 1,5 kg)
Salz
1 Bund Suppengrün
2 Lorbeerblätter
5 Pfefferkörner
3 Möhren
300 g Erbsenschoten
200 g Suppennudeln
Pfeffer
1/2 Bund glatte Petersilie

Das Huhn gründlich unter fließendem Wasser waschen und in einen Topf geben. Mit kaltem Wasser bedecken und 1/2 Tl Salz hinzufügen.

Alles aufkochen lassen und hin und wieder den Schaum abschöpfen.

Das Suppengrün putzen, waschen, nach Bedarf schälen und würfeln.

Das Gemüse mit den Lorbeerblättern und den Pfefferkörnern zum Huhn geben und alles etwa 1 Stunde 30 Minuten köcheln lassen.

Das Huhn aus der Suppe nehmen, abkühlen lassen, das Fleisch von Haut und Knochen lösen und in Würfel schneiden. Die Brühe durch ein Sieb gießen.

Die Möhren schälen und in dünne Stifte schneiden. Die Erbsen putzen, waschen und auspalen. Die Möhrenstifte in der Suppe etwa 5 Minuten köcheln.

Anschließend Nudeln und Erbsen dazugeben und weitere 5 Minuten garen. Das Hühnerfleisch in die Suppe geben und mit Salz und Pfeffer abschmecken.

Die Petersilie waschen, trocken schütteln und hacken. Die Suppe mit Petersilie bestreut servieren.

Zubereitungszeit: ca. 30 Minuten (plus Garzeit)

*Pro Portion:
ca. 882 kcal/3704 kJ*

Landfrauen-Tipp

Gegen Erkältungen wusste die Landfrau ein probates Mittel: Eine kräftige Hühnersuppe ist vitaminreich, wärmt von innen, versorgt den Körper mit nötiger Flüssigkeit und wirkt nachweislich entzündungsmildernd auf die angegriffenen Schleimhäute der oberen Atemwege.

Landfrauen-Tipp

Butterschmalz, auch geklärte Butter, ist von unschätzbarem Wert in der Küche. Der Milch wird durch Erhitzen Wasser, Milcheiweiß und Milchzucker entzogen. Das Schmalz ist bei Raumtemperatur fest und länger haltbar als Butter und kann bei vielen Zubereitungen, vor allem beim Frittieren, viel stärker erhitzt werden als andere Bratfette.

Wurzelsuppe mit Ochsenfleisch

Das Fleisch in 1,5 Liter Wasser mit 1/2 Tl Salz etwa 2 Stunden garen, bis es weich ist und sich gut von den Knochen lösen lässt.

Inzwischen die Kartoffeln schälen und würfeln. Möhren und Sellerie putzen und schälen, anschließend ebenfalls in Würfel schneiden. Die Zwiebeln und den Knoblauch schälen und fein hacken.

Das Fleisch nach Ende der Garzeit aus dem Topf nehmen und beiseite stellen. Die Fleischbrühe durch ein engmaschiges Sieb abseihen.

Das Butterschmalz in einem Topf erhitzen. Zwiebel und Knoblauch darin andünsten. Mit der Fleischbrühe ablöschen. Kartoffeln und Wurzelgemüse sowie Kräuter und Pfeffer zugeben und alles etwa 20 Minuten garen.

Das Fleisch von den Knochen lösen und klein schneiden. In die Wurzelsuppe geben und servieren. Dazu kräftiges Brot mit Butter reichen.

Zubereitungszeit: ca. 30 Minuten (plus Garzeit)

*Pro Portion:
ca. 470 kcal/1974 kJ*

Zutaten
für 4 Personen

500 g Ochsenschwanz
Salz
500 g Kartoffeln
300 g Möhren
250 g Knollensellerie
2 Zwiebeln
1 Knoblauchzehe
50 g Butterschmalz
2 El frisch gehackter Liebstöckel
2 El frisch gehackte Petersilie
1 Tl getrockneter Majoran
1 Prise Pfeffer

Pichelsteiner

Zutaten
für 4–6 Personen

- 200 g Rindfleisch
- 200 g Schweineschulter
- 200 g Lammschulter
- 2 Rindermarkknochen
- 2 Zwiebeln
- 700 g Kartoffeln
- 300 g Knollensellerie
- 250 g Möhren
- 1 Petersilienwurzel
- 1 Lauchstange
- 3 El Öl
- Salz, Pfeffer
- 500 ml Fleischbrühe
- je 1/2 Bund Schnittlauch und Petersilie

Die Fleischsorten waschen, trocken tupfen und in gleich große Stücke schneiden.

Das Mark aus den Rinderknochen herauslösen und in Scheiben schneiden. Die Zwiebeln schälen und hacken. Kartoffeln, Sellerie, Möhren und Petersilienwurzel schälen und würfeln. Lauch gründlich waschen, putzen und in 1 cm dicke Ringe schneiden.

Das Öl in einem großen Topf erhitzen und die Markscheiben darin von beiden Seiten anrösten. Herausnehmen und beiseitestellen. Die Fleischstücke im selben Fett von allen Seiten kräftig anbraten. Herausnehmen.

Anschließend Zwiebeln und Kartoffeln im Fett anschmoren und herausnehmen. Das Gemüse in den Topf geben und anschmoren. Herausnehmen.

In einen Bräter abwechselnd Gemüse, Kartoffeln und Fleisch schichten und jeweils mit Salz und Pfeffer würzen. Mit Kartoffeln abschließen, darauf die Markscheiben legen.

Langsam die Brühe angießen und den Bräter mit dem Deckel verschließen. Den Eintopf aufkochen und bei geringer Temperatur etwa 1 Stunde 30 Minuten garen.

Die Kräuter waschen, trocken schütteln und fein hacken. Pichelsteiner mit Kräutern bestreut servieren. Dazu frisches Bauernbrot servieren.

Zubereitungszeit: ca. 30 Minuten
(plus Garzeit)

Pro Portion:
ca. 431 kcal/1805 kJ

Landfrauen-Tipp

Der Pichelsteiner hat Tradition: Er wird seit etwa Mitte des 19. Jahrhunderts vorrangig aus Rüben, Kraut und Fleischresten zubereitet. Seit dem Kirchweihmontag 1874 bis heute wird in Regen im Bayerischen Wald das Pichelsteinerfest gefeiert. Nahrhaft und einfach zuzubereiten, ist der Eintopf bis heute beliebt und wird gern mit weiteren Gemüsen und Gewürzen verfeinert.

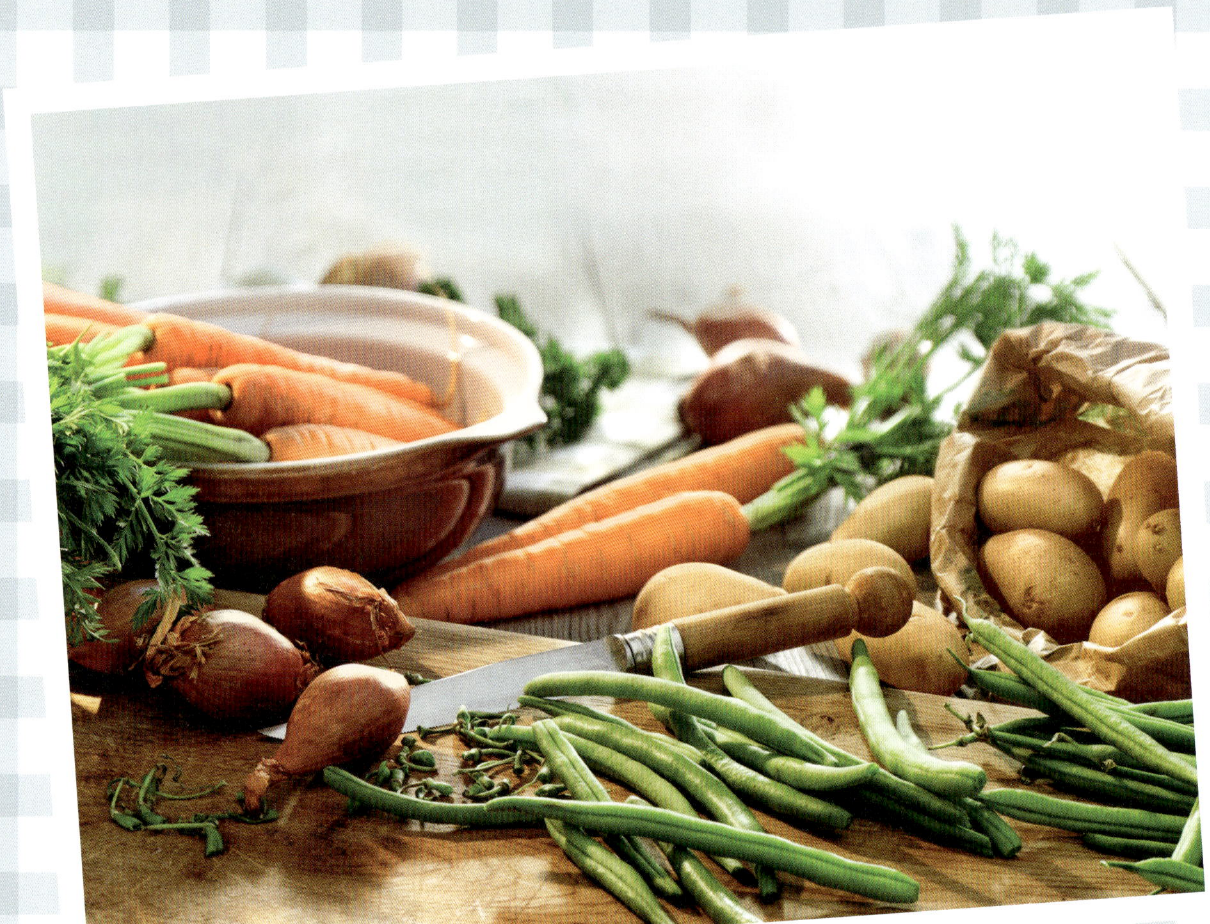

Salate, Gemüse & Beilagen

Löwenzahn-Kräuter-Salat

Zutaten
für 4 Personen

300 g Kartoffeln
300 g junge Löwenzahnblätter
1 Zwiebel
1 Tl Butter
3 El Sonnenblumenöl
3 El Weinessig
1 Tl Senf
1 Prise Rohrzucker
Salz nach Belieben
frisch gemahlener schwarzer Pfeffer
je 1 Tl gehackte Petersilie, Schnittlauchröllchen, gehackter Basilikum und Majoran nach Belieben

---

Dia Kartoffeln gründlich waschen und mit Schale gar kochen. Abgießen, pellen und mit dem Kartoffelstampfer zerdrücken. Löwenzahn waschen, trocken tupfen und in feine Streifen schneiden. Zwiebel abziehen und fein hacken. Löwenzahn in eine Salatschüssel geben.

Die Butter in einer Pfanne erhitzen und die Zwiebel darin glasig dünsten. Die Zwiebel auf die Löwenzahnblätter geben.

Aus Sonnenblumenöl, Weinessig, Senf, 6 El Wasser, Rohrzucker, Salz, schwarzem Pfeffer und den gehackten Kräutern eine Salatsauce anrühren und über den Löwenzahn geben. Die zerdrückten Kartoffeln vorsichtig unter den Salat heben.

Den Salat auf Teller verteilen und als Vorspeise oder Beilage reichen. Nach Belieben zusätzlich mit weiteren gehackten Kräutern bestreuen.

Zubereitungszeit: 15 Minuten

Pro Portion:
ca. 184 kcal/769 kJ

Landfrauen-Tipp

Um die gesunden Inhaltsstoffe des Löwenzahns wusste man vor allem auf dem Land: Vitamine, Mineralsalze, Gerb- und Bitterstoffe sowie Inulin tun dem Körper gut. Gesammelt werden können Blätter und Blüten auf Wiesen und an Wald- und Felssäumen in sonniger Lage. Nicht an vielbefahrenen Straßen sammeln!

Landfrauen-Tipp

Weißkohl, auch „Kraut" oder „Kappes" genannt, galt einst vor allem in ländlichen Regionen als Armeleutezutat. Heute weiß man den hohen Gehalt an Vitamin C und den Aromareichtum des Herbst- und Wintergemüses sehr zu schätzen; außerdem ist das winterharte Gemüse sehr gut zu lagern. Die Beigabe von Kümmel bei der Zubereitung macht Kohlgerichte leichter bekömmlich.

Weißkohlsalat mit Speck

Die äußeren welken Blätter vom Weißkohl entfernen. Anschließend den Kopf vierteln und den Strunk herausschneiden. Die Kohlviertel in Streifen schneiden oder nicht zu fein hobeln.

Reichlich Wasser zum Kochen bringen, kräftig salzen und die Kohlstreifen darin 3 Minuten ziehen lassen. In ein Sieb abgießen und gut abtropfen lassen.

Die Zwiebeln schälen und fein hacken. Den Speck klein würfeln. In einer großen Pfanne das Öl erhitzen, die Speckwürfel darin knusprig braten. Die Zwiebeln dazugeben und leicht mit anschwitzen. Zucker und Kümmel darüberstreuen und leicht karamellisieren lassen.

Den Topf vom Herd nehmen, den Essig angießen und den Kohl untermischen. Mit Salz und Pfeffer würzig abschmecken.

Den Weißkohlsalat mindestens 3 Stunden ziehen lassen und mit Schnittlauch bestreut servieren.

Zubereitungszeit: ca. 30 Minuten
(plus Zeit zum Durchziehen)

Pro Portion:
ca. 210 kcal/870 kJ

Zutaten
für 4 Personen

1 kg Weißkohl
Salz
2 Zwiebeln
50 g durchwachsener Speck
2 El Öl
1 El Zucker
1 Tl Kümmel
3 El Weißweinessig
frisch gemahlener schwarzer Pfeffer
2 El Schnittlauchröllchen

Ochsenmaulsalat

Zutaten
für 4 Personen

700 g küchenfertiges Ochsenmaul
1 Bund Suppengemüse
2 Zwiebeln
2 Lorbeerblätter
6 Pfefferkörner
2 Nelken
6–8 El Weißweinessig
4 El Sonnenblumenöl
Salz
Pfeffer
1/2 Bund frisch gehackte Petersilie

Das Ochsenmaul gut waschen. Das Suppengemüse putzen, waschen, Möhre und Sellerie schälen, Gemüse klein schneiden. Eine Zwiebel schälen und vierteln.

Das Ochsenmaul mit dem Gemüse und der Zwiebel, Lorbeerblättern, Pfefferkörnern und Nelken in einen Topf geben. So viel Wasser zugeben, dass das Fleisch bedeckt ist, und aufkochen.

Dann alles bei geringer Temperatur abgedeckt etwa 3 Stunden garen. Das Fleisch aus dem Topf nehmen, abtropfen lassen und in dünne Scheiben schneiden. Abkühlen lassen.

Für die Marinade die zweite Zwiebel schälen und fein hacken. Mit Essig, Öl, Salz und Pfeffer verrühren.

Die Fleischscheiben mit der Marinade überziehen und abgedeckt kühl stellen. 2 Stunden marinieren lassen. Den Salat mit Petersilie bestreut servieren.

*Zubereitungszeit: ca. 20 Minuten
(plus Kochzeit und Zeit zum Durchziehen)*

*Pro Portion:
ca. 295 kcal/1238 kJ*

Landfrauen-Tipp

Das klassische Suppengemüse oder Suppengrün hat die Landfrau stets im eigenen Garten, wir können es fertig zusammengestellt im Handel erwerben: Möhre, Sellerie, Porree und Petersilie aromatisieren viele herzhafte Suppen, Eintöpfe, Saucen und Schmorgerichte. Je nach Region variieren die Bestandteile.

Landfrauen-Tipp

Frische Kartoffeln vom Bio-Bauern oder aus dem Garten schmecken am besten. Die Pflanzzeit für Kartoffeln beginnt etwa im April. Die ersten Frühkartoffeln sind erntereif, wenn die Pflanzen im Juni ausgeblüht sind. Nach Bedarf einfach einige Stauden ausgraben und ernten, die übrigen bleiben bis zur Verwertung im Boden.

Kartoffelsalat

Die Kartoffeln bürsten und mit Schale in kochendem Salzwasser garen. Abgießen, kalt abschrecken und auskühlen lassen. Anschließend die Kartoffeln pellen und in ca. 1/2 cm dicke Scheiben schneiden.

Das Ei hart kochen, abschrecken, pellen, klein würfeln und zu den Kartoffeln geben. Die Gurken fein würfeln und ebenfalls dazugeben.

Die Mayonnaise zum Salat geben und alles vorsichtig vermischen. Mit Paprikapulver, Salz und Pfeffer würzen.

Den Schnittlauch waschen, trocken schütteln, in feine Röllchen schneiden und über den Salat streuen.

Zubereitungszeit: ca. 20 Minuten
(plus Kochzeit)

Pro Portion:
ca. 670 kcal/2760 kJ

Zutaten
für 4 Personen

1 kg festkochende Kartoffeln
Salz
1 Ei
4 Gewürzgurken
250 g Mayonnaise
1/2 Tl edelsüßes Paprikapulver
frisch gemahlener schwarzer Pfeffer
1/2 Bund Schnittlauch

Wurstsalat

Die Fleischwurst in Scheiben und diese dann in Streifen schneiden.

Die Zwiebeln schälen und in Ringe, die Gurke in feine Stifte schneiden.

Den Apfel schälen, vierteln, das Kerngehäuse entfernen und das Fruchtfleisch in feine Würfel schneiden.

Alle Zutaten in eine Schüssel geben. Aus Essig, Öl und den Gewürzen ein Dressing bereiten und über die Salatzutaten geben. Alles gut mischen und 20 Minuten ziehen lassen.

Petersilie waschen, trocken tupfen und fein hacken. Den Salat mit Petersilie bestreut servieren.

Zubereitungszeit: ca. 20 Minuten

Pro Portion:
ca. 667 kcal/2791 kJ

Zutaten
für 4 Personen

- 750 g Fleischwurst
- 2 Zwiebeln
- 1 Gewürzgurke
- 1 Apfel
- 3 El Essig
- 4 El Sonnenblumenöl
- Salz
- Pfeffer
- 1/2 Bund Petersilie

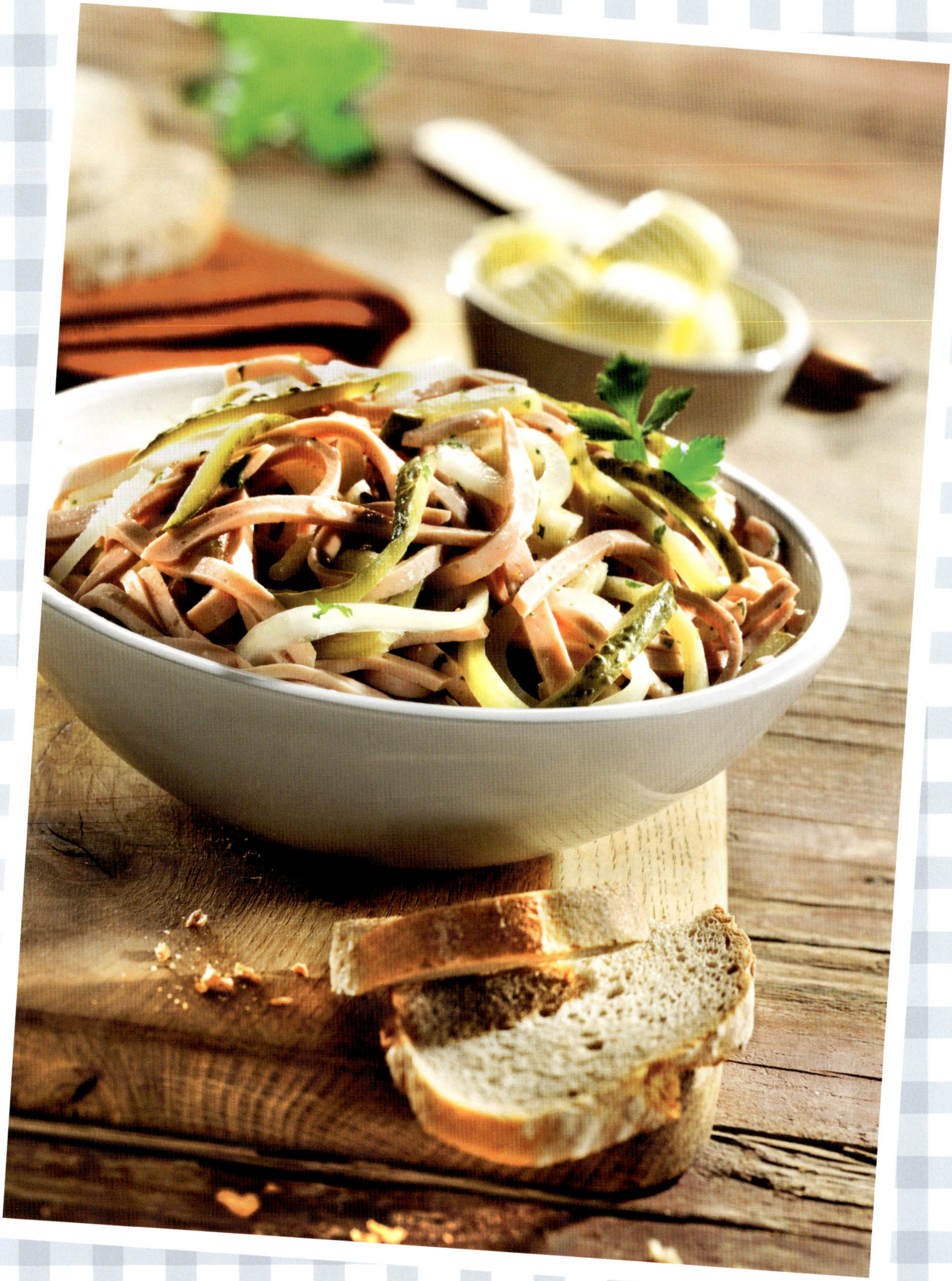

Landfrauen-Tipp

In sonnigen Regionen trugen Kinder einst im Herbst durch das Sammeln nahrhafter Esskastanien oder Maronen zur Erweiterung des Speiseplans bei. Heute sind Kastanien vakuumverpackt fast das ganze Jahr hindurch erhältlich. Sie können kreuzweise eingeritzt auch im Ofen gar gebacken und dann geschält werden. Frische Früchte bald nach dem Kauf verarbeiten, da sie schnell austrocknen!

Kohlkuchen mit Kastanien

Den Weißkohl waschen und in Salzwasser garen. Anschließend den Kohl abkühlen lassen, ausdrücken und in schmale Streifen schneiden. Den Speck fein hacken. Die Zwiebel schälen und ebenfalls fein hacken.

Zwiebel und Speck in der Butter anschwitzen. Petersilie, Pfeffer und den Weißkohl dazugeben. Dann die Masse abkühlen lassen. Den Backofen auf 220 °C vorheizen.

Die Kastanien kreuzweise einritzen und etwa 20 Minuten in Salzwasser weich garen. Anschließend aus den Schalen lösen und grob hacken. Die altbackenen Brötchen in der Milch einweichen und ausdrücken. Die Eier trennen.

Ausgedrückte Brötchen, Eigelb und Esskastanien unter den Kohl mischen. Eiweiß steif schlagen und vorsichtig unter den Kohl mischen.

Eine Springform mit Butter auspinseln und mit Paniermehl bestreuen. Anschließend die Weißkohlmasse in die Form geben und etwa 40 Minuten auf mittlerer Schiene backen.

Den Kohlkuchen mit einer Sauce Hollandaise servieren.

*Zubereitungszeit: ca. 45 Minuten
(plus Gar-, Koch-, Abkühl- und Backzeit)*

*Pro Portion:
ca. 488 kcal/2050 kJ*

Zutaten
für 4 Personen

ca. 800 g Weißkohl
Salz
125 g Speck
1 Zwiebel
1 El Butter
1 El frisch gehackte Petersilie
Pfeffer
10 Esskastanien
250 ml Milch
4 Eier
4 altbackene Brötchen
Butter zum Ausstreichen
Paniermehl zum Ausstreuen

Birnen, Bohnen und Speck

Zutaten
für 4 Personen

2 Zwiebeln
500 g Räucherspeck am Stück
1 kg grüne Bohnen
1 Bund Bohnenkraut
4 feste säuerliche Birnen
Salz
frisch gemahlener schwarzer Pfeffer

Die Zwiebeln schälen und vierteln. Mit dem Speck in einen Topf geben und mit 1,25 Liter Wasser auffüllen. Zum Kochen bringen und alles auf kleiner Flamme ca. 30 Minuten garen.

Inzwischen die Bohnen waschen, putzen und in mundgerechte Stücke schneiden. Zum Speck geben und weitere 15 Minuten köcheln lassen.

Das Bohnenkraut waschen, trocken schütteln und die Blättchen abzupfen. Die Birnen waschen und im Ganzen zu den Bohnen legen. 10 bis 15 Minuten mitgaren lassen und alles mit Salz und Pfeffer abschmecken.

Vor dem Servieren den Speck herausnehmen und in Scheiben schneiden.

*Zubereitungszeit: ca. 20 Minuten
(plus Kochzeit)*

*Pro Portion:
ca. 1040 kcal/4290 kJ*

Landfrauen-Tipp

In die bäuerliche Vorratshaltung gehört unbedingt Speck. Oft wird noch selbst geräuchert: Kalträuchern war zwar recht zeitaufwendig, sorgt dafür aber für die lange Haltbarkeit des unverzichtbaren Grundbestandteils vieler Gerichte. Was heute nur wenige wissen: Durch die schonende Zubereitung bleiben die guten Inhaltsstoffe und die natürlichen Aromen des Specks erhalten.

Landfrauen-Tipp

In der Vorratshaltung macht einer Landfrau niemand etwas vor, und wir können von diesem Wissen profitieren: Frisch geerntete oder auf dem Markt erworbene Möhren bleiben lange knackfrisch, wenn man sie an einem sehr kalten, aber frostsicheren Ort in einem Behälter in Sand vergräbt. Dieser sollte die Möhren dicht umschließen und ganz leicht feucht sein.

Möhren untereinander

Die Zwiebel schälen und fein hacken. Die Möhren putzen, schälen und grob würfeln.

Die Zwiebel in der Butter glasig andünsten. Möhren dazugeben und bei geschlossenem Deckel kurz mitdünsten. Den Zucker darüberstreuen und die Möhren karamellisieren lassen.

Anschließend kräftig salzen und pfeffern und mit der Hühnerbrühe ablöschen. Alles bei geschlossenem Deckel und unter gelegentlichem Rühren weich dünsten.

Inzwischen die Kartoffeln schälen und grob würfeln. In reichlich Salzwasser gar kochen, abgießen und zu den Möhren geben.

Die Hälfte der Möhren-Kartoffel-Mischung stampfen und wieder unter die Kartoffeln und Möhren heben.

Die Petersilie waschen, trocken schütteln und fein hacken. Sahne und Petersilie unter das Möhren-Kartoffel-Gemüse rühren und nach Bedarf nachwürzen.

Zubereitungszeit: ca. 30 Minuten (plus Garzeit)

Pro Portion: ca. 250 kcal/1030 kJ

Zutaten
für 4 Personen

1 kleine rote Zwiebel
1 kg Möhren
30 g Butter
1/2 Tl Zucker
Salz
Pfeffer
50 ml Hühnerbrühe
500 g Kartoffeln
1 Bund glatte Petersilie
50 ml Sahne

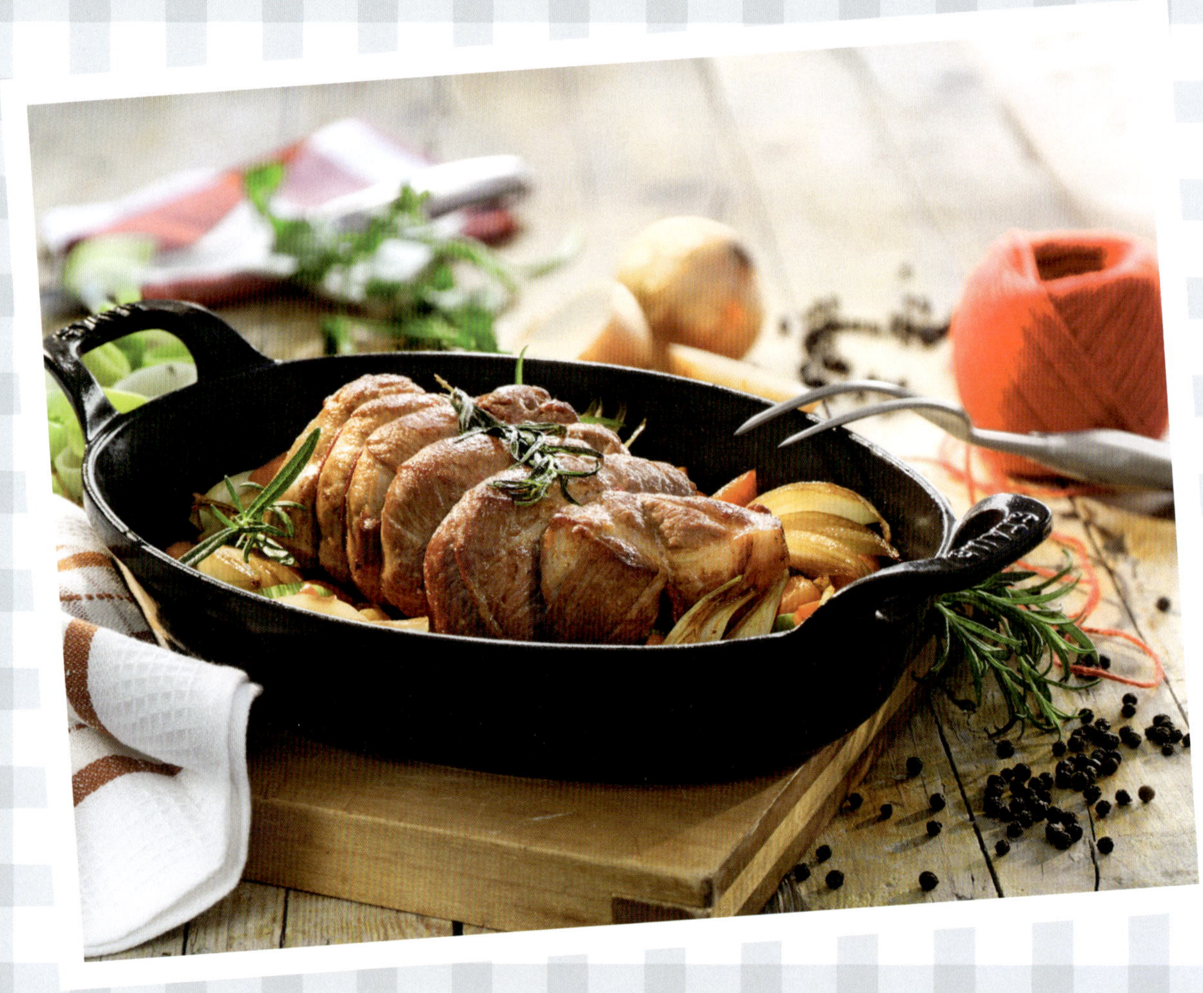

Hauptgerichte

Schweinekrustenbraten

Zutaten
für 4 Personen

1 kg Schweinefleisch mit Schwarte (aus der Schulter oder dem Bauch)
Salz
1 El Öl
500 ml Fleischbrühe
1 Tl Nelken
250 ml dunkles Bier
1 Bund Suppengemüse
1 Zwiebel
1 Lorbeerblatt
4 Pfefferkörner
1 Knoblauchzehe
1/2 Tl getrockneter Majoran
1/2 Tl Kümmel
Pfeffer

Den Backofen auf 150 °C vorheizen. Das Fleisch waschen, trocken tupfen und mit Salz einreiben. Öl in einem Bräter erhitzen und das Fleisch darin von allen Seiten anbraten. Brühe angießen. Fleisch mit der Schwarte nach unten 60 Minuten im Backofen auf mittlerer Schiene garen. Dann wenden und die Schwarte kreuzweise mit einem Messer einschneiden. Temperatur auf 160 °C erhöhen. In die Oberfläche des Bratens die Nelken stecken und weitere 2 Stunden braten. Dabei häufig mit dem Bratensaft und mit Bier begießen.

Inzwischen das Suppengemüse putzen, waschen und klein schneiden. Die Zwiebel schälen und in Würfel schneiden. 40 Minuten vor Ende der Garzeit Gemüse, Zwiebel, Lorbeerblatt und Pfefferkörner zum Schweinebraten geben. Knoblauch schälen, fein hacken und ebenfalls zum Fleisch geben.

Fleisch aus dem Bräter nehmen, Schwarte mit Salzwasser bestreichen und auf dem Backblech bei 220 °C 20 Minuten knusprig backen. Fleisch aus dem Ofen nehmen und warm stellen. Den Bratenfond durch ein Sieb gießen und nach Bedarf entfetten. Majoran und Kümmel in den Fond rühren und 10 Minuten schwach köcheln. Nach Bedarf andicken. Mit Salz und Pfeffer abschmecken. Das Fleisch nach 10 Minuten Ruhezeit in Scheiben schneiden. Nach Belieben mit Knödeln und Krautsalat oder Rotkraut servieren.

Zubereitungszeit: ca. 20 Minuten
(plus Brat-, Back- und Garzeit)

Pro Portion:
ca. 743 kcal/3102 kJ

Landfrauen-Tipp

Nirgendwo sonst gelingt ein Sonn- oder Festtagsbraten so fein-saftig und obendrein knusprig wie in der Landfrauenküche, denn die Zubereitung ist dort seit Generationen vielfach erprobt. Soll die Kruste besonders süß-würzig und knusprig werden, den Braten fünf Minuten vor Ende der Bratzeit mit wenig dunklem Waldhonig bepinseln – und die Kruste wird zur begehrten Leckerei.

Landfrauen-Tipp

Um besonders gutes Fleisch von artgerecht auf Freiland gehaltenen Tieren zu bekommen, bestellen Sie Ente, Gans oder Huhn rechtzeitig bei einem Bio-Bauernhof in Ihrer Nähe. So können Sie sicher sein, einwandfreies Fleisch gesunder Tiere zu erhalten.

Gebratene Bauernente

Die Backpflaumen in wenig heißem Wasser einweichen. Die Äpfel schälen, vom Kerngehäuse befreien und in kleine Würfel schneiden. Die Backpflaumen abtropfen lassen und ebenfalls klein schneiden.

Die Enten waschen, trocken tupfen und mit Salz einreiben. Aus Apfelstücken, Backpflaumen und Thymian eine Füllung bereiten und die Enten damit füllen. Öffnungen zunähen. Den Backofen auf 175 °C vorheizen. Das Butterschmalz in einem Bräter erhitzen und die Enten darin von allen Seiten gut anbraten. Geflügelfond angießen und die Enten im Ofen abgedeckt auf mittlerer Schiene etwa 60 Minuten schmoren.

Enten aus dem Bräter nehmen, die Sauce passieren, mit Speisestärke andicken und mit Salz, Pfeffer und Zitronensaft abschmecken. Enten zerteilen und mit der Sauce sowie der Füllung servieren. Dazu schmeckt Rahmwirsing.

*Zubereitungszeit: ca. 20 Minuten
(plus Einweich-, Brat- und Schmorzeit)*

*Pro Portion:
ca. 919 kcal/3847 kJ*

Zutaten
für 4 Personen

100 g Backpflaumen
3 Äpfel
2 küchenfertige Bauernenten
Salz
1 El frisch gehackter Thymian
2 El Butterschmalz
500 ml Geflügelfond
1 El Speisestärke
Pfeffer
Zitronensaft

Kohlrouladen

Zutaten
für 4 Personen

- 1 Weißkohl
- 1 Zwiebel
- 1 Knoblauchzehe
- je 250 g Schweine- und Rinderhackfleisch
- 2 Eier
- 1/2 Bund frisch gehackte Petersilie
- 30 g Paniermehl
- Salz, Pfeffer
- Cayennepfeffer
- 8 dünne Speckscheiben
- 3 El Butterschmalz
- 250 ml Gemüsebrühe
- 2 El Speisestärke
- 100 g saure Sahne

Den Weißkohl waschen und putzen. Den harten Strunk entfernen, den Kohl in kochendem Salzwasser etwa 15 Minuten blanchieren. Herausnehmen, abtropfen lassen und 8 äußere Blätter abnehmen. Zwiebel und Knoblauch schälen und fein hacken. Hackfleisch mit Zwiebel, Knoblauch, Eiern, Petersilie und Paniermehl zu einem Teig verarbeiten und würzen.

Die Füllung auf die Kohlblätter verteilen und diese vom Rand her zusammenrollen. Mit je einer Speckscheibe umwickeln und mit Küchengarn festbinden. Das Butterschmalz in einem großen Bräter erhitzen und die Krautwickerl darin von allen Seiten anbraten. Die Brühe angießen und die Wickerl abgedeckt etwa 30 Minuten garen.

Dann herausnehmen und warm stellen. Die Speisestärke in die saure Sahne rühren und den Bratensud damit sämig binden. Abschmecken. Die Krautwickerl mit der Sauce servieren. Dazu schmecken Kartoffeln oder Reis.

Zubereitungszeit: ca. 35 Minuten
(plus Schmor- und Garzeit)

Pro Portion:
ca. 602 kcal/2517 kJ

Landfrauen-Tipp

Das Blanchieren macht die Kohlblätter weicher und sie lassen sich einfacher verarbeiten. Grundsätzlich dient das Blanchieren (das kurze Überbrühen) von Gemüsen mit oder in leicht gesalzenem Wasser der Reinigung. Es mildert strenge Aromen, grüne Gemüse behalten auf diese Weise ihre knackig-frische Farbe. Zarte Gemüse nur ganz kurz blanchieren!

Landfrauen-Tipp

In der Landfrauenküche wird kaum etwas weggeworfen, sondern alles verwertet. Das beste Beispiel ist selbst gemachte Hühnerbrühe, die zu vielen Gelegenheiten Verwendung findet: Kleingehackte Geflügelknochen und Fleischreste mit Wasser, Wurzelgemüse nach Wahl, Pfeffer und Salz aufkochen, abschäumen, entfetten und durch ein sehr feines Sieb gießen.

Gefüllter Gänsebraten

Den Backofen auf 200°C vorheizen. Die Maronen mit einem Messer einritzen und auf einem Backblech im Ofen etwa 20 Minuten auf mittlerer Schiene backen. Inzwischen die Äpfel waschen, schälen, von den Kerngehäusen befreien und in Würfel schneiden. In eine Schüssel legen und mit kaltem Wasser und dem Zitronensaft übergießen.

Die Maronen aus dem Ofen nehmen, schälen und halbieren. Die Butter in einem Topf erhitzen. Apfelscheiben abtropfen lassen und in den Topf zur Butter geben. Maronen, Zucker und etwas Salz zufügen und einige Minuten köcheln lassen. Die Brühe angießen und alles weitere 5 Minuten köcheln. Dann den Topf vom Herd nehmen.

Die Gans waschen, trocken tupfen und innen und außen mit Salz und Pfeffer einreiben. Den Majoran waschen, trocken schütteln und in die Gans legen. Die Gans mit der Maronen-Apfel-Masse füllen und zunähen. Die Gans mit der Brust nach unten in einen Bräter legen und mit 750 ml kochendem Wasser übergießen. Im Ofen auf der unteren Schiene etwa 1 Stunde braten, dann wenden und mit einer Gabel einstechen, damit das Fett abfließen kann. Die Gans öfter mit Bratenfett übergießen. Nach insgesamt 2 Stunden 45 Minuten die Gans mit dem Bier übergießen und 10 Minuten knusprig braten. Dann die Gans aus dem Bräter nehmen und einige Zeit ruhen lassen. Den Bratenfond aufkochen und das Fett abschöpfen. Die Sauce noch etwas einkochen lassen und mit Salz und Pfeffer abschmecken.

Zubereitungszeit: ca. 35 Minuten
(plus Koch- und Bratzeit)

Pro Portion:
ca. 1938 kcal/8103 kJ

Zutaten
für 8 Personen

600 g Maronen
500 g Äpfel
Saft von 1 Zitrone
2 El Butter
1 El Zucker
Salz
125 ml Hühnerbrühe
1 küchenfertige Gans (ca. 4 kg)
Pfeffer
1 Majoranzweig
125 ml helles Bier

Gulasch

Zutaten
für 4 Personen

1 kg Rindfleisch ohne Knochen
100 g Speck
3 kleine Zwiebeln
375 ml Fleischbrühe
Salz
Pfeffer
1/2 Tl Kümmel
1 Messerspitze Paprikapulver
250 g saure Sahne
1 El Mehl

Das Fleisch waschen, trocken tupfen und in mundgerechte Stücke schneiden. Den Speck fein würfeln, die Zwiebel schälen und ebenfalls fein würfeln. Die Brühe aufkochen.

Den Speck in einem heißen Topf auslassen. Zwiebeln und Fleisch zugeben und unter ständigem Rühren kräftig anbraten. Salz, Pfeffer, Kümmel und Paprikapulver dazugeben. Die kochende Brühe dazugießen und aufkochen lassen. Bei geschlossenem Deckel ca. 1 Stunde köcheln lassen.

Die Sahne und das Mehl verrühren und die Sauce damit binden.

*Zubereitungszeit: ca. 30 Minuten
(plus Brat- und Garzeit)*

*Pro Portion:
ca. 660 kcal/2720 kJ*

Landfrauen-Tipp

Das Geheimnis eines zarten Gulaschs ist die Kochzeit. Soll das Fleisch besonders mürbe werden, eine weitere Stunde bei niedriger Temperatur und mit ausreichend Flüssigkeit köcheln lassen. Ist das Gericht für den sonntäglichen Familienbesuch gedacht, gibt die Landfrau zu den genannten Zutaten etwa 20 Minuten vor Ende der Kochzeit noch gewürfelte Tomaten, Paprika und Pilze dazu.

Landfrauen-Tipp

Das leichte Gericht hat erstaunlicherweise eine lange ländliche Tradition. Aus der Ostsee gelangte Hering einst über die Schifffahrtswege auch in die Agrarregionen Schlesiens und Ostpreußens. Wurde es in den Familien der Landarbeiter zum Monatsende knapp, reichte es immer noch für günstige Heringe aus dem Fass, aus denen Matjeshering oder Häckerle (gehackte Heringe, Zwiebeln und Eier als Brotaufstrich) zubereitet wurden.

Matjeshering mit Äpfeln

Die Matjesfilets 2 Stunden in der Milch einweichen. Die Äpfel schälen, das Kerngehäuse entfernen, Fruchtfleisch in Stücke schneiden und mit dem Zitronensaft beträufeln. Die Zwiebeln schälen und in Ringe schneiden.

Sahne, Joghurt und Zucker verrühren. Die Apfelstücke und Zwiebelringe untermischen. Matjesfilets in breite Streifen schneiden und in die Sahnemischung geben.

Den Dill waschen, trocken schütteln, die Dillspitzen abzupfen und ebenfalls zum Matjes geben.

Mit Schwarzbrot servieren.

Zubereitungszeit: ca. 20 Minuten
(plus Einweichzeit)

Pro Portion:
ca. 540 kcal/2220 kJ

Zutaten
für 4 Personen

8 Matjesfilets
1/2 l Milch
2 säuerliche Äpfel
1 Tl Zitronensaft
4 Zwiebeln
250 g Sahne
150 g Joghurt
1 Prise Zucker
3 Stängel Dill

Gebackener Karpfen

Zutaten
für 4 Personen

1–2 küchenfertige Karpfen
ohne Kopf, gewässert und halbiert
Salz
Pfeffer
200 g Mehl
250 g Butterschmalz
Zitronenscheiben

Die Karpfen waschen und trocken tupfen. Mit Salz und Pfeffer würzen. Das Mehl auf einen Teller geben und die Karpfen darin wenden. Überschüssiges Mehl abschütteln.

Das Butterschmalz in einer großen Pfanne erhitzen und die Karpfenhälften im Butterschmalz schwimmend ausbacken, bis die Haut goldbraun ist.

Karpfen auf Küchenpapier abtropfen lassen und mit Zitronenscheiben servieren. Dazu Salzkartoffeln reichen.

Zubereitungszeit: ca. 15 Minuten (plus Backzeit)

*Pro Portion:
ca. 734 kcal/3086 kJ*

Landfrauen-Tipp

Weihnachts- oder Silvestermenüs auf dem Bauernhof fallen besonders üppig aus, ist der Winter gerade hier doch eine Zeit der Zusammenkunft, Ruhe und Besinnung. Kommt statt eines Bratens Karpfen auf den Tisch, reicht die Gastgeberin eine köstliche Sauce aus Altbier, zerriebenem Pfefferkuchen, Butter und Zitrone.

Landfrauen-Tipp

Zwar hat Kohlrabi von Mai bis Oktober Saison, aber just, wenn der Appetit darauf besonders groß ist, gibt es keinen. Die gut organisierte Landfrau hält immer einen Vorrat bereit, denn Kohlrabi lässt sich geschält, geschnitten, in ungesalzenem Wasser blanchiert und abgeschreckt leicht in Portionen einfrieren, ohne seine Frische und sein Aroma zu verlieren.

Gebratene Renke auf Kohlrabipüree

Die Renken waschen, trocken tupfen und innen und außen mit Salz einreiben. Die Zwiebeln schälen und fein hacken. Zwiebeln und Kerbel in die Bauchhöhlen füllen. Auf einen Teller Mehl geben und die Renken darin wenden. 100 g Butter in einer großen Pfanne schmelzen, die Fische darin von allen Seiten etwa 20 Minuten braten und öfter wenden, bis sie gut mit Fett überzogen sind.

Inzwischen die Kohlrabi schälen und fein würfeln. Die Schalotten schälen und hacken. Restliche Butter erhitzen und die Schalotten darin glasig schmoren. Die Kohlrabiwürfel dazugeben und andünsten. Die Brühe angießen und die Kohlrabi 15 Minuten weich garen. Pürieren und mit Salz, Pfeffer und Muskat abschmecken.

Fische aus der Pfanne nehmen und warm stellen. Den Bratensatz mit der sauren Sahne aufkochen, die Kräuter unterrühren und mit Salz und Pfeffer abschmecken. Renken mit der Sahnesauce und Kohlrabipüree servieren.

Zubereitungszeit: ca. 20 Minuten (plus Brat- und Kochzeit)

Pro Portion:
ca. 764 kcal/3208 kJ

Zutaten
für 4 Personen

4 küchenfertige Renken
Salz
4 mittelgroße Zwiebeln
2 El frisch gehackter Kerbel
100 g Mehl
120 g Butter
3 Kohlrabi
2 Schalotten
125 ml Gemüsebrühe
Pfeffer
Muskat
750 ml saure Sahne
2 El frisch gehackter Dill
2 El frisch gehackte Petersilie

Zander „grün"

Zutaten
für 4 Personen

1 Zwiebel
800 g Zanderfilet
Salz
Pfeffer
500 ml trockener Weißwein
2 El Weinessig
10 schwarze Pfefferkörner
je 1 Bund Petersilie, Kerbel, Pimpinelle, Dill, Melde, Melisse
40 g Butterschmalz
2 El Mehl
125 g Sahne
2 Eigelb
Salz
schwarzer Pfeffer

Die Zwiebel abziehen und fein hacken. Zanderfilets unter fließend kaltem Wasser abspülen und trocken tupfen, mit Salz und Pfeffer würzen. Für die Sauce die frischen Kräuter waschen, trocken schütteln, Blätter bzw. Spitzen von den Zweigen zupfen und fein hacken.

Weißwein, 250 ml Wasser, Weinessig, Zwiebel und Pfefferkörner in einen Topf geben und 15 Minuten einköcheln lassen. Zanderfilets in den Sud geben und ca. 5 Minuten garen. Den Backofen auf Ober-/Unterhitze 100 °C vorheizen. Zanderfilets vorsichtig aus dem Sud nehmen und im Backofen warm halten.

Für die Sauce Butterschmalz bei mittlerer Temperatur in einem Topf zerlassen, das Mehl einrühren und so lange rühren, bis eine Mehlschwitze entsteht. Nach und nach unter Rühren den Sud hinzufügen und leicht einkochen lassen. Sahne mit dem Eigelb verrühren und in die Sauce rühren. Kräuter zugeben, noch einmal kurz aufkochen und mit Salz und Pfeffer abschmecken.

Die Zanderfilets auf Teller verteilen und mit der Sauce servieren. Dazu Reis oder Kartoffeln servieren.

Zubereitungszeit: ca. 25 Minuten (plus Garzeit)

Pro Portion:
ca. 548 kcal/2291 kJ

Landfrauen-Tipp

Die Pimpinelle schmeckt leicht nussig und liefert reichlich Vitamin C. Es heißt, sie wirke gegen Frühjahrsmüdigkeit und rege den Stoffwechsel an. Die anspruchslose, widerstandsfähige Staude gedeiht in Beet oder Balkontopf in sonniger oder halbschattiger Lage und ist in der Küche zum Beispiel in Salaten, Quarkspeisen oder zu Fisch vielseitig verwendbar.

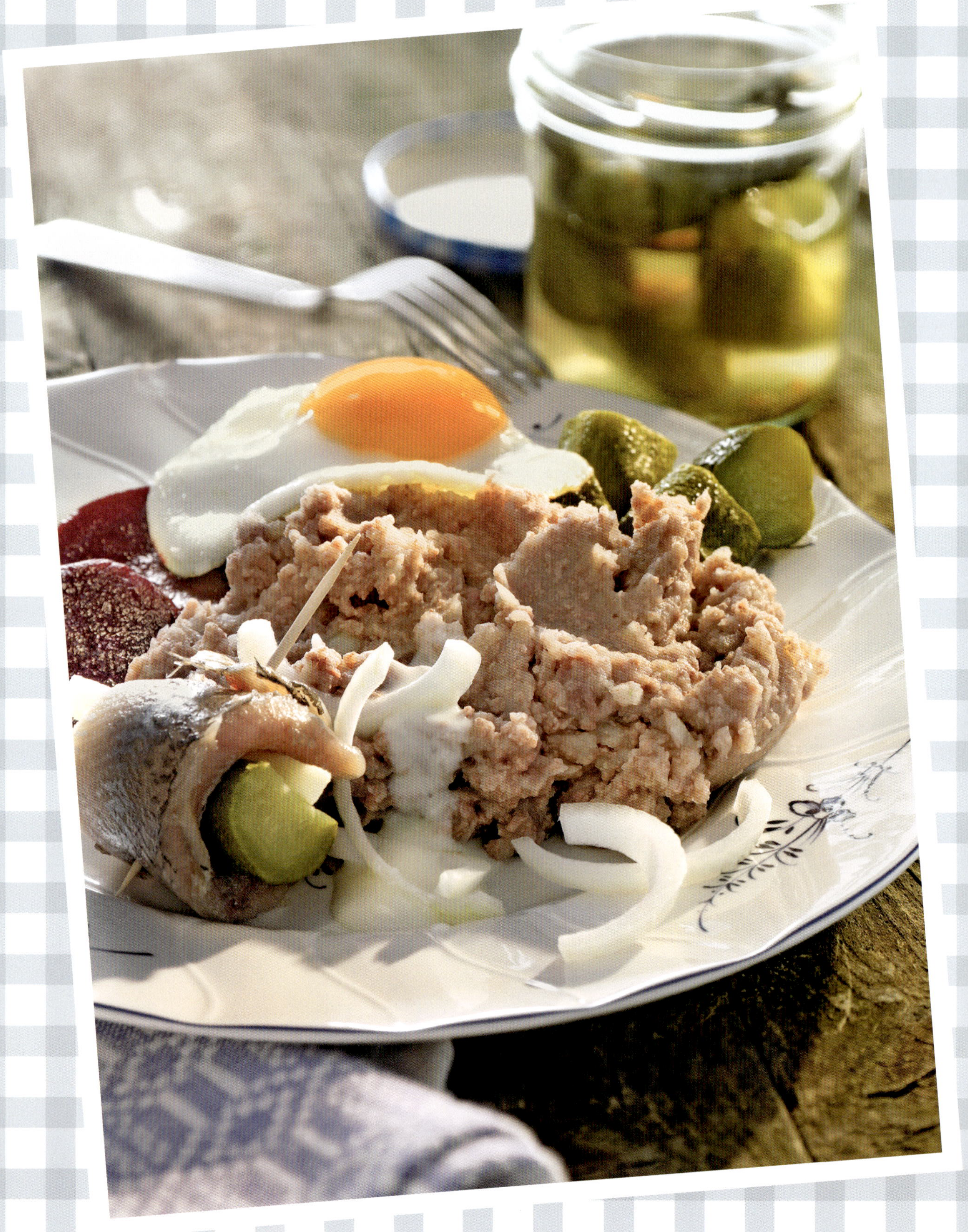

Labskaus

Das Pökelfleisch in reichlich Wasser etwa 1,5 Stunden weich kochen. Die Rote Bete waschen und in Salzwasser ca. 45 Minuten weich garen. Anschließend mit Handschuhen schälen.

Kartoffeln schälen, waschen und ca. 20 Minuten in kochendem Wasser mit etwas Salz garen. Die Zwiebeln schälen. Das Fleisch aus dem Topf heben und die Brühe beiseite stellen. Fleisch, Kartoffeln und 3 Zwiebeln durch den Fleischwolf drehen. Alles gründlich miteinander vermischen. Mit Pfeffer würzen und mit der Fleischbrühe zu einer geschmeidigen Masse rühren. Über Nacht im Kühlschrank durchziehen lassen.

Den Meerrettich schälen und fein reiben. Aus Essig, 2 El Wasser, Meerrettich, Salz, Pfeffer und Zucker eine Sauce zubereiten. Die noch lauwarmen Rote Bete in Scheiben schneiden, dann kalt stellen.

Am nächsten Tag 1 Gurke würfeln, zum Labskaus geben und alles erhitzen. Die Äpfel schälen, das Kerngehäuse entfernen und mit der restlichen Zwiebel in Scheiben schneiden. Auf die Matjesfilets legen, dann aufrollen. Das Öl erhitzen und 8 Spiegeleier braten. Den Labskaus auf Tellern anrichten, mit Rote Bete, den restlichen Gurken, Matjes und Spiegeleiern servieren.

Zubereitungszeit: ca. 40 Minuten
(plus Garzeit und Zeit zum Durchziehen)

Pro Portion:
ca. 1031 kcal/4250 kJ

Zutaten
für 4 Personen

- 750 g gepökeltes Rindfleisch
- 500 g Rote Bete
- 1 kg Kartoffeln
- Salz
- 4 Zwiebeln
- Pfeffer
- 1 1/2 Tl Meerrettich
- 3 El Essig
- Zucker
- 5 Gewürzgurken
- 2 Äpfel
- 8 Matjesfilets
- 2 El Öl
- 8 Eier

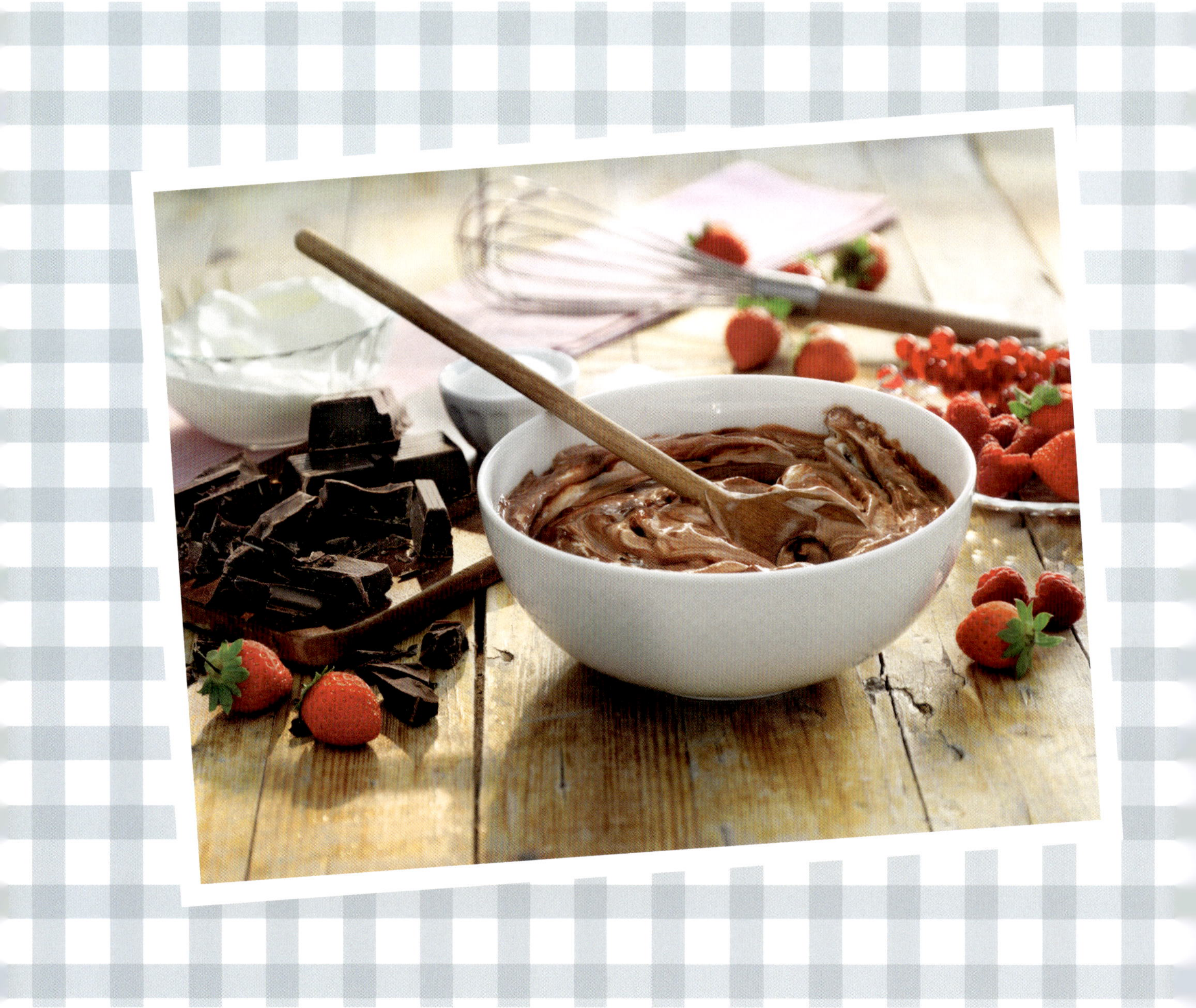

Süßspeisen & Desserts

Grießflammerie mit Himbeeren

Zutaten
für 4 Personen

3 Eier
1/2 l Milch
100 g Zucker
1 Tl abgeriebene Schale von einer unbehandelten Zitrone
Salz
60 g Hartweizengrieß
50 g Rosinen
250 g Himbeeren
250 ml Rotwein
1 El Speisestärke

Die Eier trennen und die Eigelb mit 2 El Milch verquirlen. Restliche Milch mit 50 g Zucker, Zitronenschale, 1 Prise Salz und dem Grieß verrühren, unter ständigem Rühren erhitzen und ca. 5 Minuten quellen lassen. Anschließend vom Herd nehmen, die Rosinen unterrühren und kurz abkühlen lassen. Die Eigelb mit Milch zügig untermischen.

Das Eiweiß mit 2 El Zucker steif schlagen und unter die Grießmasse heben. Alles auf Förmchen verteilen und abgedeckt für ca. 2 Stunden in den Kühlschrank stellen.

Die Himbeeren pürieren und durch ein Sieb streichen. Dann mit dem Rotwein und dem restlichen Zucker aufkochen. Speisestärke mit etwas kaltem Wasser anrühren, zur Himbeersauce geben und einmal aufkochen lassen. Anschließend den Topf vom Herd nehmen und die Himbeersauce abkühlen lassen. Hin und wieder umrühren. Zum Servieren das Grießflammerie am Rand mit einem spitzen Messer lösen, auf Tellerchen stürzen und mit Himbeersauce anrichten.

Zubereitungszeit: ca. 35 Minuten
(plus Kühlzeit)

Pro Portion:
ca. 410 kcal/1690/ kJ

Landfrauen-Tipp

Beerensträucher dürfen in keinem Bauerngarten fehlen, denn aus Himbeeren, Johannisbeeren oder Stachelbeeren lassen sich köstliche Marmeladen, Kuchen oder Desserts bereiten. Noch intensiver in der Fruchtnote und süßer sind wilde Himbeeren, die allerdings vor dem Verzehr in Wasser schwimmend besonders gut bereinigt werden sollten.

Landfrauen-Tipp

Wir kennen die Herstellung von Schokoladenpudding mit Vanillesauce fast nur noch mit Fertigprodukten aus Tüte und Flasche. Landfrauen jedoch kennen die Rezepte noch von ihren Müttern und Großmüttern – und das Ergebnis ist eine Offenbarung. Verwenden Sie eine Schokolade mit einem Kakaoanteil von 70 Prozent, damit der Pudding wirklich „schokoladig" schmeckt.

Schokoladenpudding

Für den Pudding die Speisestärke mit 6 El Milch, Zucker und Vanillezucker mit dem Schneebesen in einer Schüssel klümpchenfrei verrühren.

Eigelb in einer weiteren Schüssel verquirlen. Die Schokolade grob zerkleinern, mit der restlichen Milch in einen Topf geben und einmal aufkochen lassen. Die Stärkemischung unterrühren und etwa 2–3 Minuten kochen lassen, bis die Masse dicklich wird.

Anschließend den Topf vom Herd nehmen und die Eigelb unterrühren. Den Pudding in kalt ausgespülte Puddingförmchen gießen und im Kühlschrank erkalten lassen.

Für die Vanillesauce die Eigelb mit dem Handrührgerät cremig schlagen. 6 El Milch mit der Speisestärke glatt rühren. Die restliche Milch mit dem Zucker in einen Topf geben. Die Vanilleschote aufschlitzen, das Mark herauskratzen und in die Milch geben. Die leere Schote ebenfalls dazugeben. Alles zum Kochen bringen, die Vanilleschote entfernen und die Stärkemischung unterrühren. 2 Minuten unter Rühren kochen, bis die Sauce eindickt. Dann den Topf vom Herd nehmen. Die Eigelb einrühren und alles nochmals kurz aufkochen lassen.

Die Vanillesauce schmeckt heiß und kalt.

Zubereitungszeit: ca. 20 Minuten
(plus Koch- und Kühlzeit)

Pro Portion:
ca. 540 kcal/2220 kJ

Zutaten
für 4 Personen

Für den Pudding
40 g Speisestärke
500 ml Milch
4 El Zucker
1/2 Päckchen Vanillezucker
1 Eigelb
100 g Zartbitterschokolade

Für die Vanillesauce
2 Eigelb
1 l Milch
30 g Speisestärke
60 g Zucker
1 Vanilleschote

Milchreis mit Rhabarber-Erdbeer-Kompott

Zutaten
für 4 Personen

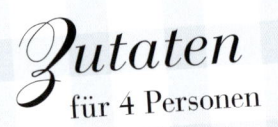

Für den Milchreis
1 l Milch
1 Prise Salz
100 g Zucker
250 g Milchreis
1 Tl Zimt

Für das Kompott
500 g Rhabarber
1 Vanilleschote
4 El Orangensaft
4 El Zucker
500 g Erdbeeren
2 El Orangenlikör

Die Milch mit dem Salz und 75 g Zucker in einen Topf geben und aufkochen. Den Reis einrühren und etwa 30 Minuten quellen lassen.

Für das Kompott den Rhabarber waschen, putzen, schälen und in mundgerechte Stücke schneiden. Die Vanilleschote aufschlitzen und das Mark herauskratzen. Den Rhabarber mit Vanillemark, Orangensaft und Zucker in einem Topf etwa 10 Minuten dünsten. Die Erdbeeren putzen, waschen und halbieren. Rhabarber mit den Erdbeeren und Orangenlikör mischen.

Den Reis in Servierschüsseln füllen. Restlichen Zucker mit dem Zimt mischen und den Milchreis damit servieren. Dazu Rhabarber-Erdbeer-Kompott reichen.

*Zubereitungszeit: ca. 25 Minuten
(plus Koch- und Quellzeit)*

*Pro Portion:
ca. 345 kcal/1449 kJ*

Landfrauen-Tipp

Fruchtkompotte lassen sich vielfältig aromatisieren: Feine Gewürze wie Vanille, Nelke, Zimt oder Kardamom verleihen warme Noten. Wer mag, fügt einen Schuss edlen Rum oder Obstbrand hinzu. Gehackte Kräuter wie Minze oder abgeriebene Zitronenschale unterstützen den fruchtigen Eigengeschmack – Ihrer Kreativität sind keine Grenzen gesetzt!

Landfrauen-Tipp

Landfrauen sind Meisterinnen in der Zubereitung von Hefeteigen. Dazu braucht es ein wenig Geduld und Fingerspitzengefühl. Mit einem kleinen Trick geraten Hefeteige für Dampfnudeln, Hefezöpfe und anderes Gebäck besonders locker und feinporig: Einmal mehr als vorgegeben kneten, dabei mit der trockenen Hand schlagen, und wieder gehen lassen.

Dampfnudeln mit Vanillesauce

Das Mehl in eine vorgewärmte Schüssel geben. 125 ml Milch erwärmen. Die Hefe in der Hälfte der erwärmten Milch mit 50 g Zucker verrühren. In das Mehl eine Mulde drücken und die Hefemilch hineinschütten. Zugedeckt an einem warmen Ort etwa 20 Minuten gehen lassen.

70 g Butter mit dem Ei, der Zitronenschale, dem Salz und der restlichen erwärmten Milch zum Hefeteig geben und alles zu einem geschmeidigen Teig verkneten, bis dieser Blasen wirft. Aus dem Teig Klöße formen und unter einem Tuch weitere 20 Minuten gehen lassen.

Anschließend in einen Bräter etwa 1 cm hoch Wasser einfüllen. Die restliche Butter, je 1 Prise Salz und Zucker zugeben und aufkochen lassen. Die aufgegangenen Dampfnudeln hineinsetzen und zuerst bei mittlerer, dann bei geringer Temperatur etwa 20 Minuten bei geschlossenem Deckel ziehen lassen. (Den Deckel nicht vorher öffnen.)

Nach 20 Minuten sollten die Dampfnudeln an der Unterseite goldbraun sein. Den Deckel schnell abnehmen, sodass keine Wassertropfen auf die Nudeln fallen.

Für die Vanillesauce die Vanilleschote längs aufschlitzen, das Mark herauskratzen und beides mit der restlichen Milch und der Sahne in einem Topf aufkochen. Die Vanilleschote entfernen. Die Eigelb mit dem restlichen Zucker cremig schlagen und die heiße Milch-Sahne unter Rühren zugießen.

Zubereitungszeit: ca. 45 Minuten
(plus Zeit zum Gehen und Garzeit)

Pro Portion:
ca. 916 kcal/3853 kJ

Zutaten
für 4 Personen

- 250 g Mehl
- 375 ml Milch
- 20 g Hefe
- 130 g Zucker
- 80 g Butter
- 1 Ei
- etwas abgeriebene Schale von einer unbehandelten Zitrone
- Salz
- 1 Vanilleschote
- 250 ml Schlagsahne
- 6 Eigelb

Rote Grütze mit Vanillerahm

Zutaten
für 4–6 Personen

- 350 g süße Kirschen
- 200 g Rote Johannisbeeren
- 250 g Himbeeren
- 125 g Zucker
- 40 g Speisestärke
- 100 ml Rotwein
- 300 g saure Sahne
- 1 El Vanillezucker

Die Kirschen waschen und entsteinen. Johannisbeeren ebenfalls waschen. In 1/2 l Wasser sowohl Kirschen als auch Johannisbeeren aufkochen lassen. Bei geschlossenem Deckel und schwacher Hitze ca. 10 Minuten weich kochen. Durch ein feines Sieb abgießen, die Beeren dabei ausdrücken und den Saft auffangen.

Die Himbeeren verlesen. Den Saft mit den Himbeeren und 100 g Zucker in den Topf geben und einmal aufkochen lassen. Die Speisestärke mit dem Rotwein glatt rühren und mit einem Schneebesen zügig unter den kochenden Saft rühren. Nochmals aufkochen lassen, dann die Grütze in eine Schüssel füllen.

Den restlichen Zucker über die Grütze streuen, dann abkühlen lassen und mindestens 2 Stunden in den Kühlschrank stellen.

Saure Sahne mit Vanillezucker glatt rühren und zu der roten Grütze servieren.

Zubereitungszeit: ca. 30 Minuten
(plus Gar- und Kühlzeit)

Pro Portion:
ca. 370 kcal/1520 kJ

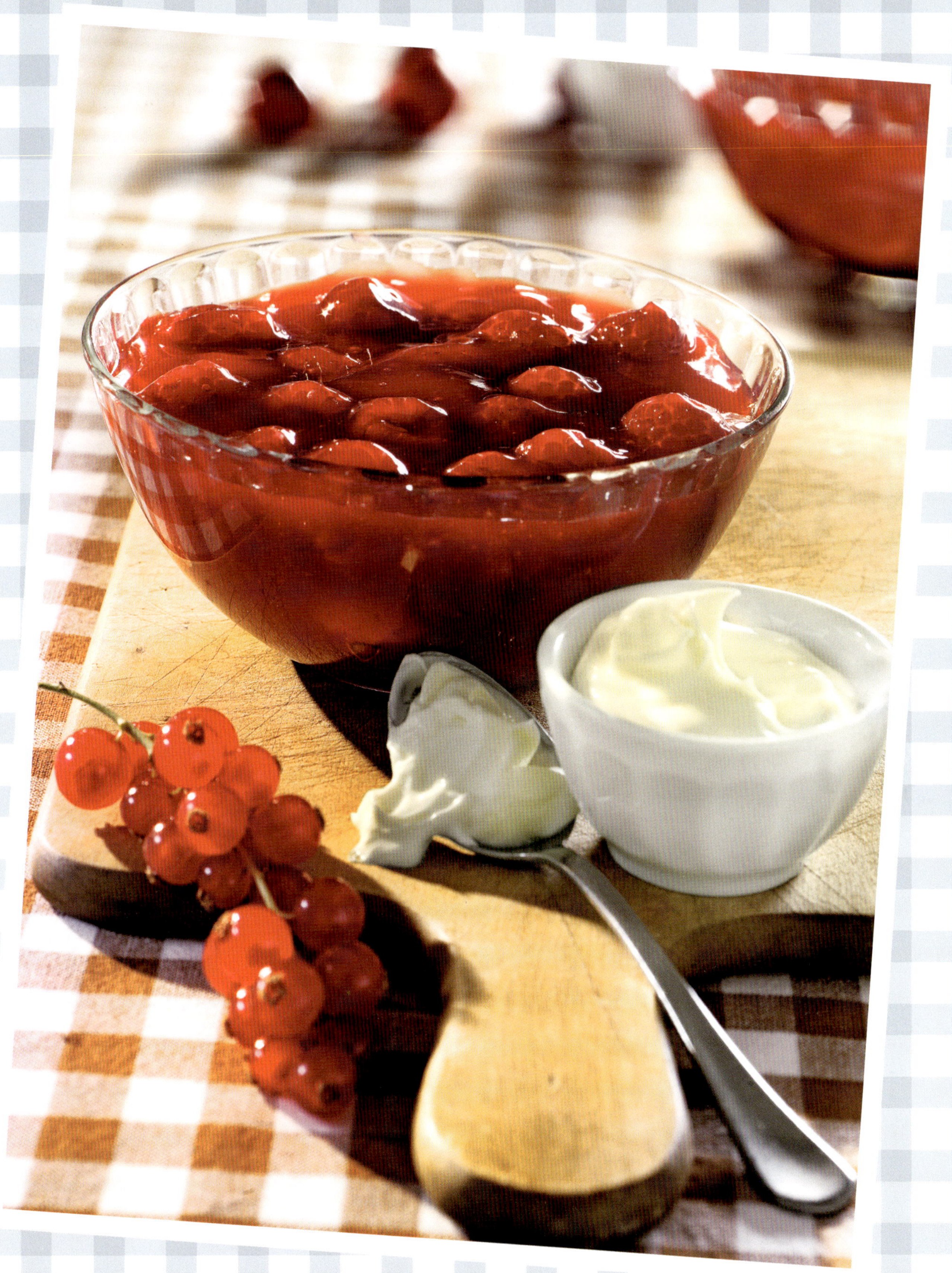

Brot & Brötchen

146

166 *Kuchen*

186

Plätzchen

Backen nach Landfrauenart

In den urgemütlichen Küchen der Landfrauen wird das Brot-, Kuchen- und Plätzchenbacken noch heute ganz besonders gepflegt. Die Meisterinnen ihres Fachs profitieren von den Erfahrungen ihrer Mütter und Großmütter, die die alten überlieferten Familienrezepte von Generation zu Generation weitergegeben haben.

In diesem Kapitel finden Sie herrliche Backrezepte aus dem reichhaltigen Fundus der Landfrauen. Ob herzhaftes Bauernbrot, saftiger Apfel-Schmand-Kuchen oder knusprige Haferflockentaler – mit richtig guten, erntefrischen Zutaten und viel Liebe gebacken schmeckt's einfach am besten!

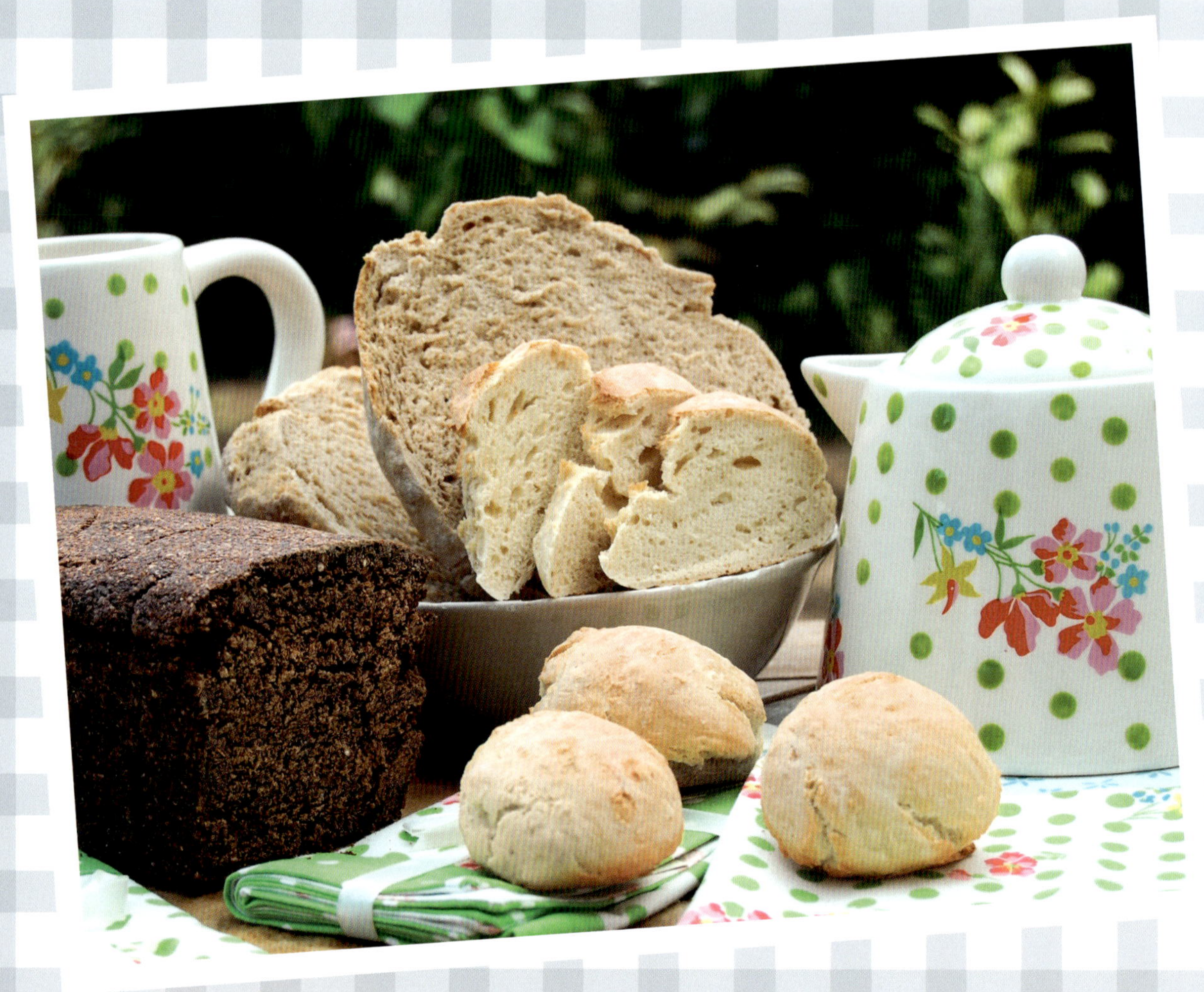

Brot & Brötchen

Bauernbrot

Die Hefe in 50 ml lauwarmes Wasser bröckeln und ca. 5 Minuten ruhen lassen.

Sauerteig, Weizenmehl, Roggen-Vollkornmehl, Honig, Salz und 200 ml lauwarmes Wasser in eine Schüssel geben und gut umrühren.

Die angerührte Hefe dazugeben und den Teig auf einer bemehlten Fläche gut durchkneten.

Den Teig 1 Stunde lang zugedeckt an einem warmen Ort gehen lassen.

Danach den Teig erneut gut durchkneten und anschließend mit bemehlten Händen zu einem runden Brotlaib formen.

Das Brot 1 weitere Stunde gehen lassen, währenddessen den Backofen auf 200 °C vorheizen. Das Brot mit Wasser bepinseln und auf der mittleren Schiene ca. 45 Minuten backen.

Zubereitungszeit: ca. 20 Minuten
(plus Zeit zum Gehen und Backen)

Pro Brot:
ca. 2582 kcal/10812 kJ

Zutaten
für 1 Brot (ca. 1000 g)

- 15 g Hefe
- 200 g Sauerteig
- 300 g Weizenmehl (Type 1005)
- 200 g Roggen-Vollkornmehl
- 100 g Honig
- 1 Tl Salz

Landfrauen-Tipp

Die verschiedenen Mehlsorten, die Sie im Handel kaufen können, haben in der Regel eine Typenbezeichnung, zum Beispiel „Type 405". Diese Zahl sagt Ihnen, wie viel Gramm Mineralstoffe in 100 Kilogramm Mehl enthalten sind: Je höher die Typenzahl, desto höher der Gehalt an Vitaminen, Mineral- und Ballaststoffen. Vollkornweizen enthält viele wichtige Vitamine und Mineralstoffe: Verwenden Sie deshalb kein weißes Weizenmehl (Type 105 oder 405), da dem leer gemahlenen Getreide die Mineralstoffe geraubt wurden, sondern dunkles Weizenmehl mit der Type 1005. Es hat viel mehr Schalenbestandteile und ergibt einen wesentlich dunkleren Teig.

Landfrauen-Tipp

Um die Frische von Hefe zu prüfen, sollten Sie ein wenig davon in ein Glas heißes Wasser geben. Steigt sie hoch, ist ihre Triebkraft noch gut.

Vollkornbrot

Die Hefe in 50 ml lauwarmes Wasser bröckeln und ca. 5 Minuten ruhen lassen.

Dinkelmehl, Butter, Kürbiskerne, Sonnenblumenkerne, Salz und 150 ml lauwarmes Wasser in eine Schüssel geben und gut umrühren.

Die angerührte Hefe dazugeben und den Teig auf einer bemehlten Fläche gut durchkneten.

Den Teig 1 Stunde lang zugedeckt an einem warmen Ort gehen lassen.

Danach den Teig erneut gut durchkneten und anschließend mit bemehlten Händen zu einem runden Brotlaib formen.

Das Brot 1 weitere Stunde gehen lassen, währenddessen den Backofen auf 200 °C vorheizen.

Das Brot mit Wasser bepinseln und auf der mittleren Schiene ca. 45 Minuten backen.

Zubereitungszeit: ca. 20 Minuten
(plus Zeit zum Gehen und Backen)

Pro Brot:
ca. 1698 kcal/7111 kJ

Zutaten
für 1 Brot (ca. 500 g)

5 g Hefe
300 g Dinkelmehl
15 g Butter
50 g Kürbiskerne
50 g Sonnenblumenkerne
1 Tl Salz

Roggenschrotbrot

Die Hefe in 50 ml lauwarmes Wasser bröckeln und ca. 5 Minuten ruhen lassen.

Sauerteig, Roggen-Vollkornmehl, Roggen-Vollkornschrot, Salz und 100 ml lauwarmes Wasser in eine Schüssel geben und gut umrühren.

Die angerührte Hefe dazugeben und den Teig auf einer bemehlten Fläche gut durchkneten.

Den Teig 1 Stunde lang zugedeckt an einem warmen Ort gehen lassen.

Danach den Teig erneut gut durchkneten und anschließend mit bemehlten Händen zu einem runden Brotlaib formen.

Das Brot 1 weitere Stunde gehen lassen, währenddessen den Backofen auf 200 °C vorheizen. Das Brot mit Wasser bepinseln und auf der mittleren Schiene ca. 45 Minuten backen.

Zubereitungszeit: ca. 20 Minuten
(plus Zeit zum Gehen und Backen)

Pro Brot:
ca. 1090 kcal/4566 kJ

Zutaten
für 1 Brot (ca. 500 g)

- 10 g Hefe
- 100 g Sauerteig
- 150 g Roggen-Vollkornmehl
- 100 g Roggen-Vollkornschrot
- 1 Tl Salz

Landfrauen-Tipp

Roggenbrot sieht nicht nur deftig und dunkel aus, es enthält auch alle Nähr- und Ballaststoffe, Vitamine und Mineralien in Hülle und Fülle. Sein hoher Magnesiumgehalt kommt Herz, Kreislauf und Nerven zugute, sein Fluorgehalt stärkt Zähne, Haut, Haare und Nägel.

Landfrauen-Tipp

Wenn Sie auf Weizen allergisch reagieren, könnte Dinkel eine gute Alternative sein. Das gesunde Getreide ist mit dem Weichweizen verwandt und aus den Urweizenarten Einkorn und Emmer hervorgegangen. Dinkel schmeckt leicht nussig, ist beim Backen unproblematisch und enthält mehr Mineralstoffe und Vitamine als der beste Weizen. Schon die heilkundige Äbtissin Hildegard von Bingen (1098–1179) rühmte Dinkel als das „beste Korn": Es mache „seinem Esser rechtes Fleisch und rechtes Blut, frohen Sinn und freudig menschliches Denken".

Körnerbrot

Die Hefe in 50 ml lauwarmes Wasser bröckeln und ca. 5 Minuten ruhen lassen.

Sauerteig, Dinkelmehl, Roggen-Vollkornmehl, Leinsamen, Sesam, Sonnenblumenkerne, Kürbiskerne, Salz und 200 ml lauwarmes Wasser in eine Schüssel geben und gut umrühren.

Die angerührte Hefe dazugeben und den Teig auf einer bemehlten Fläche gut durchkneten.

Den Teig 1 Stunde lang zugedeckt an einem warmen Ort gehen lassen.

Danach den Teig erneut gut durchkneten und anschließend mit bemehlten Händen zu einem länglichen Brotlaib formen.

Das Brot 1 weitere Stunde gehen lassen, währenddessen den Backofen auf 200 °C vorheizen. Das Brot mit Wasser bepinseln und auf der mittleren Schiene ca. 45 Minuten backen.

Zubereitungszeit: ca. 20 Minuten
(plus Zeit zum Gehen und Backen)

Pro Brot:
ca. 2508 kcal/10500 kJ

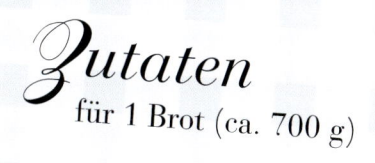

Zutaten
für 1 Brot (ca. 700 g)

- 10 g Hefe
- 100 g Sauerteig
- 150 g Dinkelmehl
- 150 g Roggen-Vollkornmehl
- 100 g Leinsamen
- 100 g Sesam
- 50 g Sonnenblumenkerne
- 50 g Kürbiskerne
- 1 Tl Salz

Leinsamen-Hafer-Brot

Zutaten
für 1 Brot (ca. 700 g)

- 10 g Hefe
- 300 g Dinkelmehl
- 150 g Haferkleie
- 100 g Leinsamen
- 3 EL Apfelessig
- 1 Tl Salz

Die Hefe in 50 ml lauwarmes Wasser bröckeln und ca. 5 Minuten ruhen lassen.

Dinkelmehl, Haferkleie, Leinsamen, Apfelessig, Salz und 200 ml lauwarmes Wasser in eine Schüssel geben und gut umrühren.

Die angerührte Hefe dazugeben und den Teig auf einer bemehlten Fläche gut durchkneten.

Den Teig 1 Stunde lang zugedeckt an einem warmen Ort gehen lassen.

Danach den Teig erneut gut durchkneten und anschließend mit bemehlten Händen zu einem runden Brot formen.

Das Brot 1 weitere Stunde gehen lassen, währenddessen den Backofen auf 200 °C vorheizen. Das Brot mit Wasser bepinseln und auf der mittleren Schiene ca. 45 Minuten backen.

Zubereitungszeit: ca. 20 Minuten
(plus Zeit zum Gehen und Backen)

Pro Brot:
ca. 1890 kcal/7914 kJ

Landfrauen-Tipp

Die nussig-würzigen Leinsamenkörnchen lassen sich nicht nur für Brot und Brötchen verwerten: Auch als Heilpflanze leistet Lein viele gute Dienste. So ist Leinsamen ein natürliches Abführmittel: Lassen Sie dazu den Leinsamen in Wasser quellen, bevor Sie ihn zu sich nehmen. Bei Halsschmerzen hat sich eine warme Kompresse mit Leinsamenkörnern bewährt: Kochen Sie einen Esslöffel Leinsamenmehl mit einer Handvoll Eibischwurzeln in drei Litern Wasser. Zerstoßen Sie das Ganze dann zu einem Brei und verteilen Sie ihn auf einem Leinentuch, das Sie sich um den Hals binden.

Landfrauen-Tipp

Buttermilch ist ursprünglich ein „Abfallprodukt", das bei der Gewinnung von Butter aus Sauerrahm übrig bleibt. Das Besondere an der Buttermilch ist, dass sie fast kein Fett, dafür aber fast alle übrigen wertvollen Nährstoffe der Milch enthält, vor allem Eiweiß und Mineralstoffe. Ungesüßte Buttermilch ist daher ein gesunder und erfrischender Schlankmacher.

Schwarzbrot

Die Hefe in 100 ml lauwarme Buttermilch bröckeln und ca. 5 Minuten ruhen lassen.

Roggenschrot, Weizenschrot, Zuckercouleur, Salz und 500 ml lauwarme Buttermilch in eine Schüssel geben und gut umrühren.

Den Teig 1 Stunde lang zugedeckt an einem warmen Ort gehen lassen.

Danach den Teig erneut gut durchkneten und anschließend in eine ausgefettete Backform geben. Die Backform mit Alufolie abdecken.

Den Backofen auf 120 °C vorheizen. Das Brot auf der mittleren Schiene ca. 4 Stunden backen.

Backofen nach der Backzeit abschalten und das Brot im Ofen auskühlen lassen.

Zubereitungszeit: ca. 20 Minuten
(plus Zeit zum Gehen und Backen)

Pro Brot:
ca. 2496 kcal/10452 kJ

Zutaten
für 1 Brot (ca. 1300 g)

- 15 g Hefe
- 450 g Roggenschrot
- 300 g Weizenschrot
- 600 g Buttermilch
- 40 g Zuckercouleur
- 2 Tl Salz

Sauerteigbrot

Zutaten
für 1 Brot (ca. 600 g)

- 5 g Hefe
- 100 g Sauerteig
- 100 g Weizenmehl (Type 1005)
- 250 g Vollkorn-Roggenmehl
- 150 g Saure Sahne
- 1 Tl Salz

Die Hefe in 50 ml lauwarmes Wasser bröckeln und ca. 5 Minuten ruhen lassen.

Sauerteig, Weizenmehl, Vollkorn-Roggenmehl, Saure Sahne, Salz und 100 ml lauwarmes Wasser in eine Schüssel geben und gut umrühren.

Die angerührte Hefe dazugeben und den Teig auf einer bemehlten Fläche gut durchkneten.

Den Teig 1 Stunde lang zugedeckt an einem warmen Ort gehen lassen.

Danach den Teig erneut gut durchkneten und anschließend mit bemehlten Händen zu einem runden Brotlaib formen.

Das Brot wieder 1 weitere Stunde gehen lassen, währenddessen den Backofen auf 200 °C vorheizen. Das Brot mit Wasser bepinseln und auf der mittleren Schiene ca. 55 Minuten backen.

*Zubereitungszeit: ca. 20 Minuten
(plus Zeit zum Gehen und Backen)*

*Pro Brot:
ca. 1626 kcal/6806 kJ*

Landfrauen-Tipp

Trockenhefe können Sie zwar leichter und länger lagern als frische Hefe, die schnell verdirbt. Ideale Backergebnisse erreichen Sie jedoch nur mit frischer Hefe! Damit die Hefe ihre Arbeit tun kann, muss der Teig „gehen", wie man so treffend sagt, das heißt, er muss bei Zimmertemperatur – oder etwas darüber – eine Zeit lang ruhen. Um für diesen Prozess optimale Bedingungen zu schaffen, sollte es schön warm sein, jedoch nicht über 40 °C, da die Hefe bei dieser Temperatur abstirbt.

Landfrauen-Tipp

Mehl ist ein empfindliches Gut. Damit es seine Backeigenschaft nicht verringert, sollten Sie es immer trocken, lichtgeschützt und luftig bei höchstens 20 °Celsius aufbewahren. Bei ordnungsgemäßer Lagerung können Sie helles Mehl ungefähr ein Jahr lang verwenden, dunkles Mehl etwa neun Monate. Schrot und Vollkornmehl halten ungefähr ein halbes Jahr.

Brötchen mit Sonnenblumenkernen

Die Hefe in 50 ml lauwarmes Wasser bröckeln und ca. 5 Minuten ruhen lassen.

Das Weizenmehl in eine Rührschüssel sieben. Sonnenblumenkerne, Salz und 130 ml lauwarmes Wasser dazugeben und alles mit den Knethaken des Handrührgerätes zunächst auf niedrigster, dann auf höchster Stufe zu einem glatten Teig verarbeiten.

Die angerührte Hefe dazugeben und den Teig auf einer bemehlten Fläche gut durchkneten.

Mit bemehlten Händen Brötchen formen und 1 Stunde lang zugedeckt an einem warmen Ort gehen lassen.

Den Backofen auf 250 °C vorheizen. Die Brötchen auf der mittleren Schiene ca. 20 Minuten backen.

Zubereitungszeit: ca. 15 Minuten
(plus Zeit zum Gehen und Backen)

Pro Brötchen:
ca. 143 kcal/599 kJ

Zutaten
für ca. 10 Brötchen

10 g Hefe
250 g Weizenmehl (Type 405)
100 g Sonnenblumenkerne
1 Tl Salz

Roggenbrötchen

Zutaten
für ca. 10 Brötchen

- 250 g Roggenmehl
- 400 g Dinkelmehl (Type 630)
- 20 g Salz
- 1 Pck. Sauerteig (125 g)
- 1 Würfel frische Hefe (42 g)
- 250 g Roggenschrot
- 70 g kernige Haferflocken
- 60 g Seamsaat

Roggen- und Dinkelmehl sowie Salz in einer Rührschüssel mischen. Sauerteig, Hefe und 600 ml lauwarmes Wasser verrühren, bis sich die Hefe aufgelöst hat. Mit der Mehlmischung verkneten. Teig mit einem sauberen Küchentuch abdecken und an einem warmen Ort 20 Minuten gehen lassen. Roggenschrot, die Hälfte der Haferflocken und ein Drittel des Sesams hinzufügen und gut verkneten. Den Teig 3 Stunden ruhen lassen.

Teig auf einer bemehlten Arbeitsfläche nochmals durchkneten. In 15 gleich große Stücke teilen und mit feuchten Händen zu runden Brötchen formen. Restliche Haferflocken mit dem restlichen Sesam mischen und die Brötchen darin wälzen. Auf ein mit Backpapier belegtes Backblech legen und nochmals 30 Minuten gehen lassen. Den Backofen auf Ober-/Unterhitze 220 °C vorheizen.

Brötchen im vorgeheizten Backofen auf mittlerer Schiene 25–30 Minuten backen und auf einem Rost abkühlen lassen.

Zubereitungszeit: 30 Minuten
(plus Zeit zum Gehen und Backen)

Pro Brötchen:
ca. 377 kcal/1576 kJ

Landfrauen-Tipp

Achten Sie darauf, dass Sie beim Backen von Brot und Brötchen eine feuchte Wärme erzeugen. Stellen Sie dazu ein Gefäß, das mit heißem Wasser gefüllt ist, auf den Boden des Ofens. Ein feuchtes Klima im Ofen macht die Kruste des Teiglings elastisch und begünstigt das Aufgehen, sodass die Krume locker wird.

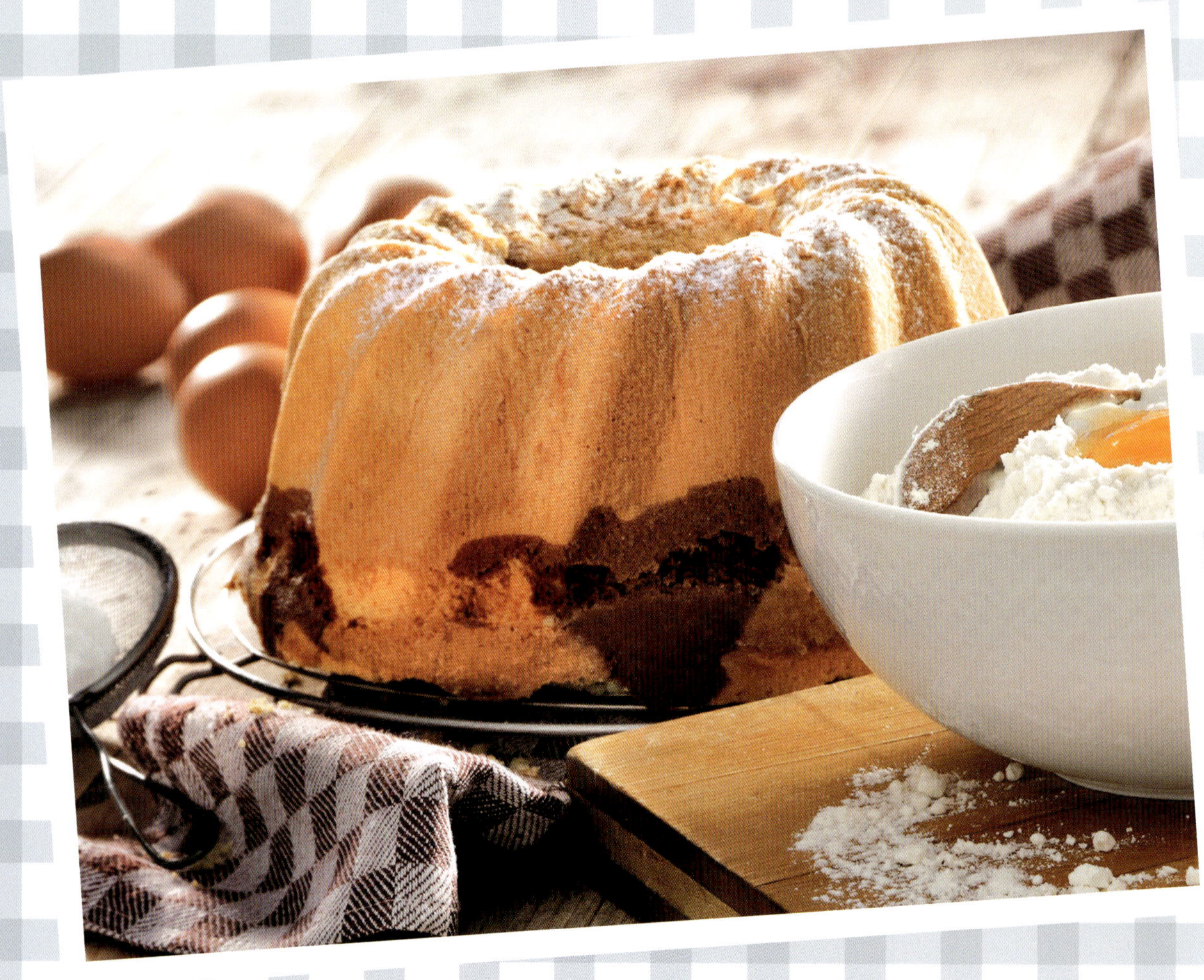

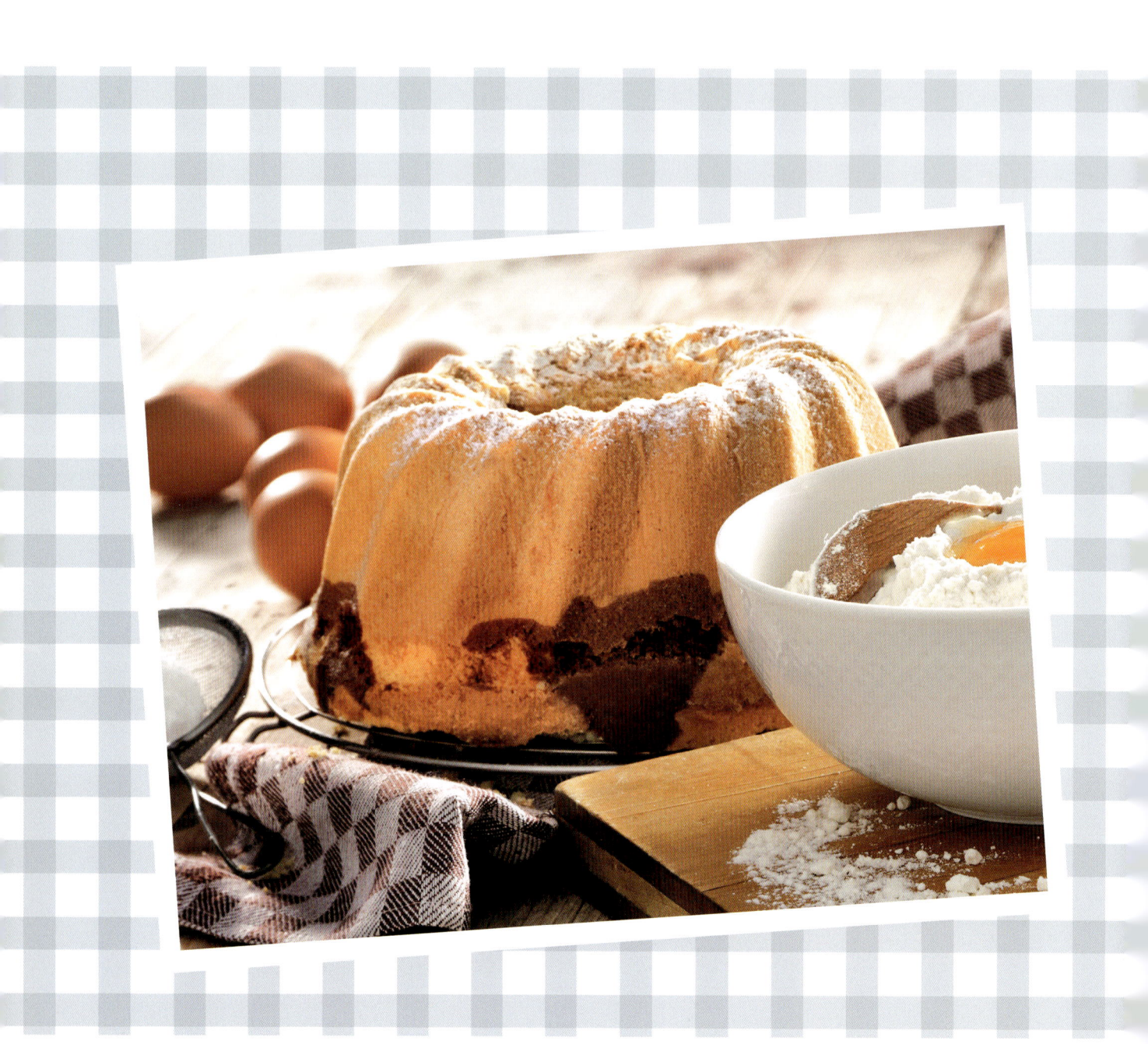

Kuchen

Nusskuchen

Zutaten
für ca. 15 Stücke

Teig
200 g gemahlene Haselnüsse
5 Eier
250 g zimmerwarme Butter
300 g Zucker
1 Päckchen Vanillezucker
Salz
300 g Mehl
2 Tl Backpulver

Außerdem
weiche Butter und Mehl für die Form
Puderzucker zum Bestäuben

Eine Gugelhupfform (22 cm Durchmesser) einfetten und mit Mehl ausstäuben. Den Backofen auf 180 °C vorheizen. Die Haselnüsse in einer Pfanne ohne Zugabe von Fett unter ständigem Rühren rösten, bis sie anfangen zu duften. Vom Herd nehmen und abkühlen lassen.

Die Eier trennen. Butter mit 200 g Zucker, Vanillezucker und 1 Prise Salz in eine hohe Rührschüssel geben und mit den Rührbesen des Handrührgeräts schaumig rühren. Eigelb nach und nach dazugeben und unter die Buttermasse rühren. Das Mehl mit dem Backpulver mischen und über die Eier-Butter-Masse sieben. Zusammen mit den gerösteten Haselnüssen zügig mit einem Kochlöffel unter den Teig rühren.

Das Eiweiß mit 1 Prise Salz und dem restlichen Zucker steif schlagen. Mit einem Kochlöffel erst ein Drittel, dann das restliche Eiweiß unter den Teig heben.

Den Teig in die Gugelhupfform füllen, glatt streichen und den Kuchen auf der mittleren Schiene ca. 1 Stunde backen. Den Kuchen aus dem Ofen nehmen, 10 Minuten in der Form abkühlen lassen, dann vorsichtig auf ein Kuchengitter stürzen. Vollständig auskühlen lassen und kurz vor dem Servieren mit Puderzucker bestäuben.

Zubereitungszeit: ca. 30 Minuten (plus Backzeit)

*Pro Stück:
ca. 430 kcal/1800 kJ*

Landfrauen-Tipp

Selbst gesammelte Haselnüsse lassen sich gut für den späteren Genuss einlagern, der Aufbewahrungsort sollte kühl und trocken sein. Das Nussaroma im Kuchen oder in anderen Gerichten wird besonders kräftig, wenn Sie die Haselnusskerne vor dem Mahlen kurz in einer trockenen Pfanne ohne Fett anrösten.

Landfrauen-Tipp

Stachelbeerbüsche sind einfach zu vermehren, indem ab Ende Juni ausgewachsene Triebe glatt abgeschnitten werden. Entfernen Sie die Blätter am unteren Ende des Stecklings und setzen diesen in einen Topf mit lockerer Anzuchterde, die Sie mit Folie abdecken und im Herbst auspflanzen.

Stachelbeerkuchen

Mehl auf die Arbeitsfläche sieben, in die Mitte eine Vertiefung drücken, das Eigelb hineingeben. Die Butter in Flöckchen auf dem Rand verteilen. Zucker und Vanillezucker darüberstreuen. Alles mit einem Messer grob zerhacken, dann mit den Händen rasch zu einem glatten Teig verkneten. Teig zu einer Kugel formen, in Klarsichtfolie wickeln und im Kühlschrank ca. 30 Minuten ruhen lassen.

Backofen auf 225 °C vorheizen. Den Teig auf der bemehlten Arbeitsfläche ausrollen. Eine gefettete Tortenbodenform (26 cm Durchmesser) mit dem Teig auslegen. Den Teigboden einige Male mit einer Gabel einstechen und auf der mittleren Schiene etwa 15–20 Minuten backen. Abkühlen lassen.

Die Stachelbeeren abtropfen lassen und den erkalteten Tortenboden damit belegen. Für die Creme Sahne, Eigelb, Speisestärke, Zucker und das Mark der Vanilleschote gut miteinander verrühren und bei schwacher Hitze zu einer Creme aufschlagen. Die fertige Creme etwas abkühlen lassen und über die Beeren gießen.

Zubereitungszeit: ca. 25 Minuten
(plus Kühl- und Backzeit)

Pro Stück:
ca. 270 kcal/1130 kJ

Zutaten
für ca. 12 Stücke

Teig
150 g Mehl
1 Eigelb
100 g Butter
50 g Zucker
1 Päckchen Vanillezucker

Belag
1 Glas Stachelbeeren
250 ml Sahne
2 Eigelb
1 El Speisestärke
100 g Zucker
1 Vanilleschote

Außerdem
Mehl für die Arbeitsfläche
Fett für die Form

Apfel-Schmand-Kuchen

Zutaten
für ca. 20 Stücke

Teig
5 Eier
190 g Butter
225 g Zucker
1 Prise Salz
225 g Mehl

Belag
1 kg Äpfel
Saft von 1/2 unbehandelten Zitrone
500 ml Milch
50 g Zucker
1 Päckchen Vanillepuddingpulver
1 Ei
1 Eigelb

Guss
250 g Schmand
50 g Zucker
2 Päckchen Vanillezucker
3 Eier

Außerdem
weiche Butter für die Form
Puderzucker zum Bestäuben

Den Backofen auf 175 °C vorheizen. Ein tiefes Backblech einfetten und mit Semmelbröseln ausstreuen. Die Eier trennen und das Eiweiß steif schlagen. Bis zur weiteren Verwendung kalt stellen.

Die Butter in einem flachen Topf schmelzen und etwas abkühlen lassen. Eigelb mit Zucker und Salz cremig rühren. Das Mehl unterrühren, anschließend die flüssige Butter einrühren. Den Eischnee daraufgeben und unterheben.

Für den Belag die Äpfel schälen, halbieren, das Kerngehäuse entfernen und die Äpfel in Spalten schneiden. Mit Zitronensaft beträufeln. Aus Milch, Zucker und Puddingpulver nach Packungsanweisung einen Pudding kochen. Ei und Eigelb miteinander verquirlen und zügig unter den heißen Pudding rühren.

Den Teig auf das Backblech streichen. Zuerst den heißen Pudding, dann die Apfelspalten darauf verteilen. Schmand, Zucker, Vanillezucker und Eier verrühren. Den Guss über die Äpfel geben und den Kuchen auf der unteren Schiene etwa 40–45 Minuten backen. Den heißen Kuchen sofort mit Zucker bestreuen.

*Zubereitungszeit:
ca. 50 Minuten
(plus Backzeit)*

*Pro Stück:
ca. 308 kcal/1291 kJ*

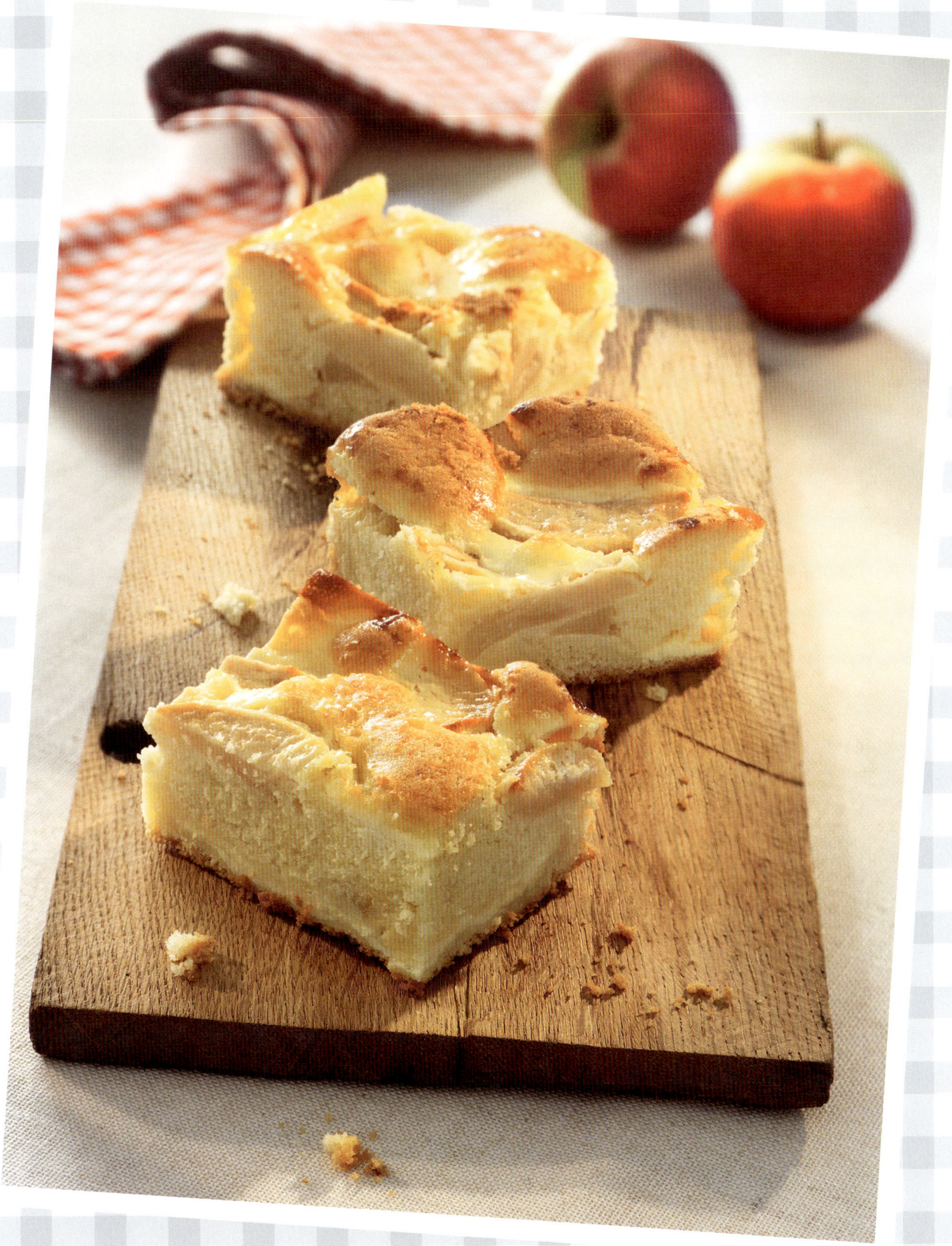

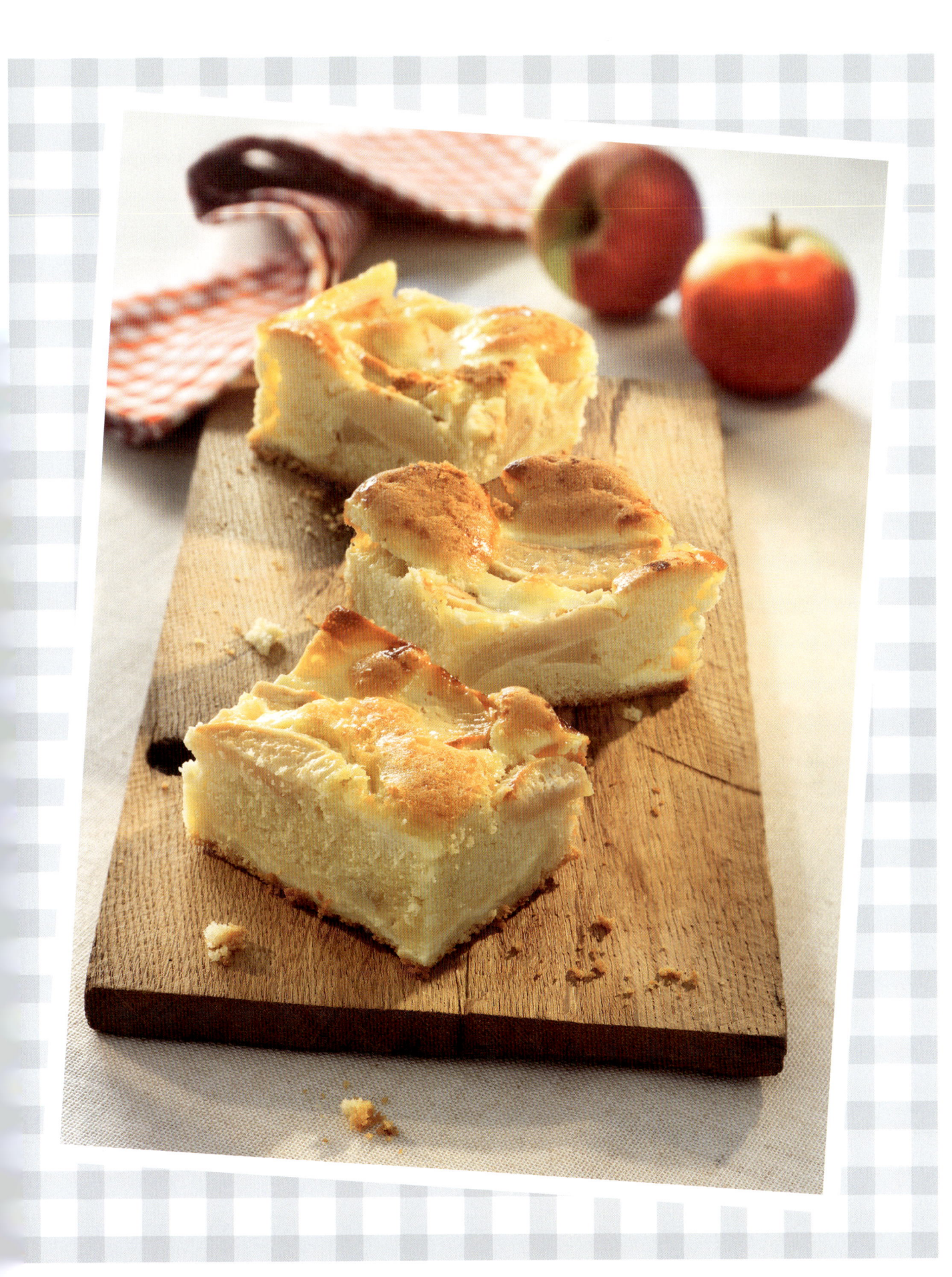

Landfrauen-Tipp

Eine Landfrau hat die Zutaten zum Kuchenbacken immer frisch zur Hand – und weiß sich auch zu helfen, wenn es einmal an Eiern fehlt. Sie nimmt statt eines Eis zwei Esslöffel Milch und eine Messerspitze Backpulver für den Teig. Machen Sie es wie die Landfrau, wenn Sie die Eier beim Einkauf vergessen haben!

Heidelbeerkuchen

Für den Mürbeteig Mehl auf die Arbeitsfläche sieben und in die Mitte eine Vertiefung hineindrücken. Ei in die Mulde geben. Butter in Stücke schneiden und zusammen mit Zucker und 1 Prise Salz auf dem Mehlrand verteilen.

Zutaten mit einem Messer grob zerkleinern. Dann mit den Händen zu einem glatten Teig verkneten. Teig in Folie wickeln und im Kühlschrank ca. 30 Minuten ruhen lassen.

Backofen auf 180 °C vorheizen. Heidelbeeren verlesen, waschen und gut abtropfen lassen. Den Teig ausrollen und in eine gefettete Springform (24 cm Durchmesser) legen, die Ränder gut festdrücken. Teig mit einer Gabel mehrmals einstechen. Die Heidelbeeren auf dem Teig verteilen.

Das Ei mit Sahne und Zucker verquirlen und über die Beeren geben. Den Kuchen im Ofen etwa 20 Minuten backen.

Zubereitungszeit: ca. 30 Minuten (plus Ruhe- und Backzeit)

Pro Stück: ca. 180 kcal/750 kJ

Zutaten
für ca. 12 Stücke

Teig
200 g Mehl
1 Ei
120 g Butter
60 g Zucker
Salz

Belag
400 g Heidelbeeren
1 Ei
250 ml Sahne
3 El Zucker

Außerdem
Fett für die Form

Zwetschgenkuchen

Zutaten
für ca. 20 Stücke

Teig
250 ml Milch
500 g Mehl
20 g Hefe
80 g Zucker
50 g Butter
1 Päckchen Vanillezucker
Salz

Belag
3 kg Bühler Zwetschgen
Zucker zum Bestreuen

Außerdem
Fett für das Blech

Milch erwärmen. Mehl in eine große Rührschüssel sieben. In die Mitte des Mehls eine Mulde drücken. Hefe hineinbröckeln. 1 Tl Zucker darüberstreuen. Hefe mit etwas lauwarmer Milch und etwas Mehl vom Rand zu einem dicken Brei verrühren. Etwas Mehl darüberstäuben. Vorteig etwa 10 Minuten zugedeckt an einem warmen Ort gehen lassen, bis sich Risse bilden.

Butter zerlassen, in die Milch rühren und die Flüssigkeit lauwarm abkühlen lassen. Restlichen Zucker, Vanillezucker und die lauwarme Flüssigkeit zu dem Teig geben und mit den Knethaken des Handrührgerätes unterrühren. 1 Prise Salz dazugeben und unterrühren. Teig herausnehmen und mit den Händen weiterkneten, bis er nicht mehr klebt. Ggf. noch etwas Mehl unterkneten. Teig in die Schüssel geben und mit einem Küchentuch bedeckt an einem warmen Ort etwa 60 Minuten gehen lassen, bis er sich verdoppelt hat. Teig noch einmal gut mit den Händen durchkneten. Backblech einfetten und den Teig darauf ausrollen.

Backofen auf 200–225 °C vorheizen. Für den Belag die Zwetschgen waschen, mit einem Tuch trocken reiben, entsteinen und halbieren. Die Zwetschgenhälften schuppenförmig auf den Teig legen.

Den Teig nochmals etwa 10 Minuten an einem warmen Ort gehen lassen. Dann 20–30 Minuten auf der mittleren Schiene backen. Den Kuchen abkühlen lassen und nach Belieben mit Zucker bestreuen.

*Zubereitungszeit: ca. 30 Minuten
(plus Geh- und Backzeit)*

*Pro Stück:
ca. 200 kcal/840 kJ*

Landfrauen-Tipp

Im Spätsommer freuen sich alle Blechkuchenfreunde auf Hefekuchen mit frischen Zwetschgen. Fällt die Ernte üppig aus, bereiten wir noch Pflaumenkompott zu, das mit Vanillesauce als Dessert mundet, oder trocknen reife, entkernte Zwetschgen im Dörrautomaten oder im Backofen für den Verzehr im Winter.

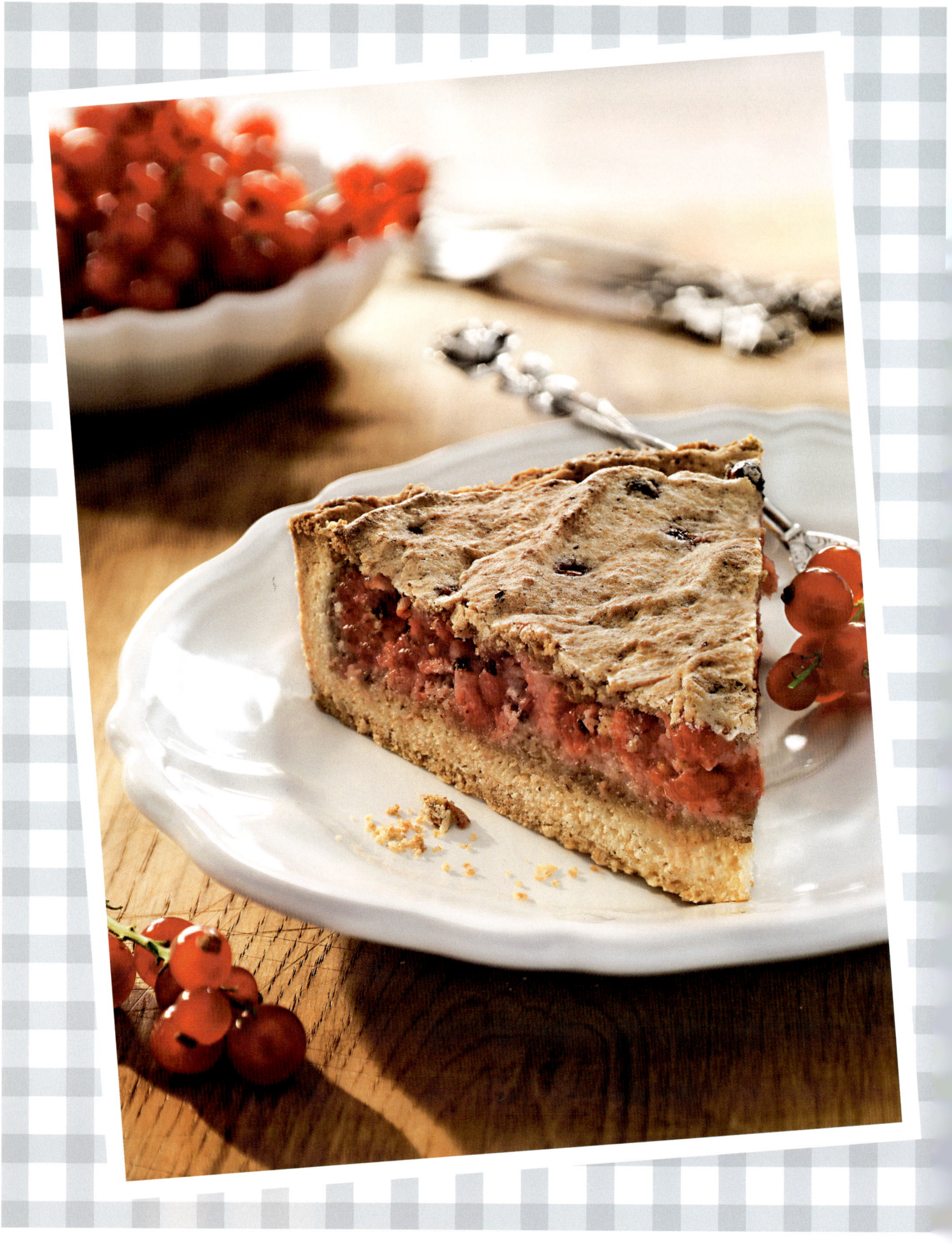

Schwäbischer Träubleskuchen

Mehl auf die Arbeitsfläche sieben, das Fett in Flöckchen darauf verteilen. Zucker, Eigelb und 1 El eiskaltes Wasser dazugeben. Alles mit einem Messer grob zerhacken, dann mit den Händen rasch zu einem glatten Teig verkneten. Teig zu einer Kugel formen, in Klarsichtfolie wickeln und im Kühlschrank etwa 1 Stunde ruhen lassen.

In der Zwischenzeit die Johannisbeeren waschen, trocken tupfen, verlesen und mit einer Gabel von den Rispen streifen.

Backofen auf 200 °C vorheizen. Den Teig auf der bemehlten Arbeitsfläche ausrollen, dann auf den Boden einer gefetteten Springform (26 cm Durchmesser) legen. Mit dem Teigrest den Rand der Form auskleiden. Mit einer Gabel den Teig mehrfach einstechen und auf der mittleren Schiene etwa 10 Minuten vorbacken.

In der Zwischenzeit für das Baiser das Eiweiß sehr steif schlagen und dabei den Zucker einrieseln lassen. Die Mandeln unterheben. Eine Hälfte der Eischneemasse mit den Johannisbeeren mischen und auf dem vorgebackenen Mürbeteigboden verteilen, die andere Hälfte daraufgeben, vorsichtig verstreichen. Den Backofen auf 180 °C herunterschalten und den Kuchen weitere 30 Minuten backen.

Zubereitungszeit: ca. 35 Minuten
(plus Ruhe- und Backzeit)

Pro Stück:
ca. 320 kcal/1340 kJ

Zutaten
für ca. 12 Stücke

Teig
250 g Mehl
125 g Butter
65 g Zucker
2 Eigelb

Belag
500 g Rote Johannisbeeren
2 Eiweiß
125 g Zucker
100 g abgezogene gemahlene Mandeln

Außerdem
Mehl für die Arbeitsfläche
Fett für die Form

Rhabarberboden

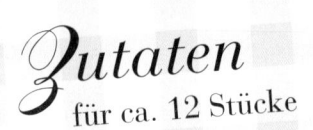

Zutaten
für ca. 12 Stücke

Teig
200 g Mehl
1 Ei
120 g Butter
60 g Zucker
Salz

Belag
1 Päckchen Vanillepuddingpulver
40 g Zucker
450 ml Milch
1 kg Rhabarber
15–20 g Speisestärke
Zucker nach Belieben

Außerdem
Fett und Semmelbrösel
für die Form

Für den Mürbeteig Mehl auf die Arbeitsplatte sieben und in die Mitte eine Vertiefung hineindrücken. Ei in die Mulde geben. Butter in Stücke schneiden und zusammen mit Zucker und 1 Prise Salz auf dem Mehlrand verteilen. Zutaten mit einem Messer grob zerkleinern. Dann mit den Händen zu einem glatten Teig verkneten. Teig in Folie wickeln und im Kühlschrank ca. 30 Minuten ruhen lassen.

Ofen auf 225 °C vorheizen. Eine Obstbodenform (30 cm Durchmesser) einfetten und mit Semmelbröseln ausstreuen. Den Teig in die Form geben und auf der mittleren Schiene bei 200–225 °C ca. 10–15 Minuten backen. Abkühlen lassen.

In der Zwischenzeit für den Belag den Vanillepudding nach Packungsanleitung, jedoch nur mit 450 ml Milch zubereiten. Unter Rühren kurz etwas abkühlen lassen, dann auf den Teigboden geben, glatt streichen und fest werden lassen.

Den Rhabarber schälen und in Stücke schneiden. In einen Topf geben und auf kleiner Stufe unter regelmäßigem Rühren zu einem weichen Mus garen.

Speisestärke mit kaltem Wasser anrühren. Den Topf mit dem Rhabarber vom Herd nehmen und die Speisestärke unter die Rhabarbermasse rühren. Kurz aufkochen lassen. Herunternehmen und nach Belieben mit Zucker abschmecken. Die Masse unter Rühren etwas abkühlen lassen, dann auf die fest gewordene Puddingschicht geben. Fest werden lassen.

Zubereitungszeit: ca. 30 Minuten
(plus Ruhe- und Backzeit)

Pro Stück:
ca. 200 kcal/840 kJ

Landfrauen-Tipp

In vielen Gärten auf dem Land ist Rhabarber noch zu finden: Die sauren Stängel sind zum Rohverzehr ungeeignet, die Blätter sind wegen der enthaltenen Oxalsäure gar giftig. Für Zubereitungen putzen Sie die knackigen Stängel, schneiden sie in kurze Stücke und pochieren sie in wenig Wasser. Rhabarber muss immer gesüßt werden.

Landfrauen-Tipp

Pudding brennt leicht an, und der Pudding nimmt einen Brandgeschmack an. Das Anbrennen wussten schon die Großmütter der heutigen Landfrauen zu verhindern, indem sie etwas Zucker auf den Boden des Topfes streuten und dann erst vorsichtig die Milch in den Topf gossen. Die Milch darf während des Aufkochens nicht umgerührt werden.

Rupfkuchen

Für den Teig das Mehl mit Zucker, 1 Prise Salz, Vanillezucker, Zitronenschale und Butter in eine Schüssel geben. Die Hefe in der lauwarmen Milch auflösen und nach und nach unter die Mehlmischung kneten. So lange kneten, bis der Teig Blasen wirft und sich vom Schüsselrand löst. Den Teig zugedeckt mindestens 60 Minuten gehen lassen.

Anschließend den Teig kräftig durchkneten und auf einer bemehlten Arbeitsfläche ausrollen. Teigplatte auf ein gefettetes Backblech legen, mehrfach mit einer Gabel einstechen und zugedeckt 15 Minuten gehen lassen.

Inzwischen für den Belag aus Milch, 80 g Zucker und dem Puddingpulver einen Pudding kochen und auskühlen lassen. Die Sauerkirschen in einem Sieb abtropfen lassen.

Den Backofen auf 175 °C vorheizen. Die Rosinen mit den Mandeln und der Hälfte der Kokosraspeln unter den Pudding heben und die Puddingmasse auf dem Teig verteilen. Die abgetropften Sauerkirschen auf der Puddingmasse verteilen.

Den restlichen Zucker mit den restlichen Kokosraspeln, dem Mehl, dem Ei, der Butter und der sauren Sahne zu einem Teig verkneten. Den Teig in Flocken auf den Sauerkirschen verteilen. Den Kuchen im Backofen etwa 40 Minuten goldgelb backen.

Zubereitungszeit: ca. 45 Minuten
(plus Geh- und Backzeit)

Pro Stück:
ca. 516 kcal/2160 kJ

Zutaten
für ca. 20 Stücke

Teig
500 g Mehl
100 g Zucker
Salz
1 Päckchen Vanillezucker
1 Tl abgeriebene Schale
von 1 unbehandelten Zitrone
150 g Butter
42 g Hefe
125 ml lauwarme Milch

Belag
500 ml Milch
250 g Zucker
1 Päckchen Vanillepuddingpulver
2 Gläser Sauerkirschen
125 g Rosinen
100 g gehackte Mandeln
250 g Kokosraspeln
100 g Mehl
1 Ei
125 g Butter
500 g saure Sahne

Außerdem
Mehl zum Ausrollen
Fett für das Blech

Brombeerkuchen

Zutaten
für ca. 12 Stücke

Teig
3 Platten TK-Blätterteig

Belag
1 Ei
200 ml Sahne
2 Blatt Gelatine
200 g Schmand
1 Päckchen Vanillezucker
30 g Zucker
2 El Zitronensaft
400 g Brombeeren

Außerdem
Mehl für die Arbeitsfläche
weiche Butter für die Form
Puderzucker zum Bestäuben

Die Blätterteigplatten auf einer bemehlten Arbeitsfläche nebeneinander legen und gemäß Packungsanweisung auftauen lassen. Die Form einfetten. Den Backofen auf 175 °C vorheizen.

Da der Blätterteig nicht sehr aufgehen soll, die Teigplatten kurz zusammenkneten, dann ausrollen und eine Tarte- oder Quicheform (26 cm Durchmesser) damit auskleiden. Das Ei trennen. Eigelb mit 2 El Sahne verrühren und den Teig damit einpinseln. Mehrfach mit einer Gabel einstechen und ca. 20 Minuten auf der mittleren Schiene backen, bis der Teig goldbraun ist. Herausnehmen und ca. 15 Minuten in der Form abkühlen lassen. Auf ein Kuchengitter setzen und vollständig abkühlen lassen.

Die Gelatine nach Packungsanweisung in kaltem Wasser einweichen. Schmand, Vanillezucker und Zucker mit dem Zitronensaft in einer Schüssel miteinander verrühren. Die Gelatine ausdrücken und mit 2 El Wasser in einem kleinen Topf bei schwacher Hitze auflösen. Den Topf vom Herd nehmen und 3 El der Schmandcreme hineinrühren. Diese Mischung mit einem Kochlöffel zu der restlichen Schmandcreme rühren. Die Creme etwa 20 Minuten in den Kühlschrank stellen.

Die Brombeeren waschen und vorsichtig trocken tupfen. Die restliche Sahne mit den Rührbesen des Handrührgeräts steif schlagen und mit einem Kochlöffel unter die Schmandcreme heben. Den Blätterteigboden ganz vorsichtig auf eine Kuchenplatte setzen und die Schmandcreme darauf verteilen. Die Brombeeren auf die Creme setzen und den Kuchen bis zum Servieren mindestens 1 Stunde kalt stellen. Vor dem Servieren mit Puderzucker bestäuben.

Zubereitungszeit: ca. 50 Minuten
(plus Back- und Kühlzeit)

Pro Stück:
ca. 190 kcal/790 kJ

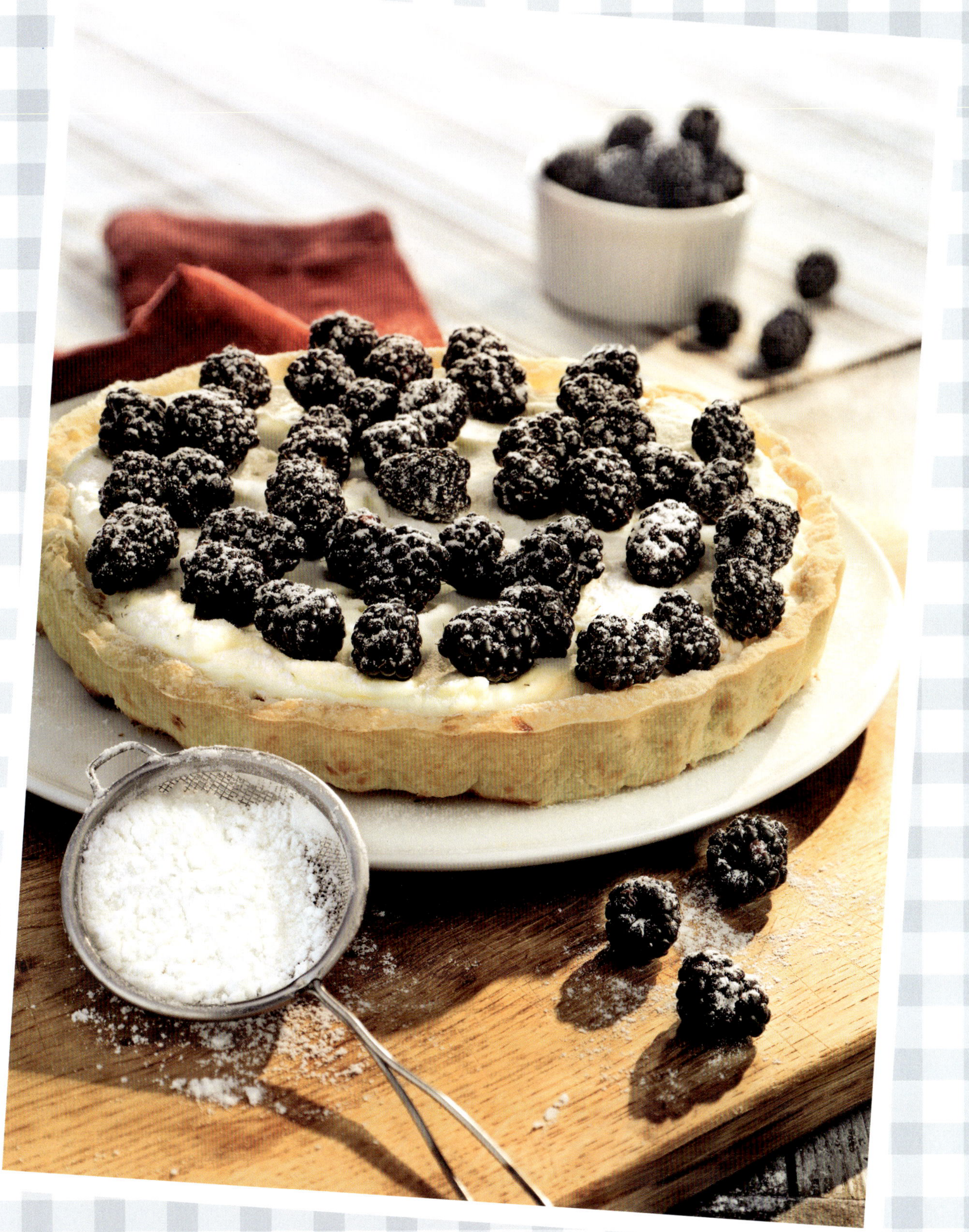

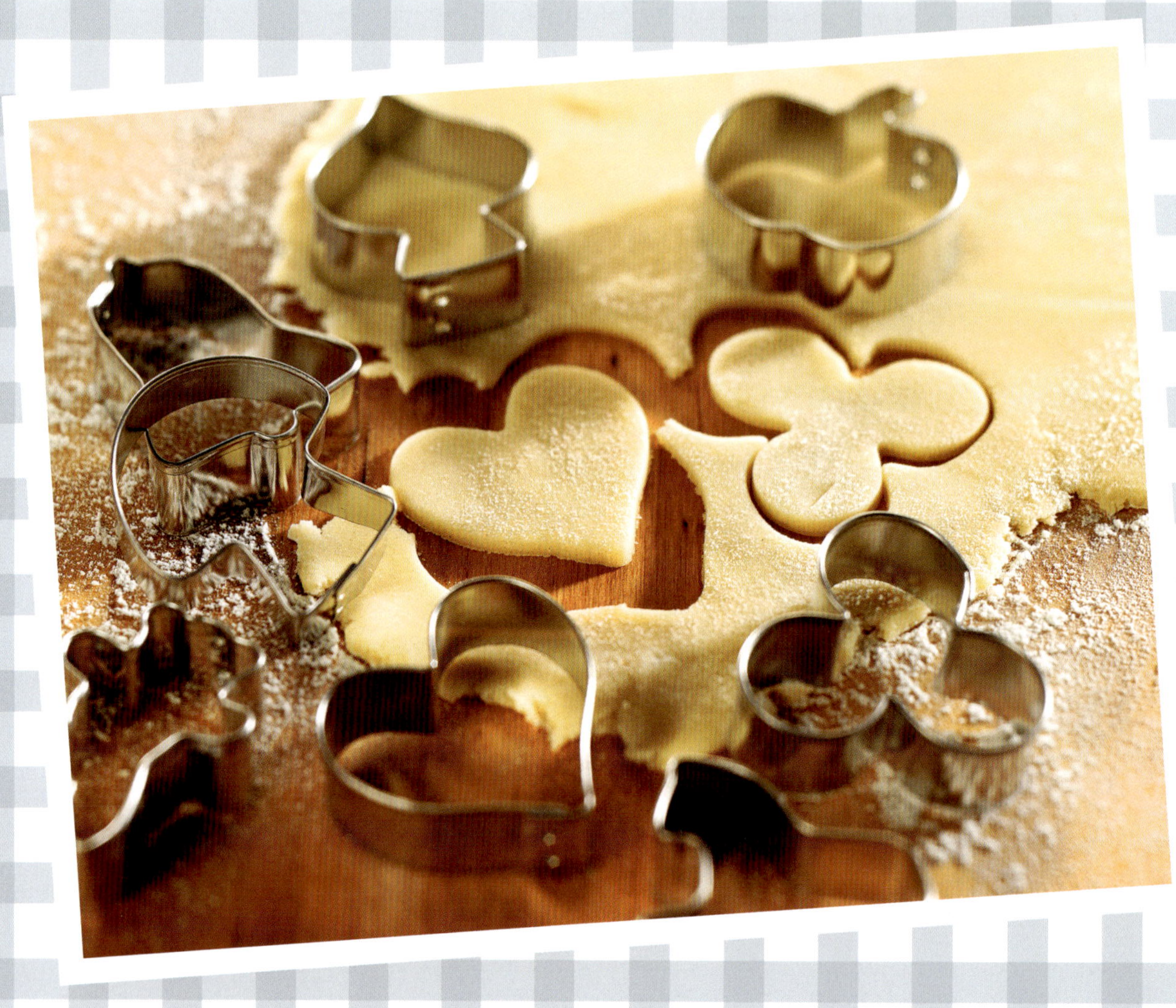

Plätzchen

Schmandplätzchen

Zutaten
für ca. 25 Plätzchen

Teig
125 g Mehl
60 g Speisestärke
1 Eigelb
50 g feiner Zucker
1 Prise Salz
100 g weiche Butter
3 El Schmand

Außerdem
Schmand zum Bestreichen
Hagelzucker zum Bestreuen
Mehl für die Arbeitsfläche

Das Mehl mit der Speisestärke mischen. Auf die Arbeitsfläche sieben und eine Mulde hineindrücken. Eigelb, Zucker, Salz und die weiche Butter in kleinen Stücken hineingeben. Den Schmand dazugeben und alles rasch miteinander verkneten.

Den Teig zur Kugel rollen, in Folie wickeln und für mindestens 1 Stunde in den Kühlschrank stellen.

Den Backofen auf 180 °C (Umluft 160 °C) vorheizen. Ein Backblech mit Backpapier auslegen. Den Teig auf einer bemehlten Arbeitsfläche dünn ausrollen.

Verschiedene Formen ausstechen und diese auf das Backblech setzen. Die Plätzchen dünn mit Schmand bestreichen und mit Hagelzucker bestreuen. Auf der mittleren Schiene ca. 10 Minuten backen. Herausnehmen und abkühlen lassen.

Zubereitungszeit: ca. 30 Minuten
(plus Kühl- und Backzeit)

Pro Stück:
ca. 81 kcal/341 kJ

Landfrauen-Tipp

Sollen mehrere Partien an Plätzchen nacheinander gebacken werden, steht aber nur ein Backblech zur Verfügung, haben erfahrene Bäcker und Bäckerinnen eine einfache Lösung parat: Die Plätzchen auf einem mit Backpapier belegten Blech backen und dieses von der abgeflachten langen Seite her rasch mit den fertigen Plätzchen herunterziehen. Weiter geht das Backvergnügen!

Landfrauen-Tipp

Fällt die Himbeerernte im Juli üppig aus, können nicht alle zarten Früchte sofort verarbeitet werden. Kein Problem, denn Himbeeren lassen sich gut einfrieren: Sanft reinigen, am besten schwimmend in stehendem Wasser, damit die empfindlichen Früchte keinen Schaden nehmen, und in flachen Schalen möglichst nebeneinanderliegend im Tiefkühlfach vorfrieren und dann erst in kompaktere Tiefkühlbehälter umfüllen.

Himbeertörtchen

Für die Füllung Crème fraîche aufkochen und die weiße Schokolade in Stücken unter Rühren darin schmelzen. Die Himbeeren waschen, trocknen und pürieren. Zusammen mit dem Himbeergeist einrühren und etwa 3 Stunden kalt stellen.

Für den Teig alle Zutaten zusammen mit dem Vanillemark rasch verkneten. Zur Kugel rollen, in Folie wickeln und 30 Minuten im Kühlschrank ruhen lassen.

Den Backofen auf 200 °C (Umluft 180 °C) vorheizen. Auf der leicht bemehlten Arbeitsfläche den Teig 3–4 mm dick ausrollen und mit runden Ausstechformen etwa 40 Plätzchen ausstechen.

Die Plätzchen auf mit Backpapier ausgelegte Backbleche legen und 8–10 Minuten backen. Auf einem Kuchengitter ca. 20 Minuten auskühlen lassen.

Schokoladencreme in einen Spritzbeutel geben und auf die Plätzchen verteilen. Die Himbeeren waschen, trocken tupfen und auf jedes Törtchen eine zur Dekoration setzen. Bis zum Servieren im Kühlschrank aufbewahren.

Zubereitungszeit: ca. 70 Minuten
(plus Kühl- und Backzeit)

Pro Stück:
ca. 52 kcal/218 kJ

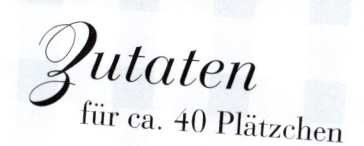

Zutaten
für ca. 40 Plätzchen

Teig
125 g Mehl
1 Eigelb
50 g feiner Zucker
1 Prise Salz
100 g weiche Butter
Mark von 1/2 Vanilleschote

Füllung
220 g Crème fraîche
350 g weiße Schokolade
150 g Himbeeren
50 ml Himbeergeist

Außerdem
40 frische Himbeeren zum Garnieren
Mehl für die Arbeitsfläche

Nougat-Plätzchen

Zutaten
für ca. 20 Plätzchen

Teig
125 g Mehl
1 Eigelb
50 g feiner Zucker
1 Prise Salz
100 g weiche Butter

Füllung & Überzug
60 g Nuss-Nougat-Creme
100 g dunkle Schokolade

Außerdem
Mehl für die Arbeitsfläche

Das Mehl auf die Arbeitsfläche sieben und eine Mulde hineindrücken. Eigelb, Zucker, Salz und die weiche Butter in kleinen Stücken darin verteilen.

Alle Zutaten rasch zu einem gleichmäßigen Teig verkneten und zu einer Kugel formen. Den Teig in Frischhaltefolie wickeln und ca. 30 Minuten im Kühlschrank ruhen lassen.

Den Backofen auf 200 °C (Umluft 180 °C) vorheizen. Auf der leicht bemehlten Arbeitsfläche den Teig 3–4 mm dick ausrollen und mit Ausstechformen ca. 40 runde Plätzchen ausstechen.

Die Plätzchen auf mit Backpapier ausgelegte Backbleche legen und 8–10 Minuten backen. Auf einem Kuchengitter auskühlen lassen.

Die Hälfte der Plätzchen jeweils dünn mit Nuss-Nougat-Creme bestreichen und mit den anderen Plätzchen zusammensetzen. Die Schokolade im Wasserbad schmelzen, die Plätzchen zur Hälfte hineintauchen und auf einem Kuchengitter trocknen lassen.

*Zubereitungszeit: ca. 30 Minuten
(plus Kühl- und Backzeit)*

*Pro Stück:
ca. 129 kcal/542 kJ*

Landfrauen-Tipp

Haselnusssträucher sind an lichten Wald- und Feldrändern zu finden und lieben es sonnig. Die Früchte reifen den Sommer über und fallen im September und Oktober reif vom Baum. Vorsicht, zu früh gepflückte Früchte können während der Lagerung schimmeln! Für eine gute Nussernte, so besagt eine bäuerliche Weisheit, muss der Sommer feucht und der Winter über einen längeren Zeitraum sehr kalt gewesen sein.

Landfrauen-Tipp

Joghurt können Sie mit einfachen Mitteln – wie auf dem Land üblich – selbst herstellen. Kochen Sie dazu 500 ml Frischmilch ab und füllen Sie sie noch lauwarm in fest verschließbare Gläser. Geben Sie je Glas 1–2 EL fertigen Joghurt dazu und verschließen Sie die Gläser fest. Lassen Sie die Gläser gleichmäßig lauwarm temperiert etwa 6–8 Stunden stehen – fertig ist der Joghurt.

Joghurtschnecken

Das Mehl auf die Arbeitsfläche sieben und eine Mulde hineindrücken. Eigelb, Zucker, Salz und die weiche Butter in kleinen Stücken hineingeben. Den Joghurt dazugeben und alles rasch miteinander verkneten. Zur Kugel rollen und in Folie gewickelt mindestens 30 Minuten kühl stellen.

Den Teig auf einer bemehlten Arbeitsfläche rechteckig etwa 3 mm dick ausrollen. Zimt auf den Teig streuen. Den Teig von der Längsseite her aufrollen. Wieder in Folie wickeln und 1 weitere Stunde kalt stellen.

Den Backofen auf 200 °C (Umluft 180 °C) vorheizen. Ein Backblech mit Backpapier belegen. Die Teigrolle in ca. 5 mm dicke Scheiben schneiden und diese auf das Backblech legen. Mit dem Hagelzucker bestreuen. Auf der mittleren Schiene ca. 15 Minuten backen. Herausnehmen und abkühlen lassen.

Zubereitungszeit: ca. 20 Minuten
(plus Kühl- und Backzeit)

Pro Stück:
ca. 73 kcal/309 kJ

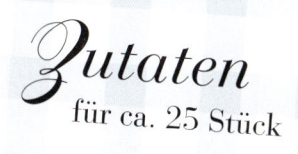

Zutaten
für ca. 25 Stück

Teig
175 g Mehl
1 Eigelb
50 g feiner Zucker
1 Prise Salz
100 g weiche Butter
40 g Joghurt
1 Tl Zimt

Außerdem
30 g Hagelzucker zum Bestreuen
Mehl für die Arbeitsfläche

Terrassenplätzchen

Zutaten
für ca. 25 Plätzchen

Teig
125 g Mehl
1 Eigelb
50 g feiner Zucker
1 Prise Salz
100 g weiche Butter

Füllung
40 g Johannisbeergelee

Außerdem
Puderzucker zum Bestäuben
Mehl für die Arbeitsfläche

Das Mehl auf die Arbeitsfläche sieben und eine Mulde hineindrücken. Eigelb, Zucker, Salz und die weiche Butter in kleinen Stücken darin verteilen. Alle Zutaten rasch zu einem gleichmäßigen Teig verkneten und zu einer Kugel formen. Den Teig in Frischhaltefolie wickeln und ca. 30 Minuten im Kühlschrank ruhen lassen.

Den Backofen auf 200 °C (Umluft 180 °C) vorheizen. Auf der leicht bemehlten Arbeitsfläche den Teig ca. 3 mm dick ausrollen und mit Ausstechformen ungefähr jeweils 25 Plätzchen in unterschiedlichen Größen ausstechen.

Die Plätzchen auf mit Backpapier ausgelegte Backbleche legen und ca. 8 Minuten backen. Auf einem Kuchengitter ca. 15 Minuten auskühlen lassen.

Gelee in einem Topf glatt rühren, erwärmen und jeweils einen Klecks davon auf die Unterseiten der mittleren und kleinen Plätzchen geben. Je 3 Plätzchen zu Terrassen übereinandersetzen und mit Puderzucker bestäuben.

Zubereitungszeit: ca. 30 Minuten
(plus Kühl- und Backzeit)

Pro Stück:
ca. 61 kcal/256 kJ

Landfrauen-Tipp

Rote Johannisbeeren erntet die Landfrau im Juni und Juli, manchmal auch bis in den späten August hinein. Ist der Appetit angesichts der lockenden Fruchtrispen auch noch so groß: Die erfahrene Landfrau weiß, dass sie erst die prallen, leuchtend roten Früchte ernten darf! Johannisbeeren lassen sich zwar gut einfrieren, auf dem Land lässt man aber nicht verwendete Früchte einfach noch eine Weile am Strauch hängen: So bleiben wertvolle Inhaltsstoffe wie Vitamine und Mineralstoffe am besten erhalten.

Landfrauen-Tipp

Welch hohen Stellenwert der Hafer für den Bauern und für die Ernährung hatte – und noch hat – belegt die Vielzahl der Bauernregeln, die sich um das Gedeihen des Getreides ranken, wie zum Beispiel:
Nach Benedikt (21.3.) da achte wohl, dass man den Hafer säen soll. – Vor dem Johannistag (24.6.) man Gerst und Hafer nicht loben mag. – Ist Dreifaltigkeit (1. Sonntag nach Pfingsten) klar und hell, wächst der Hafer schnell.

Haferflockentaler

Den Backofen auf 180 °C (Umluft 160 °C) vorheizen. Alle Zutaten in eine Schüssel geben und zu einem mürben Teig verkneten. Mit angefeuchteten Händen haselnussgroße Kugeln formen.

Die Teigkugeln auf mit Backpapier ausgelegte Backbleche legen, dabei die Kugeln nicht zu eng aneinanderlegen, da sie beim Backen noch verlaufen. Im Ofen etwa 8 Minuten backen und auf Kuchengittern abkühlen lassen.

Zubereitungszeit: ca. 20 Minuten
(plus Backzeit)

Pro Stück:
ca. 57 kcal/239 kJ

Zutaten
für ca. 75 Plätzchen

125 g Mehl
1 Eigelb
13 g feiner Zucker
1 Prise Salz
180 g weiche Butter
1 Ei
2 Päckchen Vanillezucker
abgeriebene Schale von
1/2 unbehandelten Zitrone
150 g gehackte Cashewkerne
150 g blütenzarte Haferflocken

Schoko-Leckerli

Zutaten
für ca. 40 Plätzchen

Teig
125 g Mehl
1 Eigelb
50 g feiner Zucker
1 Prise Salz
100 g weiche Butter
20 g dunkle Schokolade

Füllung
30 g dunkle Schokolade
30 g gehackte Mandeln
160 g Marzipanrohmasse
1 Eiweiß

Außerdem
1 Eigelb zum Bestreichen
1 El Milch zum Bestreichen
Mehl für die Arbeitsfläche

Das Mehl auf die Arbeitsfläche häufen und eine Mulde hineindrücken. Eigelb, Zucker, Salz und die weiche Butter in kleinen Stücken darin verteilen. Die Schokolade fein reiben und dazugeben. Alle Zutaten rasch zu einem gleichmäßigen Teig verkneten und zu einer Kugel formen. Den Teig in Frischhaltefolie wickeln und für ca. 30 Minuten im Kühlschrank ruhen lassen.

Unterdessen für die Füllung das Marzipan grob hacken und Schokolade fein reiben. Mit den Mandeln und dem Eiweiß mit dem Mixer zu einer glatten Masse pürieren.

Den Backofen auf 200 °C (Umluft 180 °C) vorheizen. Auf der leicht bemehlten Arbeitsfläche den Teig 3–4 mm dick ausrollen und daraus ca. 5 cm große Kreise ausstechen. Auf jeden Kreis 1 kirschgroße Kugel Marzipanmasse setzen und den Teig an drei Ecken darüber zusammenfalten.

Die Plätzchen auf mit Backpapier ausgelegte Backbleche legen, Eigelb und Milch miteinander verquirlen, die Plätzchen damit bestreichen und etwa 12 Minuten backen. Auf einem Kuchengitter auskühlen lassen.

*Zubereitungszeit: ca. 40 Minuten
(plus Kühl- und Backzeit)*

*Pro Stück:
ca. 81 kcal/340 kJ*

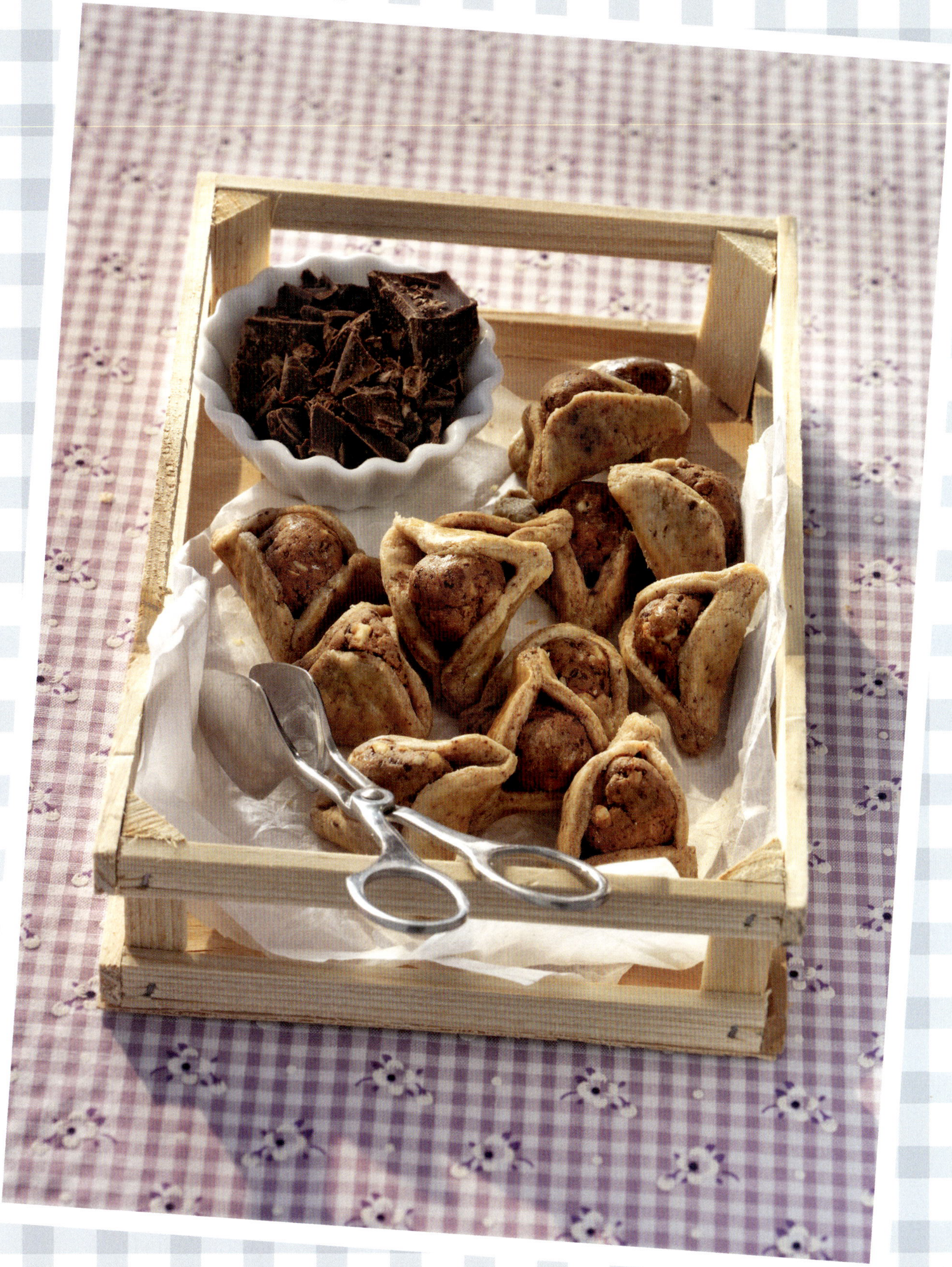

Landfrauen-Tipp

Die Samen des asiatischen Sesamkrautes sind eine klassische Koch- und Backzutat. Sesam dient – ob gemahlen oder als ganze Körner – der Zubereitung von Süßspeisen, Brot und feinem Öl. Wegen seiner mild-nussigen Süße harmoniert Sesam geschmacklich vor allem mit Mürbegebäck. Intensiver wird der Nussgeschmack, wenn Sie die Körner vor der Verwendung trocken in der Pfanne leicht anrösten.

Sesamtaler

Den Backofen auf 180 °C (Umluft 160 °C) vorheizen. 50 g Sesamsamen in einer Pfanne ohne Fett hellbraun rösten. Das Mehl auf die Arbeitsfläche sieben und eine Mulde hineindrücken. Das Eigelb, Zucker, Salz und die weiche Butter in kleinen Stücken darin verteilen. Eiweiß, Sesamsamen und Rum dazugeben.

Alle Zutaten rasch zu einem gleichmäßigen Teig verkneten. In Folie wickeln und für ca. 30 Minuten in den Kühlschrank legen.

Den Teig zu kirschgroßen Kugeln formen. 200 g Sesamsamen auf einen Teller geben. Teigkugeln leicht flach drücken. Mit der Oberseite in die Sesamsamen drücken und die Taler auf mit Backpapier ausgelegte Backbleche legen.

Auf mittlerer Schiene etwa 12 Minuten backen. Dann auskühlen lassen. Den Puderzucker mit 1–2 Tl Wasser verrühren und den Guss in feinen Linien über die Plätzchen ziehen.

Zubereitungszeit: ca. 50 Minuten
(plus Kühl- und Backzeit)

Pro Stück:
ca. 79 kcal/332 kJ

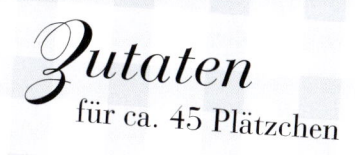

Zutaten
für ca. 45 Plätzchen

Teig
50 g Sesamsamen
125 g Mehl
1 Eigelb
50 g feiner Zucker
1 Prise Salz
100 g weiche Butter
1 Eiweiß
1 Tl Rum

Belag
200 g Sesamsamen
80 g Puderzucker

Holunder-Ravioli

Zutaten
für ca. 40 Plätzchen

Teig
150 g Mehl
75 g feiner Zucker
1 Eigelb
1 Eiweiß
1 Prise Salz
100 g weiche Butter
1 Msp. Backpulver
15 g Kakaopulver

Füllung
300 g Holunder-Püree
25 g Zucker

Ausserdem
50 g weiße Kuvertüre
zum Verzieren
Mehl für die Arbeitsfläche

Alle Zutaten für den Teig in einer Schüssel mischen. Rasch zu einem gleichmäßigen Teig verkneten und zu einer Kugel formen. Den Teig in Frischhaltefolie wickeln und ca. 3 Stunden im Kühlschrank ruhen lassen.

Für die Füllung das Holunder-Püree mit dem Zucker bei mittlerer Hitze 20–25 Minuten zähflüssig einkochen, abkühlen lassen und kalt stellen.

Den Backofen auf 180 °C (Umluft 160 °C) vorheizen. Auf der leicht bemehlten Arbeitsfläche den Teig 2–3 mm dick ausrollen und mit runden Ausstechformen (6 cm Durchmesser) insgesamt ca. 40 Plätzchen ausstechen.

Auf die Mitte der Teigkreise jeweils einen Klecks Holunder-Püree geben. Teig über die Füllung klappen, sodass ein Halbkreis entsteht. Die runden Seiten der Ravioli mit einer Gabel leicht andrücken, damit sie fest verschlossen sind.

Die Ravioli auf mit Backpapier belegte Backbleche geben und 12–15 Minuten backen. Auf einem Kuchengitter auskühlen lassen.

Die weiße Kuvertüre über dem Wasserbad schmelzen. Noch flüssig mithilfe eines Löffels feine Schokoladenfäden über die Ravioli träufeln und trocknen lassen.

Zubereitungszeit: ca. 90 Minuten
(plus Kühl- und Backzeit)

Pro Stück:
ca. 80 kcal/336 kJ

Landfrauen-Tipp

In jedem Bauerngarten ist ein Holunderbaum zu finden. Und das nicht nur, weil er germanischer Überlieferung nach das Haus und seine Bewohner schützt, sondern weil Blätter, Blüten und Früchte der Gesundheit dienlich sind und auch noch hervorragend schmecken. Ein Tee aus Holunderblättern wirkt blutreinigend, der vitaminreiche Saft der Holunderbeeren stärkt die Abwehrkräfte gegen Erkältungen, und eine aus den Blüten zubereitete Limonade erfrischt im Sommer einfach herrlich.

Marmeladen & Konfitüren

208

Eingemachtes, Eingelegtes & Co.

222

Marmeladen & Eingemachtes nach Landfrauenart

In den Küchen der Landfrauen ist es heute wie seit alters her gute Tradition, in den Sommermonaten mit den Erträgen von Garten und Feld den Vorratsschrank für den Winter zu füllen, um Groß und Klein in der kalten Jahreszeit mit den selbst gemachten Köstlichkeiten zu verwöhnen.

In diesem Kapitel finden Sie aus dem umfangreichen kulinarischen Repertoire erfahrener Landfrauen die schönsten Rezepte für Marmeladen und Eingemachtes. Ob fruchtige Erdbeer-Rhabarber-Marmelade, pikant eingelegter Ziegenkäse mit Kräutern oder zartroter Basilikumessig – alle Rezepte sind wohlerprobt und wurden zum Teil seit Generationen überliefert.

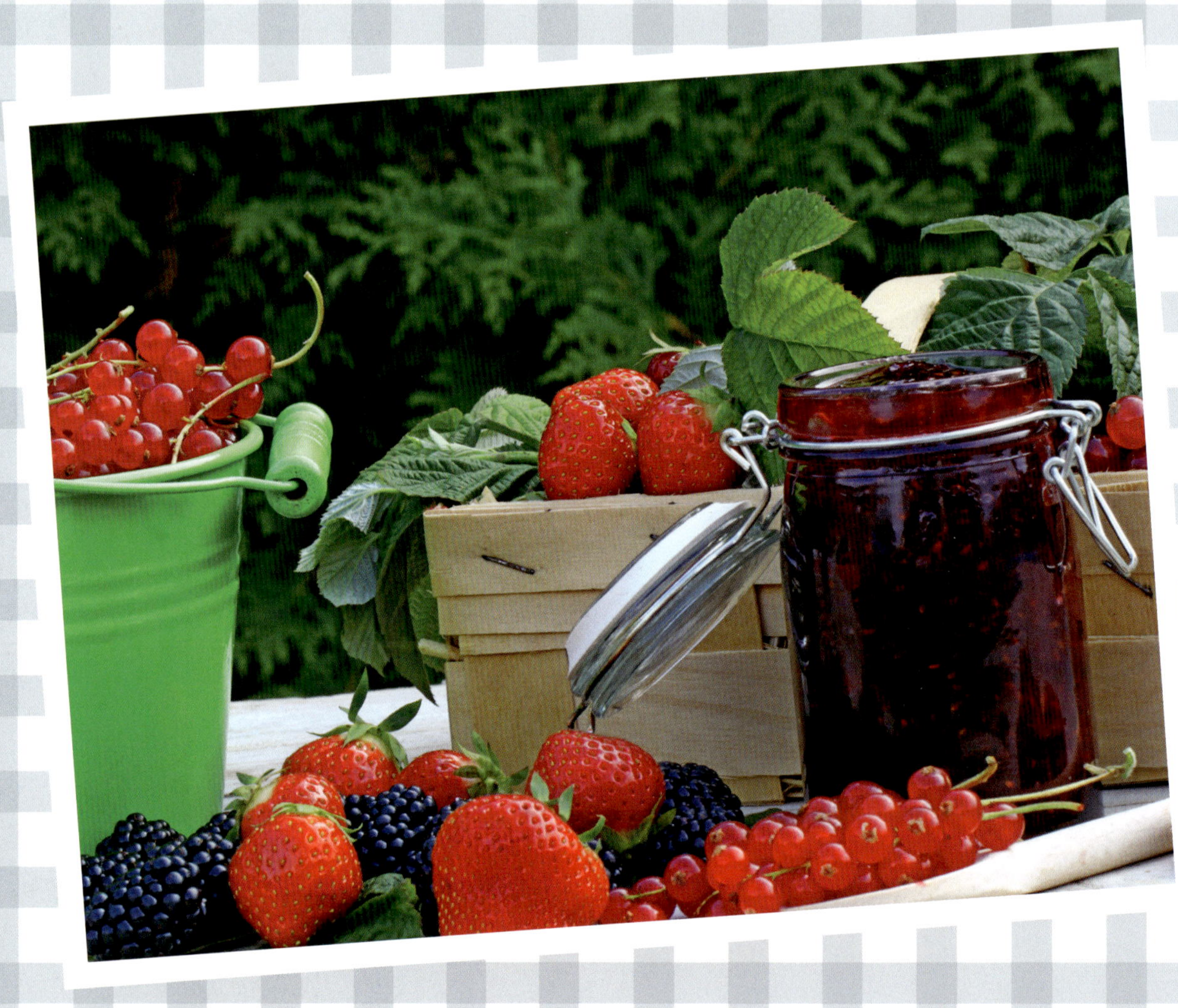

Marmeladen & Konfitüren

Brombeermarmelade

nach Großmutters Art

Zutaten
für ca. 4–5 Gläser (à 250 ml)

1 kg Brombeeren
500 g Gelierzucker (2:1)

Die Brombeeren verlesen.

Den Zucker mit 40 ml Wasser zu einem dicken, klaren Sirup aufkochen und abschäumen. Die Beeren zugeben und unter häufigem Rühren circa 30 Minuten kochen lassen. Die Marmelade nach der Gelierprobe zügig in heiß ausgespülte Gläser füllen und diese sofort verschließen.

Tipp: Geben Sie der Marmelade nach dem Kochvorgang einen halben Esslöffel getrockneten Rosmarin hinzu. Der Rosmarin verleiht dem Fruchtaufstrich eine feine, würzige Note.

Zubereitungszeit:
ca. 10 Minuten
(plus 30 Minuten Kochzeit)

Landfrauen-Tipp

Um sicherzugehen, dass die Marmelade nach dem Abkühlen in den Gläsern fest genug ist, sollten Sie stets eine Gelierprobe machen. Geben Sie dazu von der heißen Marmelade ein bis zwei Teelöffel auf einen kalten Teller. Wird die Gelierprobe beim Abkühlen dicklich und bildet sich eine feine Haut, ist die Marmelade fertig.

Landfrauen-Tipp

Vergessen Sie nicht, Ihre Marmeladengläser nach dem Abkühlen mit Datum und Obstsorte zu beschriften. Verwahren Sie die Gläser an einem kühlen und nicht zu hellen Ort auf und kontrollieren Sie sie hin und wieder auf Schimmelbefall. Legen Sie am besten nur so viele süße Vorräte an, dass Sie damit „über den Winter kommen". Richtig verschlossen bleibt der Genuss im Glas zwar so gut wie unbegrenzt haltbar, aber je länger Sie die Marmelade aufbewahren, desto mehr verliert sie an Aroma.

Erdbeer-Rhabarber-Marmelade

Die Erdbeeren waschen, putzen und halbieren. Mit dem Gelierzucker in einer Schüssel vermischen und mit dem Handmixer pürieren. Den Rhabarber waschen, Blätter und Stielansätze abschneiden, schälen und in kleine Stücke schneiden. Die Rhabarberstücke mit dem Zitronensaft unter das Erdbeerpüree mischen.

Das Ganze in einem Topf zum Kochen bringen. Die Erdbeer-Rhabarber-Marmelade unter Rühren circa 3 Minuten sprudelnd kochen lassen und den aufsteigenden Schaum abschöpfen. Die Marmelade zügig in heiß ausgespülte Gläser füllen. Diese sofort verschließen und circa 5 Minuten auf den Kopf stellen.

Zubereitungszeit:
ca. 35 Minuten
(plus 3 Minuten Kochzeit)

Zutaten
für ca. 4–5 Gläser (à 250 ml)

750 g Erdbeeren (geputzt gewogen)
500 g Gelierzucker (2:1)
250 g Rhabarber
Saft von 1/2 Zitrone

Waldbeeren-konfitüre

mit Walnüssen

Zutaten
für ca. 4–5 Gläser (à 250 ml)

1 kg gemischte Beeren
(Brombeeren, Heidelbeeren,
Schwarze Johannisbeeren, dunkle
Kirschen, entsteint, gewogen)
1 El Zucker
2 Vanillestangen
50 g Walnusskerne
1 kg Gelierzucker (1:1)
Saft von 1 Zitrone

Die Beeren waschen, abtropfen lassen und verlesen. Die Hälfte der Beeren mit dem Zucker bestreuen und etwa 1 Stunde stehen lassen. Anschließend in einem Topf bei kleiner Hitze zu einem Mus kochen lassen. Die Vanillestangen längs halbieren und das Vanillemark mit einem Messer auskratzen. Das Vanillemark beiseite stellen. Die Walnusskerne in kleine Stücke hacken und ebenfalls beiseite stellen.

Das Mus mit den restlichen Beeren, Gelierzucker und Zitronensaft in einem Topf zum Kochen bringen und etwa 4 Minuten unter ständigem Rühren kochen lassen. Den aufsteigenden Schaum mit einer Schöpfkelle abschöpfen. Vor Ende der Kochzeit Vanillemark und Walnüsse unterrühren. Den Topf von der Herdplatte ziehen und die Konfitüre nach der Gelierprobe in die heiß ausgespülten Gläser füllen. Diese sofort verschließen und 5 Minuten auf den Kopf stellen.

*Zubereitungszeit:
ca. 40 Minuten
(plus 4 Minuten Kochzeit)*

Landfrauen-Tipp

Verwenden Sie zum Kochen von Marmeladen, Konfitüren und Gelees einen möglichst hohen Topf und achten Sie darauf, dass Sie ihn nur maximal bis zur Hälfte mit Früchten füllen, da die Obstmasse schnell überkochen kann.

Landfrauen-Tipp

Die optimale Reife von Zwetschgen erkennen Sie daran, dass sie auf Druck leicht nachgeben, aber nicht matschig sind. Unreife Früchte reifen bei Zimmertemperatur nach. Wenn Sie die Haut der Zwetschgen in der Konfitüre nicht mögen, übergießen Sie die Zwetschgen zunächst mit kochendem Wasser und lassen Sie sie danach einige Minuten zugedeckt stehen. Anschließend können Sie die Haut gut abziehen.

Zwetschgenkonfitüre

Die Pflaumen waschen, abtropfen lassen, verlesen, entsteinen und in kleine Stücke schneiden. Die Hälfte der Pflaumen mit dem Zucker bestreuen und etwa 1 Stunde stehen lassen. Anschließend in einem Topf bei kleiner Hitze zu einem Mus kochen lassen. Die Vanillestangen längs halbieren und das Vanillemark mit einem Messer auskratzen. Das Vanillemark beiseite stellen.

Das Mus mit den restlichen Pflaumen, Gelierzucker und Zitronensaft in einem Topf zum Kochen bringen und etwa 4 Minuten unter ständigem Rühren kochen lassen. Den aufsteigenden Schaum mit einer Schöpfkelle abschöpfen. Vor Ende der Kochzeit das Vanillemark unterrühren. Den Topf von der Herdplatte ziehen und die Konfitüre nach der Gelierprobe zügig in die heiß ausgespülten Gläser füllen. Diese sofort verschließen und 5 Minuten auf den Kopf stellen.

*Zubereitungszeit:
ca. 30 Minuten
(plus 15 Minuten Kochzeit)*

Zutaten
für ca. 4 Gläser (à 250 ml)

1 kg Zwetschgen
(entsteint gewogen)
1 El Zucker
2 Vanillestangen
1 kg Gelierzucker (1:1)
Saft von 1 Zitrone

Wintermarmelade

Die Äpfel waschen, schälen, entkernen und in kleine Stücke schneiden.

Die Apfelstücke mit Zitronensaft und Gelierzucker in einem großen Topf mischen und zum Kochen bringen. Die Rosinen dazugeben und unter Rühren circa 4 Minuten sprudelnd kochen lassen. Den Topf von der Herdplatte ziehen und den Zimt unterrühren. Die Marmelade nach der Gelierprobe zügig in heiß ausgespülte Gläser füllen. Diese sofort verschließen und 5 Minuten auf den Kopf stellen.

Tipp: Auch Kardamom und Nelken verleihen dieser Marmelade eine köstliche Winternote.

Zubereitungszeit:
ca. 10 Minuten
(plus 4 Minuten Kochzeit)

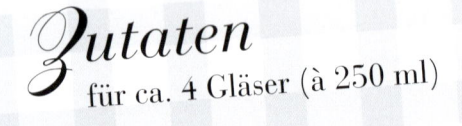

Zutaten
für ca. 4 Gläser (à 250 ml)

900 g Äpfel (geputzt gewogen)
Saft von 1 Zitrone
500 g Gelierzucker (2:1)
100 g Rosinen
1 Msp. Zimt
(Menge nach Geschmack)

Landfrauen-Tipp

Mit seinem hohen Anteil an Vitamin C trägt der erfrischend saure Zitronensaft im Winter optimal dazu bei, die Abwehrkräfte zu stärken. Wenn Sie ihn während des Einkochens zu den Äpfeln geben, bleiben diese außerdem schön weiß.

Obstsaisonkalender

Hauptangebotszeit für heimische Früchte

Äpfel	1	2	3	4	5	6	7	8	9	10	11	12

von August bis Oktober, aber auch in der übrigen Jahreszeit, allerdings nicht alle Sorten

Aprikosen	1	2	3	4	5	6	7	8	9	10	11	12

von Juli bis August

Birnen	1	2	3	4	5	6	7	8	9	10	11	12

von August bis Oktober, aber auch in der übrigen Jahreszeit, allerdings nicht alle Sorten

Brombeeren	1	2	3	4	5	6	7	8	9	10	11	12

von Juli bis Oktober

Erdbeeren	1	2	3	4	5	6	7	8	9	10	11	12

von Mai bis Juli

Hagebutten	1	2	3	4	5	6	7	8	9	10	11	12

von September bis November

Heidelbeeren	1	2	3	4	5	6	7	8	9	10	11	12

von Juli bis September

Himbeeren	1	2	3	4	5	6	7	8	9	10	11	12

von Juni bis September

Holunderbeeren	1	2	3	4	5	6	7	8	9	10	11	12

im September

Johannisbeeren	1	2	3	4	5	6	7	8	9	10	11	12

von Juni bis August

Kirschen (sauer)	1	2	3	4	5	6	7	8	9	10	11	12

von Juli bis August

Kirschen (süß)	1	2	3	4	5	6	7	8	9	10	11	12

von Juni bis Juli

Mirabellen	1	2	3	4	5	6	7	8	9	10	11	12

von Juli bis September

Pfirsiche	1	2	3	4	5	6	7	8	9	10	11	12

im August

Pflaumen	1	2	3	4	5	6	7	8	9	10	11	12

von Juli bis September

Preiselbeeren	1	2	3	4	5	6	7	8	9	10	11	12

von August bis September

Quitten	1	2	3	4	5	6	7	8	9	10	11	12

von September bis November

Sanddornbeeren	1	2	3	4	5	6	7	8	9	10	11	12

von September bis Dezember

Schlehen	1	2	3	4	5	6	7	8	9	10	11	12

von Oktober bis November

Stachelbeeren	1	2	3	4	5	6	7	8	9	10	11	12

von Juni bis August

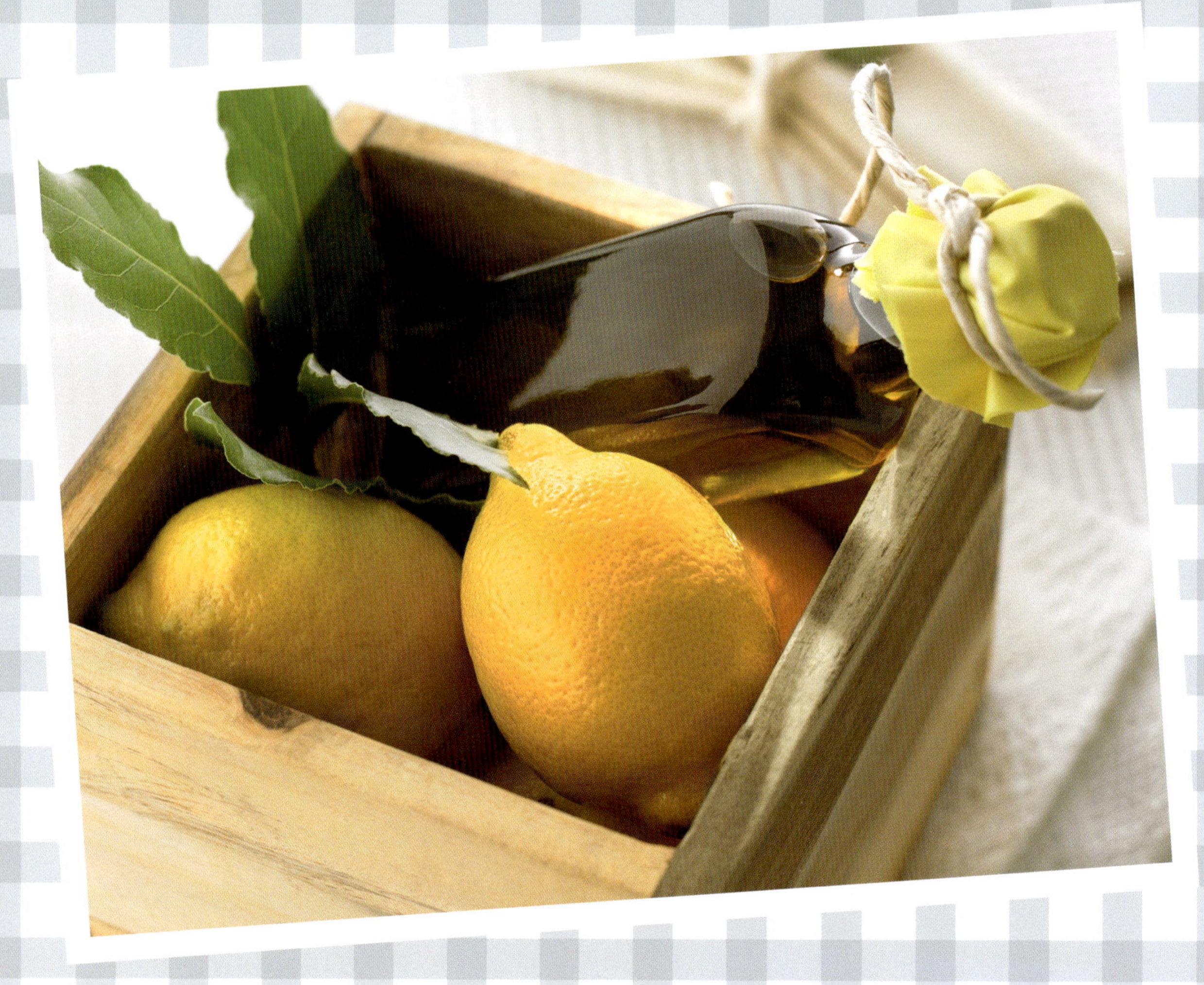

Eingemachtes, Eingelegtes & Co.

Feiertagsrotkohl

Den Rotkohl putzen, vom Strunk befreien und in feine Streifen schneiden, hobeln oder in der Küchenmaschine häckseln.

Die Zwiebeln schälen und fein hacken, die Äpfel schälen, reiben und mit den übrigen Zutaten – außer dem Rotkohl – in einer großen Schüssel vermengen. Den Rotkohl dazugeben, alles ordentlich vermischen und mindestens 1 Stunde, am besten aber über Nacht, durchziehen lassen.

In einem Topf den Rotkohl mit der Marinade etwa 1 Stunde kochen lassen und noch einmal mit Salz und Pfeffer, gegebenenfalls mit etwas Zucker abschmecken. Die Gläser vorbereiten. Die Gewürznelken herausnehmen, den Kohl ein letztes Mal aufkochen lassen und heiß in die zuvor vorbereiteten Gläser füllen.

Gläser verschließen und den Rotkohl im Ofen oder Topf bei 95 °C 2 Stunden einkochen.

Zubereitungszeit: ca. 25 Minuten
(plus Zieh- und Kochzeit)
Haltbarkeit: ca. 1 Jahr

Zutaten
für 4 Gläser (à 600 ml)

- 2 Köpfe Rotkohl (ca. 2 kg)
- 2 Zwiebeln
- 3 Äpfel
- 100 g Zucker
- 80 g Preiselbeeren aus dem Glas
- 2 Nelken
- 330 ml Rotweinessig
- 170 ml Rotwein
- 1 Prise Zimt
- Salz
- frisch gemahlener Pfeffer

Landfrauen-Tipp

Wenn Sie Eingemachtes nicht kochend heiß in Gläser füllen, sollten Sie die Gläser nach einer gründlichen Reinigung zusätzlich sterilisieren, also keimfrei machen. Am einfachsten ist es, die Gläser samt Deckel bei 180 °C für 15 Minuten in den vorgeheizten Backofen zu schieben. Durch die Hitze werden alle Keime abgetötet. Sie können die Gläser und Deckel auch in einen großen Topf mit Wasser legen, dieses zum Kochen bringen und die Gläser darin circa 5 Minuten kochen und dann bis zur Verwendung im heißen Wasser liegen lassen.

Senfbirnen

Zutaten
für 2 Gläser mit Schraubverschluss (à 500 ml)

1 kg kleine Birnen (z. B. Williams Christ oder Spadone)
4 El Senfpulver
800 g Zucker
800 ml Weißweinessig
2 Papierteefilter mit Metallklammern

Die Birnen schälen, dabei die Stiele aber nicht entfernen. Den Blütenansatz mit einem Messer entfernen.

Das Senfpulver in die Teefilter füllen und diese gut verschließen. Zucker mit Essig in einem Topf zum Kochen bringen und die Birnen und die Senfbeutel in den Sud legen. Zugedeckt 20–30 Minuten bei schwacher Hitze kochen. Wenn man die Birnen sehr leicht mit einem Metallstäbchen durchstechen kann, sind sie gar. Die Gläser vorbereiten.

Die Birnen aus dem Sud nehmen und in die vorbereiteten Gläser füllen. Die Beutel mit dem Senfpulver entfernen, den Sud noch einmal aufkochen lassen und die Birnen damit übergießen. Die Gläser verschließen und 5 Minuten auf den Kopf stellen.

*Zubereitungszeit:
ca. 20 Minuten
(plus Koch- und Ziehzeit)
Haltbarkeit: ca. 6 Monate*

Landfrauen-Tipp

Vor dem Verzehr die Senfbirnen 2–3 Tage durchziehen lassen. Die Senfbirnen passen gut zu Ziegenfrischkäse, aber auch als pikante Beilage zu Kaninchen und Rind.

Klassische Gewürzgurken

Gurken gut waschen und in eine große Schüssel geben. Mit dem Salz bestreuen und so viel Wasser zugeben, dass die Gurken bedeckt sind. Über Nacht ziehen lassen. Am nächsten Tag die Gurken unter fließend kaltem Wasser abspülen und abtropfen lassen. Die Gläser vorbereiten.

Den Essig mit 1,2 l Wasser, Salz, Zucker und der Einmachhilfe zum Kochen bringen und 10 Minuten abgedeckt köcheln lassen. Die Zwiebeln schälen und in feine Ringe schneiden. Die Gurken hochkant auf die Gläser verteilen, Zwiebelringe, Gewürze und Kräuter dazwischenstecken und mit dem sehr heißen Essigsud übergießen.

Die Gläser sofort fest verschrauben und 5 Minuten auf den Deckel stellen. Vor dem Verzehr etwa 2–3 Wochen durchziehen lassen.

Zubereitungszeit:
ca. 30 Minuten
(plus Koch- und Ziehzeit)
Haltbarkeit: ca. 8 Monate

Zutaten
für 4 Gläser mit Schraubverschluss (à 750 ml)

- 2 kg Gurken (6–7 cm lang)
- 160 g Salz
- 800 ml Kräuteressig
- 2 1/2 El Salz
- 320 g Zucker
- 1 Päckchen Einmachhilfe
- 4 Zwiebeln
- 8 Pimentkörner
- 20 Pfefferkörner
- 4 El Senfkörner
- 8 Wacholderbeeren
- 4 Lorbeerblätter
- 1 Bund frischer Dill

Eingelegte Rote Beete

Zutaten
für 4 Gläser mit Schraubverschluss (à 350 ml)

1 kg kleine, gleich große Rote-Bete-Knollen
200 g Zwiebeln
40 g frischer Ingwer
400 ml Weißweinessig
600 ml Gemüsebrühe
1 1/2 El Salz
5 El Zucker

Rote Bete waschen, in einem Topf mit heißem Wasser bedecken und zum Kochen bringen. Im geschlossenen Topf bei mittlerer Hitze etwa 45 Minuten kochen, abgießen, leicht abkühlen lassen und unter fließendem Wasser schälen (am besten mit Handschuhen, da sie stark färben). Die Knollen in 1,5 cm breite Spalten schneiden. Die Gläser vorbereiten.

Die Zwiebeln schälen, halbieren und in feine Scheiben schneiden. Ingwer schälen und ebenfalls in dünne Scheiben schneiden. Essig und Brühe in einem Topf mischen, Zwiebeln, Ingwer, Salz, Zucker und Rote Bete hineingeben und zum Kochen bringen. 2 Minuten köcheln lassen, dann in die vorbereiteten Gläser abfüllen und diese sofort fest verschließen. Mindestens 10 Tage ziehen lassen.

Zubereitungszeit:
ca. 20 Minuten
(plus Koch- und Ziehzeit)
Haltbarkeit: ca. 3 Monate

Eingelegter Ziegenkäse mit Kräutern

Thymian und Rosmarin waschen, trocken tupfen und zerteilen. Den Ziegenkäse in Stücke schneiden und auf 2 sterile Gläser verteilen.

Pfefferkörner, Lorbeerblätter und Kräuter ebenfalls in die Gläser geben und alles mit Olivenöl auffüllen. Dabei mit einem Holzstäbchen dafür sorgen, dass keine Luftzwischenräume in den Gläsern bestehen bleiben.

Zubereitungszeit:
ca. 15 Minuten
Haltbarkeit: ca. 2 Monate

Zutaten
für 2 Gläser (à 250 ml)

5 Zweige Thymian
3 Zweige Rosmarin
300 g ganz frischer Ziegenkäse
12 schwarze Pfefferkörner
4 getrocknete Lorbeerblätter
250 ml bestes fruchtiges Olivenöl

Landfrauen-Tipp

Vor dem Verzehr sollte der eingelegte Käse mindestens eine Woche ziehen.

Landfrauen-Tipp

Wenn Sie Basilikum dauerhaft vorrätig haben möchten, sollten Sie es frisch an einem sonnigen, warmen Platz selbst ziehen. Basilikum wächst umso besser, je mehr es benutzt, also gepflückt wird. Achten Sie jedoch darauf, nicht hier und da ein einzelnes schönes Blatt abzuzupfen: Das tut der Pflanze nicht gut und sie sieht schnell zerrupft aus. Kneifen Sie stattdessen besser immer einen ganzen Trieb ab, und zwar knapp über der Verzweigung. So können die jungen Blätter von unten nachtreiben und Sie haben länger etwas von Ihrem Basilikum.

Zartroter Basilikumessig

Die Basilikumblättchen von den Stängeln zupfen, die Blätter waschen und trocken schütteln. Nicht ganz einwandfreie Blättchen entfernen. Das Basilikum in einem Mörser leicht zerreiben, dann in ein großes, steriles Gefäß geben. Mit dem Cidreessig auffüllen und das Gefäß verschließen. An einem sonnigen Ort (z.B. auf der Fensterbank) ca. 10 Tage stehen lassen, bis der Essig eine schöne zart-rote Färbung angenommen hat.

Nach Ablauf der Ziehzeit den Essig durch ein Mulltuch und einen Trichter in sterile Flaschen füllen und diese gut verschließen. Die Flaschen an einem kühlen und dunklen Ort aufbewahren.

Zubereitungszeit:
ca. 20 Minuten
(plus Ziehzeit)
Haltbarkeit: ca. 1 Jahr

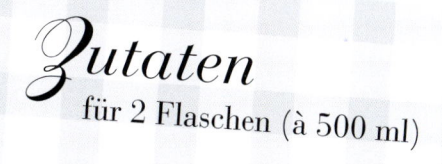

Zutaten
für 2 Flaschen (à 500 ml)

1 Bund grünes Basilikum
1 Bund rotes Basilikum
900 ml Cidreessig
(ersatzweise Weißweinessig)

Eierlikör

Zutaten
für 2 Flaschen (à 750 ml)

- 10 Eier
- 2 Päckchen Vanillezucker
- 500 g Puderzucker
- 250 ml Sahne
- 500 ml hochprozentiger Rum

Die Eier trennen, das Eiweiß anderweitig verwenden (z. B. für Baisers). Das Eigelb mit Vanillezucker und Puderzucker im Wasserbad cremig aufschlagen. Dabei darauf achten, dass die Masse nicht zu heiß wird.

Nach 4 Minuten die Sahne dazugeben und weitere 5 Minuten rühren. Alles aus dem Wasserbad nehmen und den Rum unterrühren. Den Likör mithilfe eines Trichters in sterile Flaschen füllen und diese gut verschließen. Kühl lagern.

Zubereitungszeit:
ca. 30 Minuten
Haltbarkeit: ca. 3 Monate

Landfrauen-Tipp

Verwenden Sie für den selbst angerührten Eierlikör nur ganz frische Eier! Angebrochene Flaschen sollten Sie innerhalb von 4 Wochen aufbrauchen.

Wildbeerensauce

Die Vogelbeeren von den Stielen streifen und gründlich waschen. In einen Topf geben, den Zitronensaft dazugeben und mit Wasser bedecken. Zum Kochen bringen und bei niedriger Hitze 15 Minuten köcheln lassen.

Die Hagebutten waschen, Stiele und Blütenansätze abschneiden, die Hagebutten halbieren und entkernen. Noch einmal waschen. In den Topf zu den Vogelbeeren geben, gegebenenfalls etwas Wasser hinzufügen und weitere 30 Minuten köcheln lassen. Die Gläser vorbereiten.

Die Beerenmasse durch ein Sieb passieren, in den Topf zurückgeben und das Sanddornmark einrühren. Erneut etwa 1 Minute aufkochen lassen. Dann den Honig unterrühren und die Sauce in die sterilisierten Gläser füllen. Fest verschließen und 5 Minuten auf dem Kopf lagern.

Zubereitungszeit:
ca. 30 Minuten
(plus Kochzeit)
Haltbarkeit: ca. 3–4 Monate

Zutaten
für 4 Gläser mit Schraubverschluss (à 200 ml)

330 g Vogelbeeren
Saft von 1 Zitrone
330 g Hagebutte
200 g ungesüßtes Sanddornmark
5 El Honig

Granatapfelessig

Zutaten
für 2 Fläschchen (à 250 ml)

1 großer Granatapfel
250 ml Cidreessig
(ersatzweise Weißweinessig)
1 Glas mit 500 ml Füllmenge

Den Granatapfel waschen, halbieren und die Kerne herausdrücken. Dabei die weißen Trennhäutchen entfernen. Es sollte ca. 1 Tasse voll Granatapfelkerne ergeben. Die Kerne in ein sterilisiertes Glas geben, mit Essig auffüllen und das Glas verschließen. An einem sonnigen Ort ca. 10 Tage ziehen lassen, bis der Essig schön rot gefärbt ist und ein wunderbares Aroma hat.

Nach Ablauf der Ziehzeit den Essig mithilfe eines Trichters durch ein Mulltuch in sterilisierte Fläschchen umfüllen und diese fest verschließen. Die Fläschchen kühl und dunkel lagern.

*Zubereitungszeit:
ca. 10 Minuten
Haltbarkeit: ca. 6 Monate*

Landfrauen-Tipp

Granatapfel-Flecken sind besonders hartnäckig. Wenn Sie die geschlossene Frucht vor dem Halbieren vorsichtig hin- und herrollen, lassen sich die Kerne nach dem Öffnen leichter herausdrücken.

Apfel-Birnen-Grütze

Die Äpfel und Birnen waschen, schälen, entkernen und grob würfeln. Jeweils 350 g abwiegen. Die Gläser vorbereiten.

Alle Zutaten in einem Kochtopf gut verrühren. Bei starker Hitze unter Rühren zum Kochen bringen und 3 Minuten sprudelnd kochen. Dabei fortwährend umrühren.

Die Fruchtgrütze in die sterilisierten Gläser füllen, verschließen und 5 Minuten auf den Kopf stellen.

Zubereitungszeit:
ca. 30 Minuten
Haltbarkeit: ca. 6 Monate

Zutaten
für 4 Gläser mit Schraubverschluss (à 250 ml)

350 g Äpfel (vorbereitet gewogen)
350 g Birnen (vorbereitet gewogen)
200 ml Apfelsaft
50 g Rosinen
50 g gehackte Mandeln
1/2 Tl Zimt
1 Prise Kardamom
250 g Gelierzucker (2:1)

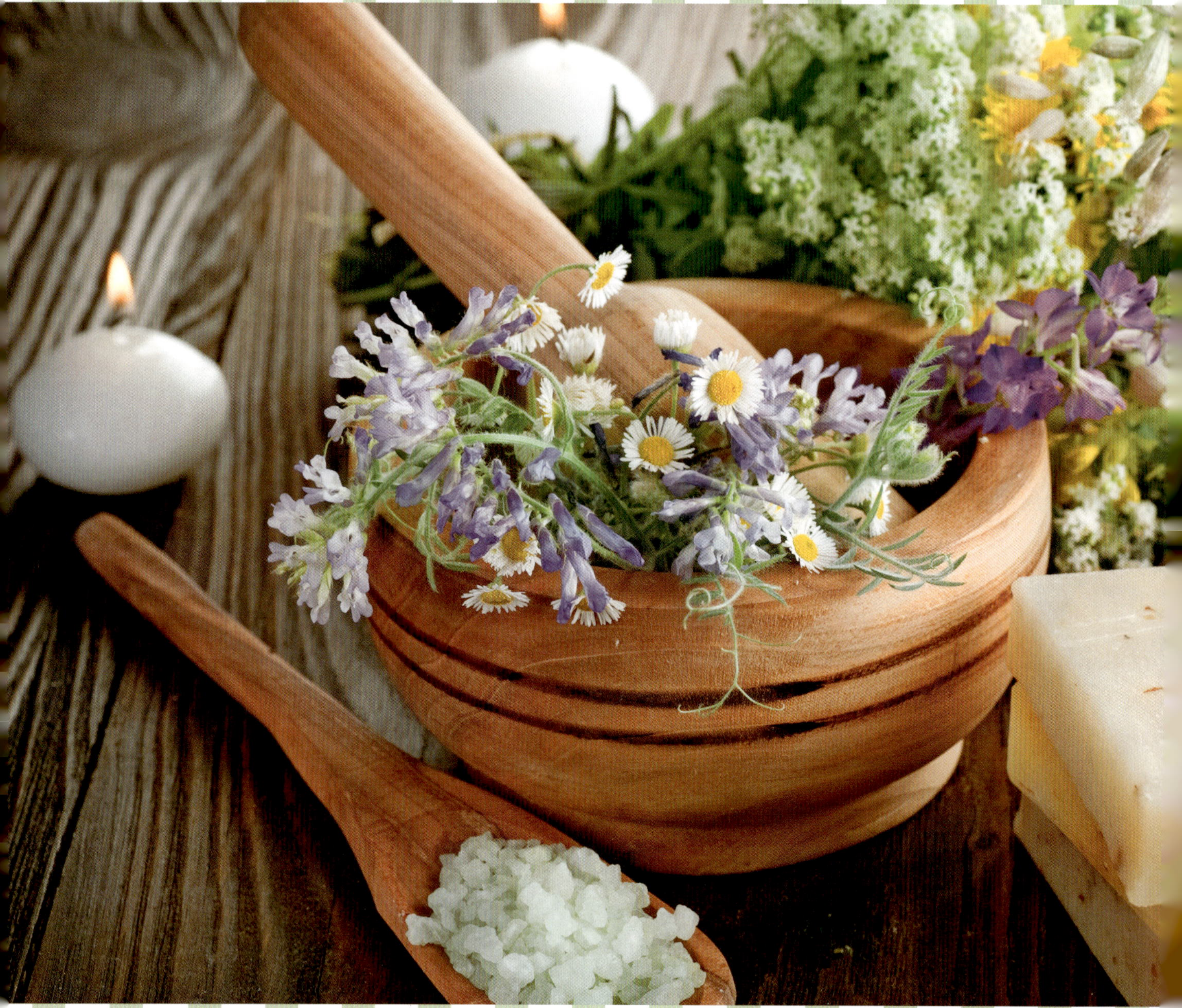

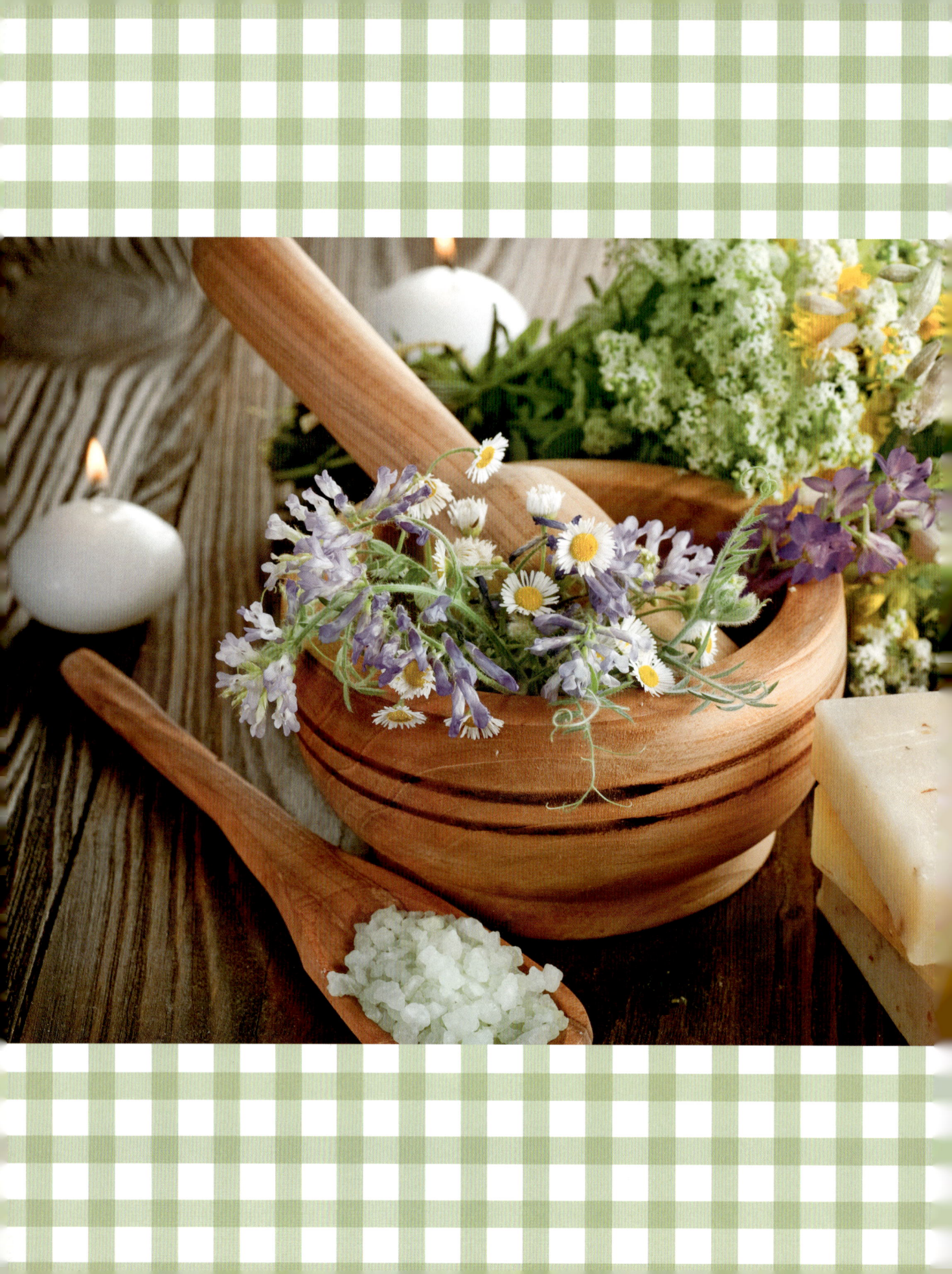

Gesundheit & Schönheit

Altbewährte Heilmittel
Heiltees
Heilliköre

Die Heilkraft der Natur

Gut ist, was hilft. Und was hilft, bei den kleineren und größeren Wehwehchen, die Junge wie Alte tagtäglich plagen können, davon hatte niemand mehr Ahnung als unsere Vorfahrinnen auf dem Land. Wir Heutigen sind es gewohnt, bei Bedarf Medikamente in der Apotheke um die Ecke zu kaufen. Ein gut funktionierendes medizinisches Versorgungsnetz ist für uns selbstverständlich – ebenso der Gang zum Arzt, wenn es irgendwo zwickt oder zwackt. Von solcherlei Rundumversorgung konnte noch vor hundert Jahren keine Rede sein.

Gerade in den ländlichen Regionen und den kleinen Dörfern waren Apotheken noch bis weit ins 20. Jahrhundert hinein dünn gesät. Und zum Arzt ging man nur, wenn wirklich „Not am Mann" oder an der Frau war – und alle Hausmittel versagt hatten. Keine Frage: Das gebrochene Bein des kleinen Wildfangs musste fachmännisch eingegipst werden, und die klaffende Wunde nach dem Sturz von der Schaukel bedurfte einiger Nähstiche unter leichter Narkose. Aber für Husten oder Schnupfen, Fieber oder Hautjucken vertrauten die Frauen auf dem Land auf die heilenden Kräfte dessen, was ihnen in Küche und Garten und aus Feld und Flur zur Verfügung stand. Sie waren medizinische Autodidakten: Aber die vielfältigen Heilerfolge gaben ihren Bemühungen – und ihrem Erfahrungswissen – recht: Gut ist, was hilft.

Die Rückbesinnung auf die Natur und deren heilende Kräfte und die neue Wertschätzung für Produkte, die natürlich und naturbelassen sind, hat unsere Aufmerksamkeit auf das Erfahrungswissen der Landfrauen zurückgelenkt. Dass die Errungenschaften der Pharmazie und Medizin nicht nur Wirkungen zeigen, sondern häufig auch Nebenwirkungen haben, dass die Belastung des Körpers durch Medikamente hoch, die Heilerfolge aber längst nicht immer befriedigend sind, hat zu diesem heilsamen Umdenken und Neuorientieren geführt.

Muss es denn immer gleich ein Antibiotikum sein, wenn der Hals leicht entzündet ist, oder ein dickes Schmerzmittel gegen den leichten Kopfschmerz? Was haben unsere Mütter oder Großmütter eigentlich getan, wenn sie uns und unsere Kinderkrankheiten zu kurieren versuchten? Erinnern wir uns: an die Wadenwickel bei Fieber und den Kamillentee bei Bauchweh, an die erhitzten und in ein Tuch gepackten Pellkartoffeln oder Zwiebelwürfel, die unsere Ohrenschmerzen linderten, oder auch an den Salzbrei, mit dem dem Wespenstich zu Leibe gerückt wurde.

Auch in Sachen Schönheit waren unsere Ahninnen ausgesprochen erfinderisch: Lange bevor eine ganze Industrie mit Packungen und Tönungen, Spezialshampoos und Haarwässerchen sowie Hautcremes und Kosmetika das schöne Geschlecht zu umwerben begann, vertrauten sie auf die Segnungen ihrer eigenen Spezialmethoden – und fuhren damit keineswegs schlecht.

Im Gesundheitsbereich wie bei Küchen- oder Gartenthemen auch fällt das Wissen der Landfrauen überwiegend in den Bereich des von Generation zu Generation mündlich überlieferten Erfahrungsschatzes. Das Wissen um die Heilkraft von Kräutern und die vielen ebenso praktischen wie nützlichen Hausmittel wurde in aller Regel nicht theoretisch aus Büchern oder Zeitschriften entnommen. Vielmehr gehörte es zum tradierten „Haus"-Schatz, den die Frauen hüteten und den sie in gelebter Praxis an die jeweils nachrückende

Frauengeneration weitergaben. Das erklärt, weshalb der „Schatz" an alten und heute neu zu entdeckenden Tipps und Rezepten so gewaltig groß ist. Und es erklärt auch, weshalb so viele Hausmittel und -rezepte in tausendundeiner Abwandlung überliefert sind: Jede Familie schwor auf ihre eigene und selbstverständlich unübertreffliche „Spezial"-Version.

Die Frage, welche kluge Landfrau wohl zum ersten Mal auf die Idee gekommen ist, Ohrenschmerzen mit einer gestampften heißen Pellkartoffel oder unreine Haut mit Kaffeesatz zu behandeln, wird sich so ohne Weiteres wohl nicht mehr klären lassen. Einfacher ist es da mit dem Wissen um die Heilkraft von Pflanzen und Kräutern: Hier waren es vielfach schon im ausgehenden Mittelalter kluge Ordensfrauen – man denke nur an Hildegard von Bingen –, die in ihren Klostergärten und -laboratorien eine Unmenge an heilkundlichem Wissen zusammengetragen hatten. Dieses Wissen breitete sich von den Klöstern im Lauf der Jahrhunderte immer weiter aus und wurde Gemeingut. Bei den Frauen auf dem Land fiel es auf besonders fruchtbaren Boden, ergänzte es doch, was sie selbst an Erfahrungswissen im Umgang mit Wild- und Gartenkräutern oder Pflanzen aus der Natur erworben hatten.

Es ist somit ein Schatz aus Jahrhunderten, den wir heute wieder heben, wenn wir neuerlich auf das Gesundheits- und Schönheitswissen der Landfrauen zurückgreifen. Er kann und wird sicherlich nicht medizinische, pharmazeutische oder kosmetische Behandlungsmöglichkeiten verdrängen oder ersetzen. Aber er kann ergänzen, sinnvoll begleiten und vielleicht im einen oder anderen Fall sogar überraschend bessere Wirkungen zeigen als so manches moderne Produkt. Einen Versuch ist das Heilwissen der Landfrauen immer wert – denn das Schöne daran ist: Schaden tut es eigentlich nie!

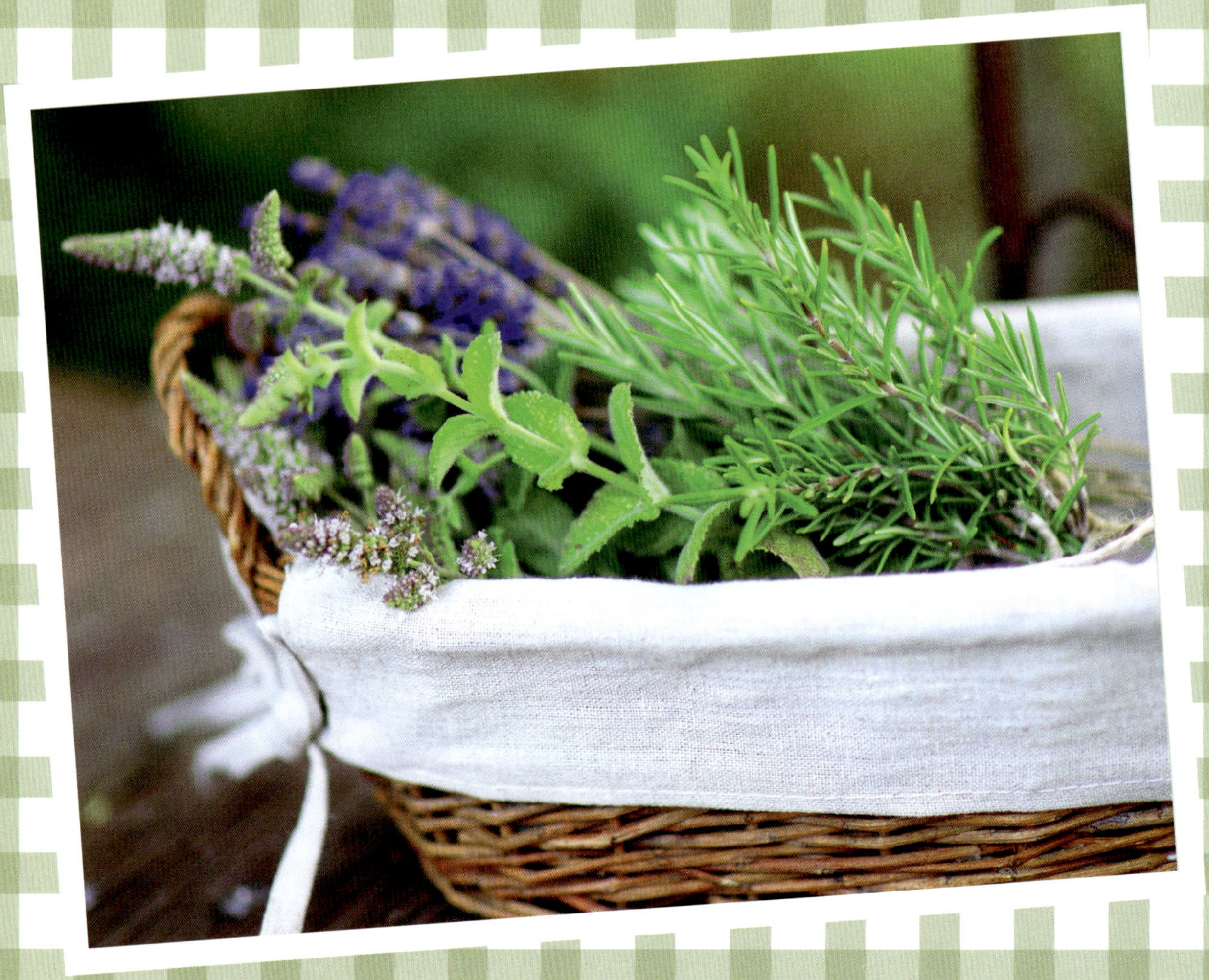

Altbewährte Heilmittel

Erkältungen

Um einer Erkältung vorzubeugen, haben sich tägliche Wechselduschen, genügend Bewegung und viel Obst und Gemüse auf dem Speiseplan bewährt.

Spüren Sie, dass eine Erkältung im Anzug ist, mischen Sie Honig in heißen Tee und trinken Sie morgens und abends eine Tasse. Honig stärkt und steigert die körpereigenen Abwehrkräfte.

Wenn bei Ihnen Husten und Schnupfen zusammen auftreten, dann ist völlige Nahrungsenthaltung von bester Wirkung. Dies gilt natürlich nur über einen geringen Zeitraum.

Gut gegen eine Erkältung ist Schwitzen. Trinken Sie deshalb heiße Milch mit Selterswasser. Das ist ein überaus schweißtreibendes Getränk.

Sind Sie während einer Erkältung stark verschleimt, dann ziehen Sie abwechselnd eine Zwiebel und eine Knoblauchzehe auf eine Schnur und tragen Sie diese um den Hals. Das wirkt schleimlösend.

Landfrauen-Tipp

Bei Halsschmerzen und Heiserkeit sind im Winter Bratäpfel ein bewährtes Hausmittel, mit dem Sie Ihren Lieben zugleich eine leckere Freude bereiten. Als „Dosis" sind drei Bratäpfel am Tag empfehlenswert, die – mit etwas Honig übergossen – im Backofen zubereitet und lauwarm gegessen werden. Am besten für Bratäpfel geeignet ist der lagerfähige, säuerliche Boskop. Bereits zwei der ballaststoffreichen Früchte decken den Tagesbedarf an Vitamin C.

Husten

Süßen Sie Fencheltee mit Honig und trinken Sie so viel Tee wie möglich, das lindert Husten.

Höhlen Sie eine Zwiebel aus, schütten Sie Zucker hinein und lassen Sie den Saft ziehen. Von diesem Hustensaft nehmen Sie stündlich einen Teelöffel. Bei Bedarf können Sie Zucker nachfüllen.

Gegen Husten hilft auch, über Nacht einen mit Schmalz bestochenen Lappen auf die Brust zu legen.

Frische Brennnesseln mit kochendem Wasser überziehen und täglich drei Tassen von diesem Tee trinken.

Fieber

Gegen Fieber und fiebrige Erkältungen hilft Brombeersaft.

Hilfreich ist auch ein kühler Wadenwickel mit verdünntem Essigwasser.

Tauchen Sie Socken in kühles Essigwasser und ziehen Sie sie anschließend an.

Tragen Sie über Nacht eine Kette aus Rettichscheiben. Das hilft, das Fieber zu senken.

Behandeln Sie Fieber nicht vorschnell. Denn durch Fieber werden die körpereigenen Abwehrkräfte zu schnellerem Handeln gebracht und das ist die natürliche Methode des Körpers, eine Krankheit zu kurieren.

Verdauungsprobleme

Trinken Sie viel während der Mahlzeiten? Das wirkt verdauungshemmend.

Essen Sie nach jeder Mahlzeit ein Stück frische Ananas. Deren Enzyme wirken wahre Wunder bei Verdauungsbeschwerden.

Wenn Sie unter Verstopfung leiden, nehmen Sie morgens und abends einen Teelöffel Olivenöl zu sich.

Wirksam ist auch ein Fußbad in einer Wasser-, Salz- und Apfelessiglösung.

Ein anderes natürliches Mittel zur Verdauungsförderung sind Backpflaumen. Über Nacht eingeweicht und morgens zum Frühstück verzehrt, regulieren sie gut die Verdauung.

Kopfschmerzen

Wenn Sie unter Kopfschmerzen leiden, dann sollten Sie in Ihren Kaffee einen Schuss Zitronensaft geben. Damit können Sie die Schmerzen lindern.

Landfrauen-Tipp

Zitronen-Kaffee als Kopfschmerzstopper kann vor allem dann wahre Wunder wirken, wenn Sie Kaffee nur gelegentlich oder in kleinen Mengen trinken. Wenn Sie einen empfindlichen Magen haben, sollten Sie auf den Koffein-Zitrus-Mix allerdings besser verzichten. Bei leichten Kopfschmerzen hilft vielen bereits die „Sauerstoffdusche", die ein Spaziergang an der frischen Luft beschert.

Ohrenschmerzen

Bei leichtem Ohrensausen heiße Umschläge umlegen.

Sorgen Sie ganz allgemein für ausreichend Entspannung.

Bei längerem Ohrensausen sollten Sie einen Arzt zu Rate ziehen.

Ohrenschmerzen lindert man durch Kamillendämpfe oder Leinsamenwickel.

Wärme hilft bei Ohrenschmerzen. Tragen Sie so lange eine wollene Mütze über dem schmerzenden Ohr, bis die Schmerzen nachlassen.

Kochen Sie eine Pellkartoffel und wickeln Sie diese leicht zerdrückt in ein Leinentuch, das Sie auf das Ohr legen.

Halsschmerzen

Gegen Halsschmerzen hilft am besten heiße Milch mit Honig.

Gurgeln Sie mit Salbeitee oder warmem Salzwasser. Auch das wirkt manchmal Wunder.

Erfolg versprechend ist auch ein kalter Umschlag mit Milch.

Gießen Sie über ein Leinentuch eiskaltes Wasser und legen Sie das Tuch so nass wie möglich um Ihren Hals. Darüber einen Wollschal wickeln und ausruhen.

Mandelentzündung

Bei einer Mandelentzündung kann das Gurgeln mit Kamillentee schmerzlindernd sein.

Angenehme Kühlung bringt auch das Essen von Speiseeis.

Magenschmerzen

Wenn Sie Schwierigkeiten mit dem Magen haben, dann trinken Sie ungesüßten Kamillentee oder Cola.

Haferflocken helfen gegen Magendrücken.

Salzstangen versprechen bei Magenbeschwerden ebenfalls Linderung.

Ein Kartoffelumschlag hilft bei Magenverstimmungen.

Statt eines Abendessens sollten Sie bei einer leichten Magenverstimmung lediglich Walnüsse zu sich nehmen und diese sehr gut kauen, bevor Sie sie hinunterschlucken.

Sodbrennen

Wenn Sie unter Sodbrennen leiden, trinken Sie viel Milch.

Essen Sie möglichst fettarm. So beugen Sie Sodbrennen vor.

Schluckauf

Gegen Schluckauf hilft eine Messerspitze Salz, das Sie auf der Zunge zergehen lassen sollten.

Landfrauen-Tipp

Als gutes Hausmittel bei Magen-Darm-Erkrankungen haben sich Haferflockensuppe oder Haferbrei bewährt. Für eine Portion Haferbrei kochen Sie 20 Gramm Haferflocken mit einem halben Liter Wasser und einer Prise Salz kurz auf und lassen das Ganze 15 Minuten auf der warmen Herdplatte ziehen. Eine kleine Prise Zimt verbessert den Geschmack. Die Haferflocken sollen nicht mit Milch aufgekocht werden, da diese die heilende Wirkung von Hafer beeinträchtigt.

Landfrauen-Tipp

Bei einem leichten Sonnenbrand hilft es, kühlen Naturjoghurt oder Quark auf die schmerzenden Stellen aufzutragen. Dies beruhigt die Haut, und die enthaltenen Milchsäurebakterien wirken zudem schmerz- und entzündungslindernd. Verwenden Sie Joghurt oder Quark jedoch nur, solange sich auf der geröteten Haut keine Blasen gebildet haben, damit es nicht zu einer Infektion mit den Milchsäurebakterien kommt. Achten Sie auch darauf, dass der Quark oder Joghurt nicht richtig antrocknet, denn die Haut muss noch atmen können.

Hautjucken

Hautjucken kann man durch Waschen der betroffenen Stellen mit leichtem Essigwasser lindern. Auf einen Liter Wasser geben Sie drei Esslöffel Essig.

Verbrennungen

Falls Sie kleine Brandwunden haben, sollten Sie diese mit Fett einreiben und hinterher eine rohe Kartoffelscheibe auflegen. Das kühlt und verhindert die Blasenbildung.

Wenn Sie sich verbrannt haben, am besten die betroffene Stelle sofort mit kaltem Wasser kühlen.

Wenn Sie sich die Zunge verbrannt haben, dann kann kühle Sahne Linderung bringen. Sie können auch einen Eiswürfel lutschen.

Bei stärkeren Verbrennungen sowie bei Sonnenbrand rohes Eiweiß auf die verbrannten Hautpartien auftragen und trocknen lassen. Nicht abwaschen, sondern warten, bis das Eiweiß von selbst abbröckelt.

Bei Sonnenbrand hilft eine Kompresse aus gewaschener Petersilie, die Sie öfters wechseln sollten.

Sehr kühlend und angenehm ist das Auftragen von kaltem Naturjoghurt. Er lindert den Schmerz, versorgt die Haut mit Feuchtigkeit und wirkt außerdem beruhigend.

Wund gelaufene Füße

Waschen Sie vor einer Wanderung Ihre Füße kalt ab und reiben Sie sie anschließend mit Hautöl ein. So verhindern Sie das Wundlaufen Ihrer Füße.

Schlaflosigkeit

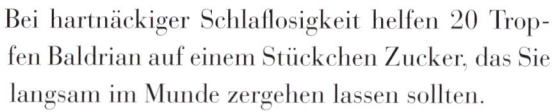

Bei hartnäckiger Schlaflosigkeit helfen 20 Tropfen Baldrian auf einem Stückchen Zucker, das Sie langsam im Munde zergehen lassen sollten.

Wenn Sie einige Tropfen Rosenöl auf einen Wattebausch träufeln und diesen in die Nähe Ihres Kopfkissens legen, werden Sie ebenfalls wohlig einschlafen.

Wer auf Pillen oder Medikamente verzichten möchte, sollte kurz vor dem Schlafengehen heiße Milch mit Honig trinken. Dieses natürliche Schlafmittel wirkt ausgezeichnet.

Insektenstiche

Wenn Sie von einer Biene oder einem anderen Insekt gestochen wurden, dann hilft ein aufgetragener Salzbrei. Er lindert den Schmerz und verhindert das Auftreten eines Geschwulstes.

Insektenstiche verlieren auch durch eine Behandlung mit Essigwasser ihren Schrecken.

Ein geeignetes Mittel gegen den Juckreiz oder das Ausbilden eines Geschwulstes ist Quark.

Sollten Sie während eines Spaziergangs von einem Insekt gestochen werden, kauen Sie ein Blatt des Spitzwegerichs und legen Sie es dann auf den Stich. So vergeht der Juckreiz.

Ein Brei aus Zwiebeln, auf den Insektenstich aufgetragen, wirkt ebenfalls stark schmerzlindernd.

Muskelkater

Nach sportlichen Anstrengungen kann es zu Muskelkater kommen. Diesen können Sie mildern, indem Sie ein heißes Vollbad nehmen.

Falls Sie an Muskelkater leiden, sollten Sie mit Sport möglichst nicht so lange warten, bis er vorüber ist, sondern gleich mit dem Sport weiter machen. Das ist das beste Mittel gegen Muskelkater.

Gesichtsmaske

Aus Gurkenmus mit etwas Zitronensaft vermischt, lässt sich eine wunderbare Maske herstellen, die die Haut erfrischt und die Poren verengt.

Eine Gesichtsmaske aus in Milch, Sahne und Mandelöl schaumig geschlagenem Eigelb wirkt Falten entgegen. Verrühren Sie diese Masse mit einem Spritzer Zitronensaft und lassen Sie sie circa eine halbe Stunde einwirken. Besonders bei großporiger Haut ist diese pflegende Maske angezeigt.

Schöne Haut macht auch eine Gesichtsmaske aus fein geriebenen Äpfeln und ein wenig Zitronensaft. Etwa zehn Minuten einwirken lassen und lauwarm abspülen.

Versuchen Sie einmal eine Honigmaske: Ein Eigelb mit etwas Honig und Pflanzenöl vermischen, auf die Haut auftragen, rund 20 Minuten einwirken lassen und lauwarm abwaschen. Diese Maske gibt Ihrer Haut lebensnotwendige Nährstoffe und lässt sie schön glatt und strahlend erscheinen.

Wenn Sie Mandelkleie im Haus haben, so können Sie sie mit etwas angewärmter Milch verrühren und sich die Maske auf das Gesicht auftragen. Das reinigt die Poren.

ℒandfrauen-Tipp

Nicht nur mit angewärmter Milch, auch vermengt in Kamillentee ist Mandelkleie ein altbewährtes Hausmittel zur natürlichen Gesichtspflege bei fettiger und zu Unreinheiten neigender Haut: Verrühren Sie zwei Esslöffel Mandelkleie mit ein wenig aufgebrühtem, noch warmem Kamillentee, bis eine breiige Paste entsteht. Tragen Sie die noch warme Maske auf ihre Gesichtshaut auf, lassen Sie sie etwa 20 Minuten einwirken und waschen Sie anschließend alles mit reichlich lauwarmem Wasser ab. So werden alte Hautschüppchen sanft abgelöst und die Haut fühlt sich besonders sanft an.

Landfrauen-Tipp

Frisch gepresster Karottensaft tut viel Gutes für die Gesundheit. Kein anderes Gemüse enthält mehr Beta-Carotin: Diesen Pflanzenfarbstoff, dem die Karotten ihre orange Farbe verdanken, wandelt unser Körper in Vitamin A um, das unter anderem für die Sehkraft der Augen wichtig ist. Ein Glas Karottensaft hilft auch bei Sodbrennen: Die Pektine in den Möhren binden Giftstoffe und neutralisieren überschüssige Magensäure.

Hautreinigungsmittel

Vorzüglich für die Reinigung Ihrer Haut eignet sich Butter: Tragen Sie sie dünn auf, lassen Sie sie einige Zeit einwirken und entfernen Sie sie dann wieder mit Kosmetiktüchern. Das Ergebnis wird Sie erstaunen.

Mischen Sie den Saft einer frischen Orange mit ein wenig Milch. Dieses Gesichtswasser hat eine hervorragende Reinigungskraft.

Geeignet ist auch Tomatensaft, mit etwas Glycerin versetzt.

Porentief rein macht frisch gepresster Karottensaft. Tragen Sie ihn mit einem Wattebausch auf und lassen ihn eine gute Viertelstunde einwirken. Anschließend mit lauwarmem Wasser gründlich abwaschen.

Auch Wein reinigt und stimuliert. Verwenden Sie bei trockener Haut Weißwein, bei empfindlicher hingegen roten.

Empfindliche Haut

Als Badezusatz für empfindliche Haut eignet sich Folgendes: Geben Sie zwei bis drei Pfund Kleie in ein Säckchen und nähen es zu. Diese Menge langt für ein Vollbad.

Wenn Sie eine sehr empfindliche Haut haben, dann benutzen Sie am besten Produkte aus der Babypflege. Deren Wirkstoffe sind besonders mild.

Fettige Haut

Wenn Sie fettige Haut haben, können heiße Waschungen oder heiße Kompressen Abhilfe schaffen.

Wunderbar glatt und weich wird Ihre Haut, wenn Sie in regelmäßigen Abständen pures Eiweiß auf das vorher gereinigte Gesicht aufgebracht haben. Am besten funktioniert das mit einem Pinsel. Das Eiweiß so lange auf der Haut lassen, bis es angetrocknet ist. Anschließend gründlich abwaschen.

Landfrauen-Tipp

Ein einfaches und dennoch sehr wirkungsvolles althergebrachtes Hausmittel zur Pflege von fettiger oder entzündeter Haut ist die Sauerkrautmaske: Verteilen Sie etwa 100 Gramm rohes Sauerkraut auf Gesicht und Hals, lassen es rund 20 Minuten einwirken und waschen anschließend alles gründlich mit lauwarmem Wasser wieder ab.

Glatte Haut

Reiben Sie Ihre Haut mit Kartoffelscheiben ab. Dadurch wird sie sehr schön glatt.

Empfehlenswert ist auch eine Maske aus Kampfermus: In eine Tasse kochenden Wassers einige Blätter Kampfer einweichen, zehn Minuten ziehen lassen und zu Mus verarbeiten. Dann die Masse aufs Gesicht auftragen und nach 20 Minuten mit lauwarmem Wasser wieder gründlich abwaschen.

Straffe Haut

Welke Haut wird rasch wieder straff und frisch durch Wechselwaschungen. Duschen Sie erst so heiß, wie Sie es vertragen, dann kurz kalt duschen. Wiederholen Sie den Vorgang mehrere Male.

Durch tägliche Waschungen mit Buttermilch strafft sich Ihre Haut. Kleine Fältchen verschwinden.

Trockene Haut

Gönnen Sie trockener Haut ab und zu eine Quarkmaske: Einfach Speisequark auf dem Gesicht verteilen und einziehen lassen. Wenn der Quark leicht angetrocknet ist, das Gesicht mit klarem Wasser waschen.

Waschen Sie trockene Haut nicht mit Seife. Dadurch trocknet sie nur noch weiter aus. Eine geeignete Alternative ist Mandelkleie.

Eine dick aufgetragene Sauerteigmaske hilft ebenfalls gegen trockene Haut.

Unreine Haut

Waschen Sie unreine Haut regelmäßig mit heißem Wasser und kühlen anschließend die Haut mit klarem, kaltem Wasser ab.

Bei unreiner Haut sollten Sie auf den Verzehr von Süßigkeiten, insbesondere von Schokolade, verzichten.

Landfrauen-Tipp

Wenn Ihr Haar Kräftigung benötigt, wird es sich über ein vitalisierendes Kräutershampoo freuen. Nehmen Sie dazu je eine Handvoll Kamille und Rosmarin und mischen ein paar zerstoßene Lorbeerblätter darunter. Diese Zutaten mit einem Liter kochenden Wassers übergießen und nach drei Minuten abseihen. Mit einem Teelöffel Flüssigseife mischen und gut ins Haar massieren. Sorgfältig mit lauwarmem Wasser ausspülen.

Haarpflege

Ihr Haar wird weich wie Seide, wenn Sie es mit einer Ölpackung behandeln. Hierzu eignet sich besonders gut süßes Mandelöl. Wenden Sie die Packung vor jeder Haarwäsche an und lassen Sie sie circa eine halbe Stunde einwirken.

Fügen Sie der Haarspülung ein wenig Essig hinzu, dann erhält Ihr Haar wieder seinen natürlichen Glanz.

Ihre Haare können Sie festigen, indem Sie es mit Bier waschen. Das gibt auch Glanz. Wenn Sie das Bier etwas anwärmen, verstärken Sie den Effekt.

Um die Kämmbarkeit von langen Haaren zu erleichtern, spülen Sie sie nach der Haarwäsche mit Essigwasser.

Olivenöl, das ins Haar einmassiert wird, hilft bei brüchigen und splissigen Haaren.

Fettiges Haar

Waschen Sie fettiges Haar niemals mit eiskaltem oder sehr heißem Wasser. Extreme Temperaturen regen die Talgdrüsen an: Fettiges Haar fettet dann also noch schneller.

Ein geeignetes Mittel gegen fettiges Haar ist eine Spülung mit Bier. Waschen Sie das aber nicht wieder aus Ihren Haaren heraus, sondern lassen Sie es im Haar.

Haarwäschen mit Kamillentee eignen sich ebenfalls sehr gut zur Pflege von fettigem Haar.

Mischen Sie ein Eigelb mit einem Schnapsgläschen Rum und reiben Sie diese Mischung als Kurpackung gleichmäßig ins Haar, lassen Sie sie eine halbe Stunde einwirken und spülen Sie sie gründlich aus, auch um den Geruch wieder aus Ihrem Haar zu bringen.

Graues Haar

Mischen Sie Essig und warmes Wasser im Verhältnis eins zu drei und waschen Sie Ihr Haar regelmäßig damit. Dadurch bleibt die natürliche Haarfarbe erhalten.

Landfrauen-Tipp

Apfelessig zaubert Glanz ins Haar. Geben Sie nach dem ersten Ausspülen des Shampoos eine verdünnte Mischung aus Apfelessig und warmem Wasser langsam über das feuchte Haar und massieren Sie diese gleichmäßig ein. Da der saure Apfelessig die einzelnen Haare zusammenzieht, glättet sich ihre Struktur, sie sind leichter kämmbar und erhalten einen seidigen Glanz. Regelmäßig angewendet lässt sich mit der Apfelessig-Massage auch die Entstehung von grauen Haaren erfolgreich hinauszuzögern.

Trockenes Haar

Als Folge einer Unterversorgung mit Talgfett entsteht trockenes Haar. Mischen Sie je nach Haarlänge zwei bis drei Eigelb mit ein wenig Wasser und tragen Sie diese Mixtur auf Ihre Kopfhaut auf. Nach einer Einwirkzeit von 20 Minuten gründlich ausspülen. So verbessern Sie die Arbeit der Talgdrüsen und den Fetttransport ins Haar.

Wirksam bei trockenem Haar ist auch eine Masse aus gekochter Kleie und Wasser, die Sie als Kur auf Ihr Haar geben sollten. Gründlich ausspülen und anschließend Klettenwurzelöl ins noch feuchte Haar einmassieren.

Ernähren Sie sich Ihrem Haar zuliebe sehr vitaminreich. Ein Mangel an Vitaminen ist ein Grund für trockenes Haar.

Bei trockenem Haar sollten Sie grundsätzlich auf Fönen verzichten. Die Heißluft lässt das Haar sehr spröde wirken.

Schuppen

Kopfschuppen behandeln Sie am besten mit Lindenblütentee. Waschen Sie regelmäßig Ihre Haare damit.

Gegen Schuppen können Sie folgendermaßen vorgehen: Massieren Sie regelmäßig etwas Klettenwurzelöl in die Kopfhaut ein. Das lässt die Kopfhaut geschmeidig werden und schränkt die Schuppenbildung ein.

Landfrauen-Tipp

Wenn Sie zu trockener, spröder und aufgesprungener Haut an den Händen neigen, geben Sie etwa drei Esslöffel Honig in eine Schüssel mit warmem Wasser und baden Sie Ihre Hände für 10 Minuten darin. Besonders nach dem Spülen und schwerer Hausarbeit ist dies ein altbewährtes Hausmittel für streichelzarte Hände.

Geschmeidige Hände

Schöne, geschmeidige Hände erhalten Sie, wenn Sie sie nach dem Waschen gründlich mit Zitronensaft einreiben und den Saft gut in die Haut einmassieren.

Raue Hände

Wenn Sie sehr raue Hände haben, probieren Sie Folgendes: Nehmen Sie eine Handvoll Haferflocken und übergießen Sie diese mit kochendem Wasser. Lassen Sie sie eine Weile ziehen und baden Sie Ihre Hände darin, sobald das Wasser handwarm ist.

Sind Ihre Hände extrem rau, sollten Sie Ihnen eine richtige Kur gönnen. Tragen Sie einfach vor dem Schlafengehen dick Handcreme auf und ziehen Sie Spülhandschuhe darüber. Die Wärme lässt die Creme besser wirken, und Sie haben am nächsten Morgen schöne und geschmeidige Hände.

Vermischen Sie Hautcreme mit etwas Butter und tragen Sie diese Mischung auf Ihre rauen Hände auf. Auf diese Weise werden sie wieder weich.

Schütten Sie einen halben Löffel Zucker samt ein wenig Massageöl in Ihre Handflächen und reiben Sie beides gründlich in die Haut. Anschließend die Reste mit warmem Wasser abspülen.

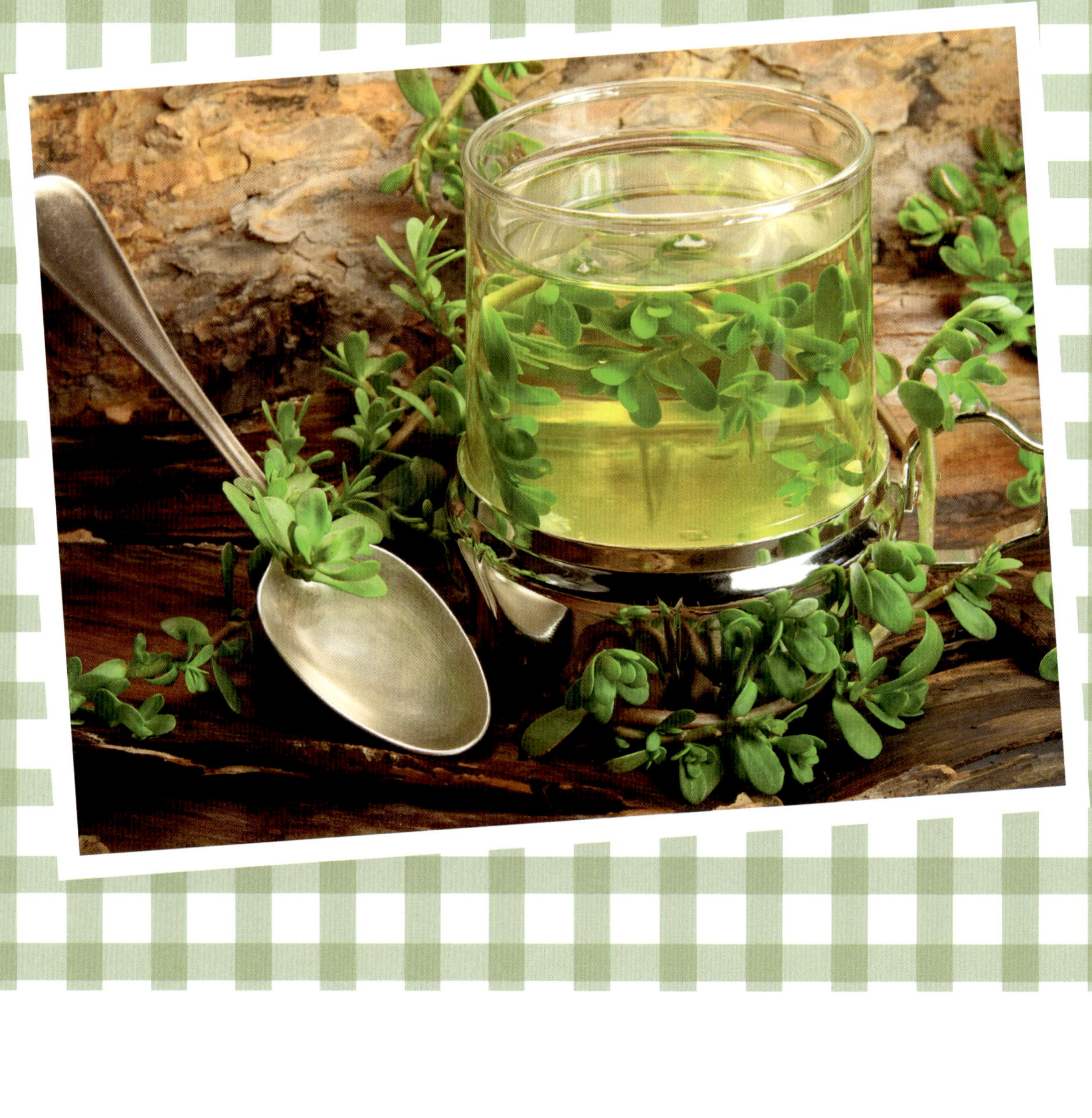

Heiltees

Eine gute Tasse Gesundheit

Viele Naturheilmittel haben ihre Wirkung bereits über Jahrhunderte gezeigt. Dabei wurden Blätter, Blüten, Früchte und Wurzeln nicht nur roh oder gekocht genossen, sondern auch schon immer als Tee getrunken, der auf natürliche Weise hilft, Beschwerden zu lindern. Bei Beachtung der Dosierungs- und Zubereitungsanleitungen hat er selten Nebenwirkungen. Allerdings stellt sich die Wirkung meist nicht so schnell ein wie bei Pharmazeutika. Zur Behandlung mit natürlichen Mitteln gehört etwas Geduld – der Tee muss oft über einen längeren Zeitraum regelmäßig getrunken werden.

In der Praxis haben sich auch Mischungen von verschiedenen Heilpflanzen bewährt. Diese Zusammenstellungen beruhen auf langjährigen Erfahrungen und sind Fachleuten vorbehalten – lassen Sie sich in der Apotheke oder im Reformhaus beraten. Aber einzelne Kräuter reichen für einen heilsamen Tee meist aus.

Die in diesem Kapitel vorgestellten Heilpflanzen zählen zu den schwächer wirkenden, die Sie zur Behandlung leichterer Beschwerden, zur Vorbeugung von Krankheiten und zur Erhaltung der Gesundheit anwenden können. Ernsthaftere Erkrankungen, zum Beispiel starke Schmerzen, Krämpfe, hohes Fieber, Veränderungen der Herztätigkeit, Kreislaufbeschwerden sowie lang andauernde und immer wiederkehrende Beschwerden, sollten Sie stets einem Arzt oder Heilpraktiker vorführen. Nach Absprache können Heiltees als unterstützende Maßnahme zu einer ärztlich verordneten Therapie oft hilfreich sein. Informieren Sie sich vor einer Behandlung mit Heiltees auf jeden Fall über die Zubereitungsverfahren, die richtige Anwendung und mögliche allergische Reaktionen. Auch Kräutertees zählen zu den Medikamenten, die sich meist nicht für eine ständige Anwendung eignen. Die Wirkung lässt auf Dauer nach, weil im Körper eine Gewöhnung an die zugeführten Substanzen eintritt. Außerdem kann es bei dem Dauereinsatz einiger Pflanzen zu Reizungen der Magen- und Darmschleimhaut, der Nieren und der Blase kommen. Wenn Sie die Dosierungs- und Zubereitungsanweisungen befolgen, haben Sie im Allgemeinen keine Nebenwirkungen zu befürchten. Besondere Risiken sind jeweils in den Sicherheitshinweisen aufgeführt.

Zubereitung

Nur gezielt eingesetzte, richtig dosierte und regelmäßig eingenommene Heilmittel wirken optimal. Das gilt selbstverständlich auch für Heiltees. Die in diesem Kapitel angegebenen Mengen sind erprobt und sollten beachtet werden.

Wichtig ist, ob die Teedrogen (von Fachleuten werden alle getrockneten Pflanzenteile, die in der Naturheilkunde verwendet werden, als Drogen bezeichnet) als Abguss, Abkochung oder auch Kaltauszug aufgesetzt werden.

Für einen *Abguss* (ein Infus) geben Sie Pflanzenteile in ein Teesieb und übergießen sie mit kochendem Wasser. Je nach Rezept müssen sie dann 5 bis 10 Minuten ziehen, bevor Sie das Teesieb entnehmen. Wichtig ist, dass Sie das Gefäß, in dem Sie den Tee zubereiten, abdecken, damit die flüchtigen Inhaltsstoffe der Teedroge, zum Beispiel ätherische Öle, erhalten bleiben. Dieses Verfahren eignet sich in erster Linie für Blüten und Blätter.

Dagegen lassen sich die Zellwände von Rinden, Wurzeln, Samen, Kernen und Hölzern erst bei großer Hitzeeinwirkung aufbrechen. Die Inhaltsstoffe werden erst nach längerer Kochzeit an das Wasser abgegeben. Hier ist eine *Abkochung* (ein Dekokt) vonnöten: Die angegebene Menge Teedroge wird in einem Topf mit ½ Liter kaltem Wasser langsam zum Kochen gebracht. Denken Sie an das Auflegen eines Deckels, damit die flüchtigen Inhaltsstoffe erhalten bleiben. Lassen Sie das Ganze dann so lange wie im Rezept angegeben sieden. Für eine Kurzabkochung reichen 1 bis 3 Minuten, sonst 20 Minuten. Seihen Sie den Tee dann durch ein feines Sieb ab.

Der *Kaltauszug* (das Mazerat) ist eine besonders schonende Art der Zubereitung. Hierbei werden viele ätherische Stoffe und empfindliche Schleimstoffe erhalten und Gerbstoffe nur in geringen Mengen gelöst. Die Teedroge wird mit der angegebenen Menge kaltem, am besten abgekochtem Wasser zugedeckt für 6 bis 12 Stunden ziehen gelassen und dann abgeseiht. Um entstandene Keime abzutöten, kann man den Auszug anschließend kurz bis zum Siedepunkt erhitzen.

Außerdem spielen die Trinktemperatur, die Art des Trinkens – schluckweise, über den Tag verteilt – und die Wahl des Süßungsmittels eine Rolle bei der Anwendung von Heiltees. Bei Durchfall, Zuckerkrankheiten und Verdauungsbeschwerden sollte auf ein Zusetzen von Süßungsmitteln verzichtet werden.

Die Mengenangaben in diesem Kapitel beziehen sich ausschließlich auf getrocknete Pflanzenteile. Eine Tasse umfasst 250 ml Flüssigkeit.

Baldrian

Im September werden die Wurzeln des Baldrian ausgegraben, gesäubert und zum Trocknen aufgehängt. Als Tee zubereitet wirkt die Baldrianwurzel bei Ein- und Durchschlafstörungeen, Nervosität und Konzentrationsschwäche. Sie hat allgemein beruhigende und krampflösende Eigenschaften.

Sicherheitshinweis

Manchen Menschen fällt das Aufstehen, nachdem sie am Abend vorher Baldriantee getrunken haben, am Morgen schwerer.

Rezept

Setzen Sie morgens zwei Teelöffel der zerkleinerten Wurzel mit einer Tasse kochendem Wasser an. Nach 10 Stunden können Sie den Tee vor dem Schlafengehen am besten warm und schluckweise trinken. Oder Sie setzen zwei Teelöffel zerkleinerte Wurzel mit einer Tasse kaltem Wasser an, lassen das Ganze 10 bis 12 Stunden ziehen, erwärmen den Sud auf Trinktemperatur und trinken ihn schluckweise am Abend.

Blutwurz

Blutwurz ist eine der gerbstoffreichsten Heilpflanzen – im Wurzelstock befinden sich bis zu 20 Prozent Gerbstoffe. Man erkennt sie leicht an den gelben Blüten, die aus nur vier Blütenblättern bestehen, und dem Wurzelstock, der sich blutrot färbt, wenn man ihn durchschneidet. Ein Tee aus Blutwurz wirkt bei nahezu allen Durchfallerkrankungen und bei Blähungen. Als Gurgelmittel kann man ihn bei Mund-, Zahnfleisch-, Rachen- und Halsentzündungen anwenden. Neueste Forschungen haben ergeben, dass das enthaltene Tormentillrot die Ausbreitung von Bakterien zu hemmen vermag.

Sicherheitshinweis
Der hohe Gerbstoffanteil des Blutwurztees kann Magenreizungen provozieren.

Rezept

Für den Teeabguss nehmen Sie einen Esslöffel zerkleinerte Wurzel und kochen sie mit 1/2 Liter Wasser 15 Minuten. Nachdem das Ganze 1/2 Stunde gezogen hat, trinken Sie von dem Tee bis zu dreimal täglich eine Tasse schluckweise oder gurgeln stündlich damit.

Landfrauen-Tipp

Damit die Wirksamkeit des Heilkrautes bei längerer Anwendung nicht durch Gewöhnung nachlässt und um unerwünschte Nebenwirkungen zu vermeiden, sollten Sie bei einer Teekur nach etwa zehn Tagen eine Pause von drei bis vier Tagen einlegen, bevor Sie den Tee erneut genießen können.

Brennnessel

Die Blätter und oberen Krautspitzen der großen Brennnessel werden von Mai bis Juli gepflückt und dann für die Verwendung als Teedroge getrocknet. Brennnesseltee empfiehlt sich als eines der besten Blutreinigungs- und Entwässerungsmittel für Frühjahrs- und Herbstkuren. Er stärkt und belebt den Organismus, bekämpft Erschöpfungszustände, wirkt harntreibend und regt die Verdauung an. So wird er auch gern bei rheumatischen Erkrankungen und Gicht und zur Vorbeugung von Nierensteinen eingesetzt. Mit Brennnesseltee sind Erfolge bei Prostataleiden, Galle- und Leberbeschwerden erzielt worden. Außerdem wirkt er lindernd bei allergischen Reaktionen.

Rezept

Bereiten Sie mit zwei bis drei Teelöffeln Brennnesseln auf eine Tasse kochendes Wasser einen Abguss, den Sie 10 Minuten ziehen lassen. Oder Sie geben die gleiche Menge Brennnesseln in eine Tasse kaltes Wasser, kochen das Ganze auf und lassen es 5 Minuten leicht sieden. Trinken Sie als Kur vier bis acht Wochen lang jeden Tag morgens und abends eine Tasse Brennnesseltee.

Fenchel

Für den Fencheltee werden die süßlich schmeckenden, würzig riechenden Früchte des Fenchels verwendet, die bis zu sechs Prozent ätherisches Öl enthalten. Fencheltee wirkt bei Bronchitis und Husten auswurffördernd und mild beruhigend. Auf Asthma und Keuchhusten wirkt er ebenfalls lindernd. Des Weiteren hat er krampfstillende und beruhigende Wirkung bei krampfartigen Magenschmerzen und schmerzhaften Blähungen – auch bei Säuglingen. Fenchel ist beliebt zur Geschmacksverbesserung in Teemischungen.

Sicherheitshinweis
Selten treten allergische Reaktionen der Haut, der Atemwege, des Magens und des Darms auf.

Rezept

Zur Bereitung des Tees verwenden Sie einen Teelöffel zerdrückte Früchte und stellen mit einer Tasse Wasser einen Abguss her. Von diesem wird mehrmals täglich eine Tasse langsam getrunken.

Hagebutte

Die Heckenrose ist die Urform der heute bekannten Zuchtrose. Im Herbst entwickeln sich aus der hellroten bis weißlichen Blüte rote Scheinfrüchte, die Hagebutten. Diese werden zum Trocknen aufgeschnitten. In frischem Zustand enthält die Hagebutte mehr Vitamin C als beispielsweise Zitronen; während der Zubereitung zum Tee und der Lagerung geht ein kleiner Teil dieses Abwehrkräfte stärkenden Vitamins verloren. Der verbleibende Rest hilft bei Erkältungen und Infektionen aller Art und ist auch zur Wundheilung bestens geeignet. Viele weitere Inhaltsstoffe, zum Beispiel Vitamin B1, B2, E, K, A, Eisen und Magnesium, erklären das große Spektrum der Heilerfolge der Hagebutte. Besonders die Kerne sind mild harntreibend und leicht abführend, weshalb Hagebutten oft in Blutreinigungstees, zur Entschlackung, bei rheumatischen Erkrankungen, Gicht, Nierenschwäche und zur Vorbeugung von Gries und Steinbildungen verwendet werden.

Rezept

Ein Teelöffel zerkleinerte frische oder getrocknete Früchte auf eine Tasse Wasser wird zum Sieden gebracht und muss danach 10 Minuten zugedeckt leicht kochen. Trinken Sie eine Tasse Hagebuttentee dreimal täglich schluckweise nach den Mahlzeiten. Sein hoher Gehalt an Fruchtzucker und -säuren gibt ihm einen angenehm fruchtigen, erfrischenden Geschmack. Honig als Süßungsmittel unterstützt die Wirkung von Hagebuttentee, indem er gleichzeitig desinfiziert, lindert und schmeckt.

Holunder

Im Mai und im Juni werden die ganzen Blütenstände des Holunders abgeschnitten und zum Trocknen aufgehängt. Danach ist es ein Leichtes, die Blüten abzureiben. Diese gelten seit je als echtes Volksheilmittel. Sie fördern die Ausscheidung von Schweiß, wenn man den Tee im Rahmen einer Schwitzkur in größeren Mengen sehr heiß trinkt, und die Ausscheidung von Harn, wenn er schluckweise lauwarm getrunken wird. So lässt er sich auch gut bei rheumatischen Beschwerden einsetzen. Auch als Abwehrkräfte stärkendes Mittel hat sich der Holunder einen Ruf erworben, weshalb er oft zur Vorbeugung gegen Erkältungskrankheiten angewendet wird.

Rezept

Bereiten Sie mit zwei Teelöffeln Holunderblüten auf eine Tasse Wasser einen Abguss. Nach Geschmack können Sie den Tee mit Honig süßen. Gegen rheumatische Erkrankungen, zur Erkältungsvorbeugung, zur Blutreinigung und zum Entschlacken empfiehlt sich im Frühjahr und im Herbst eine Kur von je drei Wochen mit drei Tassen Holunderblütentee täglich. Eine Schwitzkur nehmen Sie mit zweimal täglich zwei Tassen Holunderblütentee vor, die Sie so heiß wie möglich direkt hintereinander trinken.

Landfrauen-Tipp

Für eine Schwitzkur bei fiebrigen Erkältungskrankheiten kombiniert die erfahrene Landfrau gern Holunder- mit Lindenblüten, die ebenfalls eine schweißtreibende Wirkung besitzen und gleichzeitig die Abwehrkräfte des Körpers aktivieren.

Johanniskraut

Zur Bereitung von Tee werden die oberirdischen Triebe des Strauches gesammelt, und zwar zur Blütezeit um Johanni (24. Juni). Johanniskraut ist als Stimmungsaufheller bekannt und wird deshalb gern bei leichten depressiven Zuständen angewendet. Es kräftigt das Nervensystem, dämpft Angst und Unruhe, wirkt entspannend und hilft so auch bei Schlafstörungen Auch bei leichten Magen-, Darm- und Gallebeschwerden empfiehlt sich Johanniskraut, wobei eine Teekur wirksamer ist als eine Kur mit Johanniskrautöl.

Sicherheitshinweis
Meiden Sie während dieser Kur die pralle Sonne, da Johanniskraut empfindlich gegen Sonneneinstrahlung macht. Ansonsten sind schädliche Nebenwirkungen nicht zu befürchten.

Rezept

Zwei Teelöffel zerschnittenes, getrocknetes Kraut mit Blüten werden mit einer Tasse kochendem Wasser aufgegossen. Nach 5 Minuten können Sie das Teesieb entnehmen. Bei einer Kur wird eine Tasse Johanniskrauttee zwei bis drei Monate zwei- bis dreimal täglich getrunken.

Kamille

Die Blütenköpfe der Echten Kamille werden drei bis fünf Tage nach dem Aufblühen gesammelt; dann sind die Wirkstoffe am stärksten ausgebildet. Auf Darren bei höchstens 45 °C wird die Trocknung vorgenommen. So bleibt auch der Gehalt an ätherischen Ölen (bis zu 1,5 Prozent) weitgehend erhalten. Kamille ist eine der bedeutendsten Heilpflanzen. Sie wirkt allgemein bei Infektionen antibakteriell. Entzündungen von Haut, Schleimhaut, Magen und Darm werden durch Kamillentee gehemmt. Bei schlecht heilenden Wunden fördert er die Wundheilung. Er lindert Erkältungssymptome, außerdem wirkt er krampflösend und beruhigend bei Verdauungsbeschwerden und Krämpfen vor und während der Menstruation. Seine entblähenden Eigenschaften machen sich bei schmerzhaften Flatulenzen bemerkbar. Bei chronischen Entzündungen der Magenschleimhaut und bei Magengeschwüren unterstützt die Kamille die Behandlung durch einen Arzt oder Heilpraktiker. Bei diesen Erkrankungen und zur Linderung von akuten Magenbeschwerden wird ungesüßter Kamillentee kurmäßig eingesetzt: auf nüchternen Magen morgens die erste Tasse, die zweite und dritte jeweils zwischen den Mahlzeiten und die letzte vor dem Schlafengehen.

Sicherheitshinweis

Ein dauernder Gebrauch kann schädliche Nebenwirkungen mit sich bringen: aufgequollene Schleimhaut, nervöse Unruhe, Bindehautentzündungen und Schwindel. Von einer mehr als vierwöchigen Anwendung ohne Pause muss abgeraten werden!

Rezept

Bereiten Sie mit zwei Teelöffeln Kamillenblüten auf eine Tasse Wasser einen Abguss, den Sie 10 Minuten ziehen lassen. Von diesem trinken Sie drei Tassen pro Tag lauwarm oder benutzen ihn zum Gurgeln bei Entzündungen im Mund- und Rachenraum. Die Kamillenblüten sollten nicht älter als ein Jahr sein. Unruhigen Kindern kann man mit Kamillentee eine Einschlafhilfe geben.

Lavendel

Rezept

Zur Herstellung eines Abgusses nehmen Sie zwei Teelöffel Lavendelblüten auf eine Tasse Wasser. Die Ziehzeit beträgt 5 bis 10 Minuten.

Den Hauptwirkstoff von Lavendel, das ätherische Öl (bis zu drei Prozent), enthalten die Blüten. Darin liegt auch die antibakterielle Wirkung des Lavendels begründet. Außerdem trägt er zur Beruhigung des zentralen Nervensystems bei, weshalb Lavendeltee bei nervösen Magen-Darm-Beschwerden und bei nervösen Kopfschmerzen angewendet wird. Lavendel wirkt positiv auf den Verdauungsapparat, hilft besonders bei gärungsbedingten Durchfällen und Blähungen, regt die Gallenproduktion in der Leber an, bringt bei Ängsten und Spannungen Beruhigung und Entspannung, unterstützt den Blutkreislauf und lindert und beruhigt lästigen Husten.

Sicherheitshinweis

Allergische Reaktionen auf Lavendel kommen selten vor.

Landfrauen-Tipp

Wenn Sie Lavendel in Ihrem Kräutergarten selbst anpflanzen, sollten Sie die Blüten unbedingt am Morgen ernten: Denn dann ist ihr Gehalt an ätherischem Öl besonders hoch. Der Lavendel lässt sich einfacher trocknen, wenn Sie ihn mitsamt der Stängel ernten. Hängen Sie ihn anschließend eine Woche lang kopfüber an einen schattigen Platz.

Lindenblüten

Die ganzen Blütenstände der Linde werden einen, spätestens aber vier Tage nach dem Aufblühen gesammelt; dann ist der Anteil an Wirkstoffen am größten. Anschließend werden sie auf Darren bei höchstens 45 °C getrocknet. Lindenblüten entfalten ihre Wirkung in erster Linie aufgrund ihres hohen Gehalts an Flavonoiden und Schleimstoffen. Lindenblütentee aktiviert die Abwehrkräfte und wirkt schweißtreibend. So werden Erkältungskrankheiten mithilfe einer Schwitzkur schneller überstanden. Vorbeugend kann der Tee nach Durchnässung oder Unterkühlung vor Erkältung schützen, indem man sofort eine Tasse Lindenblütentee trinkt und 3 bis 4 Stunden später eine weitere. Auch in Zeiten großer Ansteckungsgefahr kann eine kurmäßige Anwendung von Lindenblütentee einer Erkrankung vorbeugen. Er eignet sich auch besonders gut zur Anwendung bei Kindern. Mit seinen harntreibenden und blutreinigenden Eigenschaften ist er ein ideales Mittel bei rheumatischen Beschwerden. Lindenblütentee beruhigt das Nervensystem, entspannt und löst Krämpfe. Seine gefäßerweiternde Wirkung beeinflusst hohen Blutdruck positiv.

Sicherheitshinweis
Lindenblütentee ist nicht für den Dauergebrauch geeignet, da er ständig angewendet eventuell herzschädigend sein kann. Bei Herzproblemen sollten Sie auf eine Schwitzkur verzichten!

Rezept

Aus zwei Teelöffeln Lindenblüten auf eine Tasse Wasser bereiten Sie einen Abguss, den Sie 10 Minuten ziehen lassen. Im akuten Stadium der Erkrankung hilft eine Schwitzkur, bei der Sie mehrmals täglich eine Tasse Lindenblütentee so heiß wie möglich trinken. Bei Bedarf können Sie den Tee mit Honig süßen.

Melisse

Die Blätter der Melisse sollten vor der Blüte geerntet werden, da sie während der Blüte ihren angenehmen Geruch und Geschmack verlieren. Sie enthalten bis zu 0,3 Prozent ätherisches Öl und sind daher antibakteriell wirksam. Melissentee wirkt bei Unruhe und Nervosität ausgleichend auf das vegetative Nervensystem. Er beruhigt bei jeder Art von nervlicher Belastung und Störung. Diese Eigenschaft wirkt sich positiv auf Magen- und Darmbeschwerden, nervös bedingte Kopfschmerzen und bei Schlafstörungen aus. Trotz seiner beruhigenden Wirkung macht er aber nicht müde. Die krampflösenden Eigenschaften von Melissentee machen sich zum Beispiel bei Menstruationsbeschwerden bemerkbar. Er wirkt blähungstreibend und allgemein stärkend. Auch bei Erkältungen und Grippe ist er ein beliebtes Heilmittel.

Rezept

Gießen Sie zwei Teelöffel zerkleinerte Melissenblätter mit einer Tasse kochendem Wasser auf und lassen Sie das Ganze 10 Minuten ziehen. Trinken Sie Melissentee dreimal täglich schluckweise. Eine geringe Honigbeigabe verstärkt den schlaffördernden Effekt und schmeckt einfach köstlich.

Pfefferminze

Pfefferminztee war schon bei den Pharaonen ein bewährtes Hausmittel. Die heutzutage vorkommende Pfefferminze ist eine Kreuzung aus verschiedenen Minzarten und kommt wild wachsend nicht vor. Sie lässt sich aber leicht aus Ablegern ziehen. Für einen Tee eignen sich die Blätter am besten, da sie einen besonders hohen Anteil an ätherischen Ölen aufweisen. Gute Pfefferminze sollte über ein Prozent ätherische Öle haben. Davon bestehen 50 bis 60 Prozent aus Menthol. Sie sollten die Pfefferminze nicht in der Sonne trocknen, um den Gehalt an ätherischen Ölen möglichst zu erhalten. Pfefferminztee hilft bei Verdauungsschwäche, indem er die Produktion von Gallenflüssigkeit in der Leber und den Gallenfluss fördert. Er wirkt wegen seiner krampflösenden Eigenschaft positiv auf mit Blähungen verbundene Magen- und Darmbeschwerden. Ein besonderer Vorteil dieses Tees ist, dass er durch eine leichte Betäubung der Magenschleimhaut ein schnelles und dauerhaftes Nachlassen von Übelkeit und Erbrechen hervorruft. Pfefferminztee wirkt stark bakterizid, stärkt Herz und Magen und regt den Appetit an.

Sicherheitshinweis
Bei hoch dosiertem Gebrauch von Pfefferminztee über einen längeren Zeitraum können Magenreizungen und Verstopfung auftreten. Säuglinge und Kleinkinder reagieren häufig sensibel auf Menthol und vertragen Pfefferminztee deshalb nicht immer gut.

Rezept

Zwei Teelöffel getrocknete Pfefferminzblätter werden mit einer Tasse kochendem Wasser übergossen und nach 10 Minuten aus dem Wasser genommen. Trinken Sie den Tee warm, schluckweise, am besten nach den Mahlzeiten.

Ringelblume

Rezept

Stellen Sie mit einem Teelöffel Ringelblumen auf eine Tasse kochendes Wasser einen Abguss her. Lassen Sie diesen 10 Minuten ziehen und trinken Sie von diesem Tee zwei- bis dreimal täglich eine Tasse. Die Blüten können Sie auch dem sonst von Ihnen bevorzugten Tee hinzumischen.

Ringelblumentee wird aus den Blüten der Ringelblume hergestellt. Er regt allgemein den Säftefluss im Körper an (Gallenfluss, Lymphfluss), weshalb er zur Blutreinigung und Stoffwechselanregung sowie zur Abschwellung der Lymphknoten und -stränge eingesetzt wird. Die Blüten der Ringelblume fördern die Wundheilung; sie wirken entzündungshemmend, antibakteriell und reinigend. Ringelblumentee kann bei Erkältung, Fieber, Kopfschmerzen, Asthma, nervösen Herzbeschwerden und Angstzuständen eingesetzt werden. Er wirkt regulierend auf die Regelblutung der Frau, wenn er eine Woche vor Beginn bis zum Ende der Menstruation täglich zwei- bis dreimal getrunken wird. Auch bei Gastritis kann er in Ergänzung zu einer ärztlichen Therapie zur Linderung der Beschwerden eingesetzt werden. Lauwarmer Ringelblumentee eignet sich hervorragend für Umschläge und Auflagen, um Hautentzündungen, Nagelbettentzündungen und schlecht heilende Wunden zu behandeln.

Salbei

Für die Herstellung von Salbei nehmen Sie die jungen, frischen Blätter, die vor der Blüte gesammelt und an einem luftigen, schattigen Ort schnell getrocknet werden. Sie enthalten bis zu 2,5 Prozent ätherische Öle, die die bakterientötenden Eigenschaften des Salbeis erklären. Aus diesem Grund lassen sich mit Salbeitee besonders wirksam Entzündungen im Mund- und Rachenraum, am Zahnfleisch und im Darm behandeln. Gurgeln Sie bei den ersten Anzeichen einer Halsentzündung mit Salbeitee, lässt sie sich im Keim ersticken. Das gleichzeitige Trinken des Tees verstärkt die Wirkung. Als Schleimlöser wird Salbeitee bei Husten und Bronchitis eingesetzt; bei Blähungen wirkt er krampflösend. Übermäßige Schweißabsonderung kann mit Salbeitee wirksam gestoppt werden.

Rezept

Als Mundspülung, zum Trinken und Gurgeln erhitzen Sie zwei Teelöffel Salbeiblätter auf eine Tasse Wasser langsam bis zum Siedepunkt. Seihen Sie den Tee dann ab. Als schweißhemmendes Mittel erhitzen Sie auf eine Tasse Wasser drei bis vier Teelöffel Salbeiblätter auf gleiche Weise.

Landfrauen-Tipp

Bei Entzündungen des Mund- und Rachenraums ist Salbeitee mit Honig und Zitronensaft oder mit Honig und Apfelessig auch ein exzellentes Gurgelmittel.

Schafgarbe

Rezept

Zwei Teelöffel zerkleinertes Kraut werden mit einer Tasse kochendem Wasser aufgegossen und nach 10 Minuten abgeseiht. Zweimal täglich darf jeweils eine Tasse Schafgarbentee getrunken werden.

Die Krautspitzen der Schafgarbe, die ca. 0,5 Prozent ätherisches Öl enthalten, werden während der Blüte (Juni bis September) geerntet und zum Trocknen gebündelt an einen luftigen Ort gehängt. Schafgarbentee ist ein aromatisches Bittermittel, das verdauungsfördernde, appetitanregende und krampflösende Eigenschaften mitbringt. Somit können Beschwerden bei Magen- und Darmerkrankungen, Blähungen, Verdauungsprobleme und Gallenleiden gelindert werden. Schafgarbentee regt die Tätigkeit der Nieren an und wird daher auch zur Blutreinigung eingesetzt. Bei sehr starken Blutungen wirkt er blutstillend. Sein eigentliches Anwendungsgebiet ist aber die vegetative Dystonie des kleinen Beckens bei Frauen und Mädchen. Diese ist verbunden mit krampfartigen Schmerzen im Unterleib, schmerzhafter Regelblutung und Schmerzen in den Brüsten vor Beginn der Menstruation. Eine mehrwöchige Kur mit Schafgarbentee lindert in den meisten Fällen deutlich die Beschwerden. Hierbei kommen die krampflösenden Eigenschaften, die entzündungshemmenden Bestandteile und die stärkenden Eigenschaften der Bitterstoffe zum Tragen. Bevor Sie mit der Kur beginnen, sollten Sie bei Schmerzen im Unterleib jedoch immer eine ernsthafte Erkrankung von einem Arzt ausschließen lassen.

Sicherheitshinweis

Gelegentlich kommt es zu Überempfindlichkeitsreaktionen wie Kopfschmerzen, Übelkeit, Durchfall und Hautveränderungen.

Spitzwegerich

Die Ernte der Spitzwegerichblätter kann vom Frühjahr bis in den Herbst hinein vorgenommen werden. Klein geschnitten werden sie dann an der Luft getrocknet. Spitzwegerichtee eignet sich als reizmilderndes, schwach antibakteriell wirkendes Mittel bei Bronchitis, Husten, Heiserkeit und bei Katarrhen. Er wirkt schleimlösend und auswurffördernd. Außerdem prädestiniert ihn sein hoher Gehalt an Schleimstoffen für die Behandlung von Magen- und Darmbeschwerden, insbesondere Durchfall. Die in Spitzwegerichtee enthaltenen Bitterstoffe und die Kieselsäure wirken aufbauend.

Rezept

Stellen Sie mit zwei Teelöffeln Spitzwegerichblättern auf eine Tasse Wasser einen Abguss her. Nach 10 Minuten wird der Tee abgeseiht und mit einem Teelöffel Honig schluckweise getrunken. Bis zu zweimal täglich können Sie dieses wohlschmeckende Getränk genießen. Kinder sprechen bei grippalen Infekten besonders gut auf einen mit Honig gesüßten Spitzwegerichtee an.

Landfrauen-Tipp

Aufgrund seines Kieselsäuregehalts wirkt sich Spitzwegerichtee auch positiv auf das Hautbild aus, weshalb er sich vor allem im Frühjahr gut für eine „Durchspülungskur" eignet.

Thymian

Thymian zählt zu den wichtigsten pflanzlichen Hustenmitteln. Seine Hauptwirkung kommt den krampflösenden, desinfizierenden ätherischen Ölen zu, die in Thymian in bis zu zweiprozentiger Konzentration enthalten sind. Thymiantee wird bei akuter und chronischer Bronchitis, Keuchhusten und Asthma eingesetzt. Als Gurgelmittel wirkt er bei Mund-, Rachen-, Zahnfleisch- und Kehlkopfentzündungen, wobei die Wirkung durch das zusätzliche Trinken des Tees noch verstärkt wird. Die in Thymiantee enthaltenen Bitter- und Gerbstoffe wirken allgemein kräftigend, verdauungs- und appetitanregend, was sich auch bei Magen- und Darmbeschwerden wie Völlegefühl, Verdauungsbeschwerden und Blähungen positiv auswirkt.

Rezept

Bereiten Sie einen Abguss mit einem Teelöffel getrocknetem Thymian auf eine Tasse Wasser. Den nach 10 Minuten abgeseihten Tee können Sie zwei- bis dreimal täglich trinken. Bei Husten und Bronchitis unterstützt Honig die Wirkung; bei Magen- und Darmbeschwerden und gegen Appetitlosigkeit sollte Thymiantee ungesüßt getrunken werden.

Sicherheitshinweis

Thymol, der wichtigste Wirkstoff von Thymian, kann bei Überdosierung zu einer Überfunktion der Schilddrüse führen. Halten Sie sich deshalb genau an die angegebene Anwendungsvorschrift.

Weißdorn

Die Blüten und Blätter des Weißdorns werden während der Blütezeit gesammelt und rasch getrocknet. Sie sollten jedes Jahr neu gepflückt werden, da sie ihre Wirksamkeit durch Lagern verlieren. Jüngste Untersuchungen haben Weißdorn als beste der milden herzwirksamen Heilpflanzen bestätigt. Jedoch nur eine kurmäßige Einnahme über viele Monate hinweg kann zum Erfolg führen, der allerdings dann beachtlich sein kann. Bei dieser Daueranwendung bleibt Weißdorn völlig nebenwirkungsfrei. Angewendet wird Weißdorntee bei beginnender Herzmuskelschwäche im Alter, bei stressbedingter Herzrhythmusstörung und bei Herzmuskelschwäche infolge einer schweren Infektionskrankheit. Er verbessert nachhaltig die Herzleistung und reguliert den Blutdruck. So kann Weißdorntee auch bei Kreislaufbeschwerden und zur Unterstützung einer ärztlichen Therapie bei sklerotischen Veränderungen der Herzkranzgefäße mit mangelhafter Durchblutung und nach einem Herzinfarkt eingesetzt werden. Die Blüten des Weißdorns wirken außerdem leicht entwässernd.

Rezept

Zur Herstellung von Weißdorntee nehmen Sie zwei Teelöffel der Blüten und Blätter, überbrühen sie mit einer Tasse kochendem Wasser und lassen das Ganze 20 Minuten ziehen. Honig oder süßer Sanddornsaft unterstützen die Wirkung von Weißdorntee.

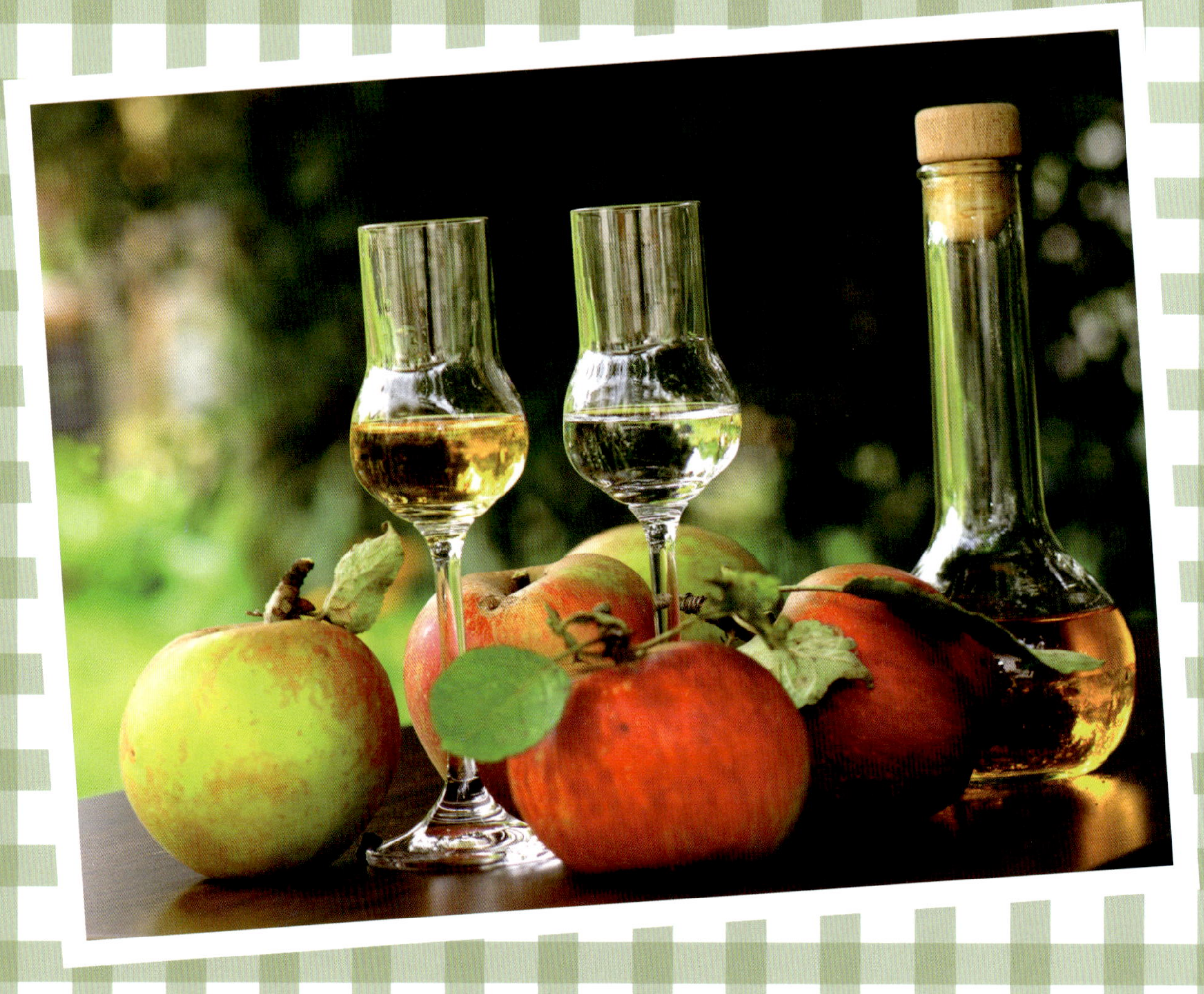

Heilliköre

Edle Tropfen für Gesundheit und Wohlbefinden

Es gibt nichts Köstlicheres als selbst gemachte Liköransätze. Sie können sie ganz nach Ihrem Geschmack süßen und würzen. Und werden sie dann auch noch in einer edlen Karaffe oder Flasche präsentiert, kann kaum jemand Nein sagen. Gleichzeitig unterstützen sie Ihr Wohlbefinden. Denn viele Liköre haben heilende Eigenschaften. Sie fördern die Verdauung und regen den Appetit an. Sie beleben den Kreislauf oder beruhigen die Nerven und sorgen für einen erholsamen Schlaf. Profitieren Sie von der gesundheitsfördernden Wirkung der in diesem Kapitel beschriebenen Liköre und genießen Sie ihr feines Aroma.

Hervorgehoben werden muss jedoch, dass ein Zuviel die heilende Wirkung der hier vorgestellten Liköre zunichtemacht. Wer sich entscheidet, seine Beschwerden mit einem dieser Elixiere zu behandeln, darf nicht vergessen, dass es sich um Alkohol handelt. Er gehört nicht in Kinderhände und darf auf keinen Fall vor dem Autofahren getrunken werden. Man sollte die Mengeneinnahme auf täglich 2 bis 4 cl beschränken.

Wichtige Hinweise zur Produktion und Einlagerung

▸ *Haltbarkeit:*
Führen Sie genau Buch über Ihren Kellerinhalt. Die Ansätze haben eine Lagerzeit von maximal einem Jahr. Danach verlieren sie an Aroma und Geschmack.

▸ *Filtrieren/Filtern*
Es gibt mehrere Möglichkeiten, den Ansatz zu filtrieren:

a) Den Ansatz in kleinen Portionen durch einen handelsüblichen Kaffeefilter aus Papier gießen und somit die Trübstoffe oder Aromaten entfernen.
b) Filtern im Haarsieb: In den Ausguss eines großen Gefäßes ein feines Haarsieb hängen und dieses mit einem Leinen- oder Mulltuch auslegen. Den Ansatz in Portionen einfüllen und durchsickern lassen. Das Tuch hin und wieder ausleeren und unter heißem Wasser auswaschen. Den Vorgang so lange wiederholen, bis der gesamte Ansatz gefiltert ist.
c) Abseihen: Bei großen Obststücken oder größeren Kräutersträußen wird ein Küchensieb (Seiher) über eine große Schüssel oder ein anderes Behältnis gehalten und der Ansatz vorgefiltert. Dann kommt erst die Feinfilterung wie oben beschrieben.

▸ *Flaschen*
Wenn Sie in gebrauchte Flaschen abfüllen, beachten Sie bitte, dass die Flaschen penibel gereinigt sein müssen. Sind sie nicht sauber, wird der abgefüllte Ansatz trüb und kippt um.

▶ *Auf Flaschen ziehen*

Beim Abfüllen wird mit Unterdruck gearbeitet. Dafür müssen Sie einen Abfüllschlauch in die Ballonflasche oder ein anderes Ansatzgefäß stecken, mit dem Mund die Flüssigkeit ansaugen und mit Daumen und Zeigefinger den Schlauch abdrücken. Jetzt das Schlauchende in die vorgesehene Flasche halten und die Finger lösen. Nun läuft der gefilterte Ansatz in die Flasche. Ist die Füllmenge erreicht, wieder mit Daumen und Zeigefinger den Schlauch verschließen und die nächste Flasche befüllen. Einen lebensmittelechten Schlauch gibt es im Drogerie-Fachhandel.

▶ *Flaschenverschlüsse*

Achten Sie darauf, dass die Verschlüsse kein Plastik und keinen Karton enthalten. Das findet man häufig bei Saftflaschen. Da Alkohol ein Lösungsmittel ist, würde der Verschluss sich nach kurzer Zeit auflösen und den Flascheninhalt verderben. Benutzen Sie möglichst Korken oder Glasstöpsel. Das ist etwas teurer, lohnt aber auf lange Sicht.

▶ *Lagerung*

Alle Flaschen, in die ein Ansatz abgefüllt wurde, sollten kühl und dunkel lagern, da der Inhalt sonst ausflocken könnte. Wenn Sie ganz sicher sind, dass die Flaschen so fest verschlossen sind, dass bei der Liegendlagerung nichts herauströpfelt, können die Flaschen auch liegend gelagert werden.

▶ *Zutaten*

Zutaten wie Beeren, Früchte und Kräuter, die Sie für den Ansatz eines Heillikörs benötigen, werden gründlich, aber sehr vorsichtig gewaschen. Zum Abtropfen werden sie auf ein Baumwolltuch gelegt und mit einem weiteren Baumwolltuch behutsam trocken getupft. Wurzeln werden mit einem trockenen Tuch abgerieben und eventuell geschält. Samen und Nüsse sollten stets auf Verunreinigungen kontrolliert werden.

Anislikör

Zutaten

4 El Anissamen
1 Tl Fenchelsamen
400 g Kristallzucker
1 1/2 l Doppelkorn

Vorbereitung
Den Anissamen in einem Mörser leicht zerstoßen.

Zubereitung
Anis, Fenchel und Zucker in ein großes Ansatzgefäß füllen und den Doppelkorn angießen. Alles gut vermischen und das Gefäß fest verschließen. Der Ansatz sollte für 4–5 Wochen an einem sonnigen Platz stehen. Hin und wieder das Gefäß schütteln. Nach dieser Zeit den Ansatz filtrieren und auf Flaschen ziehen. Diese Flaschen sollten kühl und dunkel gelagert werden.

Zum Wohl! Anislikör löst Blähungen und fördert die Verdauung. Bei Erkältungen wirkt der Likör schleim- und hustenlösend.

Landfrauen-Tipp

Gemahlener Anis verliert schnell sein Aroma: Deshalb sollten Sie ihn als ganze Frucht aufbewahren und erst kurz vor dem Gebrauch zerstoßen. Der beste Anis kommt aus Süditalien, vor allem aus Apulien. Sammeln Sie Anis nicht selbst, denn die Früchte sehen den giftigen Schierlingsfrüchten ähnlich!

Bärenfang

Vorbereitung
Die Schale einer unbehandelten Zitrone mit einer Reibe abreiben. Ergibt etwa 1 Teelöffel Schalenabrieb. Die Zitrone anschließend auspressen.

Zubereitung
Den Honig mit dem destillierten Wasser in einen Topf füllen und vorsichtig erhitzen. Die Masse darf nicht kochen. Den Topf von der Flamme ziehen, Zitronenabrieb und Saft zufügen und unterrühren. Alles erkalten lassen. Nun den Weingeist zufügen und mit 1 Liter stillem Wasser auffüllen. Alles in einen verschließbaren Glasbehälter füllen und für etwa 6 Wochen an einem kühlen Ort lagern. Danach abfiltern und auf Flaschen ziehen.

Zum Wohl! Wenn eine Erkältung droht, 2 cl Bärenfang in ein Glas heißen Tee geben und in kleinen Schlucken trinken.

Zutaten

450 g Bio-Honig
220 ml destilliertes Wasser
1 unbehandelte Zitrone
440 ml Weingeist
(aus der Apotheke)
1 Liter stilles Mineralwasser

Cassis

Zutaten

1 kg Schwarze Johannisbeeren
1 kleines Stück Ingwer
1 Msp. Bourbonvanillemark
500 g brauner Kandis
1 Liter Tresterbrand (42 %)

Vorbereitung

Schwarze Johannisbeeren pflücken, waschen und von Stielen und Stängeln befreien. Ein kleines Stück Ingwer schälen und in kleine Stücke schneiden. Eine Vanillestange aufschlitzen und das Mark auskratzen.

Zubereitung

Die Johannisbeeren zerdrücken und mit Ingwer, Vanillemark und braunem Kandis in eine große Flasche füllen. Mit dem Tresterbrand aufgießen und die Flasche fest verschließen. Für 3 Wochen an einem warmen, sonnigen Platz ziehen lassen und dabei mehrmals kräftig schütteln. Nach dieser Zeit den Ansatz filtern und in kleine Flaschen abfüllen.

Zum Wohl! Besonders die Schwarzen Johannisbeeren enthalten einen hohen Anteil der Vitamine C und P. Die große Hildegard von Bingen bezeichnete den Johannisstrauch als „Gichtbaum". Er soll vor der „Vergichtung" des Gehirnes schützen, womit sie wohl die Alzheimerkrankheit und auch Parkinson gemeint hat.

Eibischlikör

Vorbereitung
Die Eibischwurzel möglichst klein schneiden.

Zubereitung
Die Wurzel in eine Flasche geben und mit dem Weingeist und 1/2 Liter destilliertem Wasser übergießen. Für 3 Wochen an einem sonnigen Platz ruhen lassen. Hin und wieder die Flasche schütteln. Nach dieser Zeit den Ansatz filtrieren. Das restliche destillierte Wasser erhitzen und den Zucker darin auflösen. Abkühlen lassen und zum Ansatz geben. Gut vermischen und auf kleine Flaschen ziehen. Für weitere 3 Wochen, nun aber kühl und lichtgeschützt, nachreifen lassen.

Zum Wohl! Eibischlikör ist ein wahrer Tausendsassa! Innerlich wirkt er beruhigend und beseitigt Entzündungen im ganzen Körper. Bei Husten und Bronchitis löst er den Schleim und lässt wieder frei atmen. Blähungen und Verstopfung beseitigt er mühelos. Äußerlich angewendet lindert er Insektenstiche, macht rissige und trockene Haut wieder geschmeidig und bringt feuchte Ekzeme zum Austrocknen. Bei Bedarf täglich 2 cl in kleinen Schlucken trinken; für die äußerliche Anwendung ein kleines Tuch tränken und auf die befallene Hautstelle legen. Mit einem Mullverband fixieren.

Zutaten

50 g Eibischwurzel
(in der Apotheke erhältlich)
1/2 Liter Weingeist
3/4 Liter destilliertes Wasser
200 g Kristallzucker

Hagebuttenlikör

Zutaten

1 kg Hagebutten
1 Liter Obstler
200 g Puderzucker
1/4 Liter Wodka

Vorbereitung

Die Hagebutten waschen und trocknen. Mit einem scharfen Messer aufschneiden und die kleinen Kerne entfernen.

Zubereitung

Die Früchte in eine große Flasche füllen und mit Obstler aufgießen. Den Ansatz für einen Monat in die Sonne stellen. Nun abseihen und wieder in die Flasche füllen. Puderzucker und Wodka vermischen und so lange rühren, bis sich der Puderzucker klümpchenfrei aufgelöst hat. Das Ganze zum Ansatz gießen, schütteln und auf kleine Flaschen ziehen. Jetzt sollten die Flaschen weitere 2 Wochen kühl und dunkel lagern.

Zum Wohl! Hagebutten haben einen sehr hohen Anteil an Vitamin C. Gerade in der dunklen Jahreszeit ist ein kleines Glas Hagebuttenlikör belebend für den gesamten Organismus. Es erhöht die körpereigenen Abwehrkräfte.

Landfrauen-Tipp

Hagebutten, die prallen, rot leuchtenden Scheinfrüchte der Hecken- oder Wildrose, sind vielseitig verwendbar: Auch ein Mus, eine Marmelade oder ein Tee aus ihren Schalen schmeckt und sorgt für unser Wohlbefinden – bei deren Zubereitung ein Schuss Hagebuttenlikör hinzugefügt werden darf!

Holunderlikör

Vorbereitung
Die gesammelten Dolden waschen und auf einem Tuch trocknen lassen.

Zubereitung
Die Holunderbeeren von den Stängeln zupfen und in ein verschließbares Glas geben. Mit einem Stampfer die Beeren zerdrücken. Puderzucker zufügen und gut miteinander vermischen. Zimtstange und Doppelkorn zufügen und das Gefäß verschließen. Den Liköransatz für die nächsten 6 Wochen auf die Fensterbank in die Sonne stellen. Nach dieser Zeit den Ansatz filtrieren, auf kleine Flaschen ziehen und danach kühl lagern.

Zum Wohl! Holunderlikör ist ein hervorragendes Mittel, um das körpereigene Immunsystem zu stärken. Hat die Erkältung schon zugeschlagen, nimmt man 6 cl Holunderlikör und erwärmt ihn ganz langsam. In kleinen Schlucken trinken. Wer mag, kann etwas süße Sahne zufügen. Das tut einem rauen Hals gut.

Zutaten

1 kg Holunderbeeren
300 g Puderzucker
1 Zimtstange
1 Liter Doppelkorn

Kiefernzapfenlikör

Zutaten

150 g grüne Kiefernzapfen
200 g Lindenhonig
1/4 Liter destilliertes Wasser
1 Prise gemahlener Zimt
1 Liter Grappa

Vorbereitung
Die Kiefernzapfen waschen und auf einem Tuch trocknen. Mit einem scharfen Messer in dünne Scheiben schneiden.

Zubereitung
Die Kiefernzapfenscheiben in ein großes, verschließbares Ansatzgefäß legen. Den Honig mit dem destillierten Wasser in einen Topf geben und leicht erhitzen. Wenn der Honig flüssig geworden ist – er darf nicht kochen – über die Kiefernzapfen gießen und mit Zimt würzen. Nun den Grappa angießen und das Gefäß schließen. Für 2 Wochen an einen hellen Platz stellen und hin und wieder das Gefäß schütteln. Zum Abschluss den Ansatz filtrieren und auf kleine Flaschen ziehen. Die Flaschen kühl lagern.

Zum Wohl! Wer unter einem schwachen Herzen oder Herzrasen leidet, kann 2 cl Kiefernzapfenlikör langsam und in kleinen Schlucken trinken. Der Likör stärkt das Herz und gleicht Störungen aus.

Kräuterlikör

Zubereitung

Ein ausreichend großes Gefäß vorbereiten. Weinstein mit Kräutern, Wurzeln, Samen und Schalenabrieb einfüllen. Den Zucker zufügen und alles gut vermischen. Nun den Wodka zugießen und nochmals umrühren. Das Gefäß verschließen und für 3 Wochen an einem ruhigen, kühlen Ort ziehen lassen. Nach dieser Zeit den Ansatz abfiltern und auf kleine Flaschen ziehen. Gut verschließen und im Keller noch 2 Wochen ruhen lassen.

Zum Wohl! Bei Bronchialkatarrh, Reizhusten und Bronchitis verschafft dieser Kräuterlikör Linderung. Zudem bringt er, kurz vor dem Zubettgehen genossen, einen ruhigen Schlaf.

Zutaten

- 10 g Weinsteinpulver
- 10 g Tausendgüldenkraut
- 15 g Alantwurzel
- 15 g Enzianwurzel
- 1 El Sternanis
- 1 Tl Anissamen
- Abrieb von
- 1 unbehandelten Orange
- 1 kg brauner Rohrzucker
- 4 Liter Wodka

Landfrauen-Tipp

Der Gelbe Enzian, aus dessen Wurzeln der berühmte kreislaufstärkende und herzanregende Enzianschnaps gewonnen wird, kommt auf Bergwiesen in den Alpen und den Gebirgen Mittel- und Südeuropas vor. In Deutschland steht die Pflanze unter Naturschutz und darf nicht gesammelt werden.

Löwenzahnlikör

Zutaten

150 g frische Löwenzahn-blättchen (getrocknet benötigt man nur 100 g)
4 unbehandelte Zitronen
250 g Kristallzucker
3/4 Liter Weingeist
3/4 Liter destilliertes Wasser

Vorbereitung
2 Zitronen in Scheiben schneiden, die beiden anderen auspressen.

Zubereitung
Den Löwenzahn in ein großes Ansatzgefäß geben. Die in Scheiben geschnittenen Zitronen darauf verteilen und den ausgepressten Saft darübergießen. Kristallzucker einstreuen und den Weingeist angießen. Das Gefäß schließen und für 4 Wochen ruhen lassen. Nach dieser Zeit das destillierte Wasser angießen und den Ansatz abseihen, dabei die Früchte gut ausdrücken. Das Extrakt noch einmal filtrieren, damit alle Trübteilchen ausgefiltert werden. Nun auf Fläschchen füllen und den Likör für etwa 5 Wochen dunkel lagern. Erst jetzt hat sich sein volles Aroma entwickelt.

Zum Wohl! Löwenzahn fördert die Entwässerung. Bei Appetitlosigkeit und Verdauungsbeschwerden, Blähungen und Völlegefühl wird er ebenfalls eingesetzt. Zur Entgiftung und Blutreinigung bei Menschen, die unter Rheuma oder Gicht leiden, ist er sehr hilfreich. Eine kurmäßige Anwendung wirkt sich positiv auf Bindegewebe, Haare, Haut und Nägel aus. Bei Bedarf täglich 2 cl Löwenzahnlikör in kleinen Schlucken trinken.

Maulbeerlikör

Zubereitung
Die Maulbeeren etwas anquetschen und mit dem Zucker in eine Flasche füllen. Den Obstler angießen und gut verrühren. Die Flasche verschließen und für 3–4 Wochen an einem sonnigen Platz aufbewahren. In dieser Zeit hin und wieder die Flasche schütteln. Nach Ablauf der Zeit den Ansatz filtrieren und auf Flaschen ziehen.

Zum Wohl! Maubeeren helfen bei starken Entzündungen der Mundschleimhäute und des Halses. Dazu 2 cl des Maulbeerschnapses in kleinen Schlucken in den Mund nehmen und ein wenig kauen. So bildet sich Speichel, und der Schnaps wird im ganzen Mund verteilt. Dann den Maulbeerschnaps schlucken.

Zutaten

1 kg rote Maulbeeren
200 g brauner Rohrzucker
1 Liter Obstler

Melissenlikör

Zutaten

1 Tasse Melissenblätter
1 unbehandelte Orange
1 unbehandelte Zitrone
1 Stück Echte Engelwurz
(in der Apotheke erhältlich)
1/2 Tl Anis
1/2 Tl Fenchel
1/2 Tl Kümmel
1/2 Tl gemahlener Zimt
1/2 Tl Gewürznelken
1/2 Liter Weingeist
300 g Kristallzucker
3/4 Liter Wacholderschnaps

Vorbereitung

Frische Melissenblätter am frühen Morgen pflücken. Dann haben sie das meiste Aroma.

Zubereitung

Die Melissenblätter gründlich waschen und in einer Salatschleuder trocknen. In ein ausreichend großes Ansatzgefäß geben. Orange und Zitrone waschen, mit einem scharfen Messer ganz dünn schälen und in kleine Stücke schneiden. Es darf nur die äußere orangefarbene und gelbe Schicht geschält werden. Mit den Gewürzen, dem Weingeist und dem Kristallzucker in das Gefäß zu den Melissenblättern geben. Nun den Wacholderschnaps angießen und das Gefäß gut verschließen. Der Ansatz sollte für 3–4 Wochen an einem ruhigen, dunklen und warmen Ort stehen. Hin und wieder sollte der Inhalt geschüttelt werden. Danach den Ansatz filtrieren und auf Flaschen ziehen. Die Flaschen sollten kühl und dunkel lagern.

Zum Wohl! Dieser Melissenlikör wirkt beruhigend und erleichtert das Einschlafen. Der Ursprung der Melisse liegt in Westasien und im Mittelmeerraum. Sie wurde schon in der Antike von den Griechen und Römern hoch geschätzt und als Heilpflanze eingesetzt.

Pfefferminzlikör

Vorbereitung

Pfefferminzblättchen vorsichtig waschen und trocknen. Von der Orange mit einem Sparschäler die Schale abschälen.

Zubereitung

Die frischen Minzeblättchen grob zerkleinern und mit allen Zutaten außer destilliertem Wasser und Zucker in eine große Flasche füllen. Diese verschlossen für 3 Wochen in einem kühlen Keller ziehen lassen. Den Ansatz filtrieren und in eine große, saubere Flasche füllen. Das destillierte Wasser mit dem Zucker in einen Topf geben und zu einem Sirup einköcheln. Etwas abkühlen lassen und zum Ansatz geben. Die Flasche gut verschließen und schütteln. Zum Nachruhen den Pfefferminzlikör 10 Tage dunkel und kühl lagern.

Zum Wohl! Bei Übelkeit, Brechreiz und bei Magen-Darm-Beschwerden wirkt ein Gläschen Pfefferminzlikör oft Wunder. Bei einer Erkältung gibt man 2 cl in ein Glas heißen Tee und trinkt in kleinen Schlucken. Achtung! Menschen mit empfindlichem Magen oder Magen-Darm-Geschwüren sollten auf den Likör verzichten. Er könnte bei ihnen eine Übersäuerung des Magens auslösen.

Zutaten

- 250 g frische Pfefferminzblättchen
- 2 Muskatblüten
- 6 Gewürznelken
- 1 unbehandelte Orange
- 1/2 Liter Weingeist
- 1/2 Liter destilliertes Wasser
- 200 g Kristallzucker

Landfrauen-Tipp

Die Pfefferminze sollte im Kräutergarten an eine humusreiche Stelle gepflanzt werden, weder durchnässt noch zu trocken. Die robuste und pflegeleichte Gewürzpflanze breitet sich schnell aus: Einmal gepflanzt, wird Ihr Pfefferminz-Bedarf vermutlich für alle Zukunft gesichert sein.

Rosmarinlikör

Zutaten

3 etwa 15 cm lange Rosmarinspitzen
1 Liter Cognac
160 g brauner Rohrzucker
100 ml destilliertes Wasser

Vorbereitung

Von einem großen Rosmarinstrauch im Juni oder August einige Spitzen abschneiden, waschen und trocknen – in dieser Zeit haben sie den höchsten Stand an ätherischen Ölen.

Zubereitung

Die Rosmarinzweige in eine transparente Flasche geben und mit dem Cognac auffüllen. Diesen Ansatz stellt man gut verschlossen für 4 Wochen an einen sonnigen Platz. Wenn möglich mehrmals täglich schütteln. Nach dieser Zeit den Zucker im destillierten Wasser erhitzen, bis er sich aufgelöst hat. Abgekühlt in die Flasche zum Ansatz geben. Für 3 Wochen kühl und dunkel lagern. Nun den Ansatz filtern, auf kleine Flaschen ziehen und weiterhin kühl und dunkel lagern.

Zum Wohl! Rosmarin ist ein absoluter Allrounder. Er hilft bei Verdauungs- und Gallenbeschwerden. Im Magen- und Darmbereich wirkt er krampflösend. Bei Rheumapatienten bringt er durch Abreibungen Linderung. Er mildert Erschöpfungszustände nach längerer Krankheit oder Anstrengung und stärkt die Konzentrationsfähigkeit. Er hilft bei Kopfschmerz, Menstruationsbeschwerden und kann stimmungsaufhellend bei leichten Depressionen wirken. Bei Bedarf 2 cl Rosmarinschnaps in kleinen Schlucken nehmen. Langsam kauen, damit die ätherischen Öle schon durch die Mundschleimhaut aufgenommen werden können.

Schlehenlikör

Vorbereitung
Die Früchte gründlich waschen und gut abtropfen lassen. Die Vanilleschote aufschlitzen.

Zubereitung
Die Schlehen leicht zerdrücken und mit der Vanilleschote, der Zimtstange und dem Wodka in eine dickbauchige Flasche füllen. Gut verschlossen für 6 Wochen dunkel und kühl aufbewahren. Den Ansatz filtern, den vorher im heißen destillierten Wasser aufgelösten Zucker zum filtrierten Ansatz geben und gut vermischen. Den Schlehenlikör in kleine Flaschen füllen und dunkel lagern.

Zum Wohl! Schlehenlikör unterstützt die Heilung bei Entzündungen im Mund- und Rachenraum und wirkt entspannend bei Erkrankungen der oberen Atemorgane. Außerdem lindert er Blähungen und Verstopfung und bringt Erleichterung bei gereizter Blase.

Zutaten

- 1 kg Schlehen
- 1 Vanilleschote
- 1 Zimtstange
- 1 Liter Wodka
- 250 g Kristallzucker
- 1/4 Liter destilliertes Wasser

Landfrauen-Tipp

Schlehen werden nach dem ersten Frost geerntet, dann erst hat sich ihr Aroma voll entfaltet. Mit seiner rubinroten Farbe wirkt der Likör auch sehr dekorativ. Mit einem hübschen Etikett und einigen getrockneten Früchten versehen wird aus der Flasche ein persönliches und wohltuendes Geschenk.

Wacholderlikör

Zutaten

50 g Wacholderbeeren
250 g Kristallzucker
1 Liter Cognac

Zubereitung

Die Wacholderbeeren im Mörser leicht anstoßen. Mit dem Kristallzucker und dem Cognac in eine Flasche füllen und 2 Wochen an einem sonnigen Platz stehen lassen. Den Ansatz durch einen Filter gießen und in kleine Flaschen füllen.

Zum Wohl! Wacholderlikör wirkt gegen Appetitlosigkeit und Blasenschwäche. Er entschlackt und entwässert, hilft bei Entzündungen der Harnwege und reguliert die Verdauung. Bei Beschwerden täglich 2 cl Wacholderlikör in kleinen Schlucken trinken.

Waldmeisterlikör

Vorbereitung

Das gepflückte Sträußchen kopfüber transportieren und entweder zum Trocknen aufhängen oder einfrieren. Bei beiden Varianten bekommt der Waldmeister erst dann sein berühmtes Aroma. Von der unbehandelten Orange mit einem Sparschäler nur die äußere Schale abschälen. Die Vanilleschote aufschlitzen.

Zubereitung

Den Waldmeister mit der Orangenschale und der Vanilleschote in ein Ansatzgefäß geben. Den Obstler angießen, die Flasche verschließen und 5 Tage an einem kühlen, dunklen Ort ziehen lassen. Aus Kristallzucker und destilliertem Wasser in 10 Minuten einen Sirup kochen und erkalten lassen. Den Liköransatz filtrieren, wieder in eine Flasche füllen und den Sirup dazugeben. Die Flasche gut verschließen und kurz schütteln. Die Flasche kühl und dunkel lagern.

Zum Wohl! Waldmeister wirkt krampflösend. Er enthält eine Substanz, das Cumarin, welche die Blutgerinnung verringert. Daher Waldmeister nicht überdosieren. Achtung! Menschen, die blutverdünnende Medikamente einnehmen, sollten auf Waldmeister ganz verzichten.

Zutaten

- 100 g Waldmeister
- 1 unbehandelte Orange
- 1 Vanilleschote
- 1 Liter Obstler
- 200 g Kristallzucker
- 1/4 Liter destilliertes Wasser

Register

Garten

Gemüse

Brokkoli	22
Eissalat	26
Feldsalat	26
Fenchel	25
Fruchtgemüse	18
Grünkohl	25
Gurke	21
Hülsenfrüchte	26
Kartoffel	25–26
Kohlgemüse	22
Kopfsalat	26
Kürbis	18
Möhre	25
Paprika	21–22
Porree	26
Salat	26
Schnittsalat	26
Tomate	18
Weißkohl	22
Wirsing	22
Wurzelgemüse	25
Zucchini	21
Zwiebel	26

Kräuter

Basilikum	28–29
Bohnenkraut	28
Dill	32
Estragon	32
Majoran	31
Melisse	31
Oregano	31
Petersilie	28
Pfefferminze	31
Rosmarin	32
Salbei	32
Schnittlauch	28
Thymian	32

Obst

Apfel	41
Aprikose	46
Beerenobst 3	7
Birne	42
Brombeere	39
Erdbeere	34, 37
Heidelbeere	39, 41
Himbeere	38
Johannisbeere	37–38
Jostabeere	38
Kernobst	41
Mirabelle	45–46
Pfirsich	46
Pflaume	45–46
Quitte	42
Reneklode	45–46
Sauerkirsche	45
Stachelbeere	38
Steinobst	42
Süßkirsche	45
Zwetschge	45–46

Küche

Kochen

Suppen & Eintöpfe

Erbsensuppe, deftige	84
Hühnersuppe mit Nudeln	86
Pichelsteiner	90
Wildkräutersuppe	82
Wurzelsuppe mit Ochsenfleisch	88

Salate, Gemüse & Beilagen

Birnen, Bohnen und Speck	106
Kartoffelsalat	100
Kohlkuchen mit Kastanien	104
Löwenzahn-Kräuter-Salat	94
Möhren untereinander	108
Ochsenmaulsalat	98
Weißkohlsalat mit Speck	96
Wurstsalat	102

Hauptgerichte

Bauernente, gebratene	114
Gänsebraten, gefüllter	118
Gulasch	120
Karpfen, gebackener	124
Kohlrouladen	116
Labskaus	130
Matjeshering mit Äpfeln	122
Renke auf Kohlrabipüree, gebratene	126
Schweinekrustenbraten	112
Zander „grün"	128

Süßspeisen & Desserts

Dampfnudeln mit Vanillesauce	140
Grießflammerie mit Himbeeren	134
Milchreis mit Rhabarber-Erdbeer-Kompott	138
Rote Grütze mit Vanillerahm	142
Schokoladenpudding	136

Backen

Brot & Brötchen

Bauernbrot	184
Brötchen mit Sonnenblumenkernen	162
Körnerbrot	154
Leinsamen-Hafer-Brot	156
Roggenbrötchen	164
Roggenschrotbrot	152
Sauerteigbrot	160
Schwarzbrot	158
Vollkornbrot	150

Kuchen

Apfel-Schmand-Kuchen	172
Brombeerkuchen	184
Heidelbeerkuchen	174
Nusskuchen	168
Rhabarberboden	180
Rupfkuchen	182
Stachelbeerkuchen	170
Träubleskuchen, Schwäbischer	178
Zwetschgenkuchen	176

Plätzchen

Haferflockentaler	198
Himbeertörtchen	190
Holunder-Ravioli	204
Joghurtschnecken	194
Nougat-Plätzchen	192
Schmandplätzchen	188
Schoko-Leckerli	200
Sesamtaler	202
Terrassenplätzchen	196

Marmeladen & Eingemachtes

Marmeladen & Konfitüren

Brombeermarmelade nach Großmutters Art	210
Erdbeer-Rhabarber-Marmelade	212
Obstsaisonkalender	220
Waldbeerenkonfitüre mit Walnüssen	214
Wintermarmelade	218
Zwetschgenkonfitüre	216

Eingemachtes, Eingelegtes & Co.

Apfel-Birnen-Grütze	235
Basilikumessig, zartroter	230
Eierlikör	232
Feiertagsrotkohl	224
Gewürzgurken, klassische	227
Granatapfelessig	234
Rote Bete, eingelegte	228
Senfbirnen	226
Wildbeerensauce	233
Ziegenkäse mit Kräutern, eingelegter	101

Gesundheit & Schönheit

Altbewährte Heilmittel

Erkältungen	242
Fieber	245
Füße, wund gelaufene	254
Gesichtsmaske	256
Haar, fettiges	266
Haar, graues	266
Haar, trockenes	268
Haarpflege	265
Halsschmerzen	249
Hände, geschmeidige	271
Hände, raue	271
Haut, empfindliche	260
Haut, fettige	260
Haut, glatte	262
Haut, straffe	262
Haut, trockene	263
Haut, unreine	263
Hautjucken	253
Hautreinigungsmittel	259
Husten	244
Insektenstiche	255
Kopfschmerzen	247
Magenschmerzen	250
Mandelentzündung	249
Muskelkater	255
Ohrenschmerzen	248
Schlaflosigkeit	254
Schluckauf	250
Schuppen	269
Sodbrennen	250
Verbrennungen	253
Verdauungsprobleme	246

Heiltees

Baldrian	276
Blutwurz	277
Brennnessel	278
Fenchel	279
Hagebutte	280
Holunder	281
Johanniskraut	282
Kamille	283
Lavendel	284
Lindenblüten	285
Melisse	286
Pfefferminze	287
Ringelblume	288
Salbei	289
Schafgarbe	290
Spitzwegerich	291
Thymian	292
Weißdorn	293

Heilliköre

Anislikör	298
Bärenfang	299
Cassis	300
Eibischlikör	301
Hagebuttenlikör	302
Holunderlikör	303
Kiefernzapfenlikör	304
Kräuterlikör	305
Löwenzahnlikör	306
Maulbeerlikör	307
Melissenlikör	308
Pfefferminzlikör	309
Rosmarinlikör	310
Schlehenlikör	311
Wacholderlikör	312
Waldmeisterlikör	313

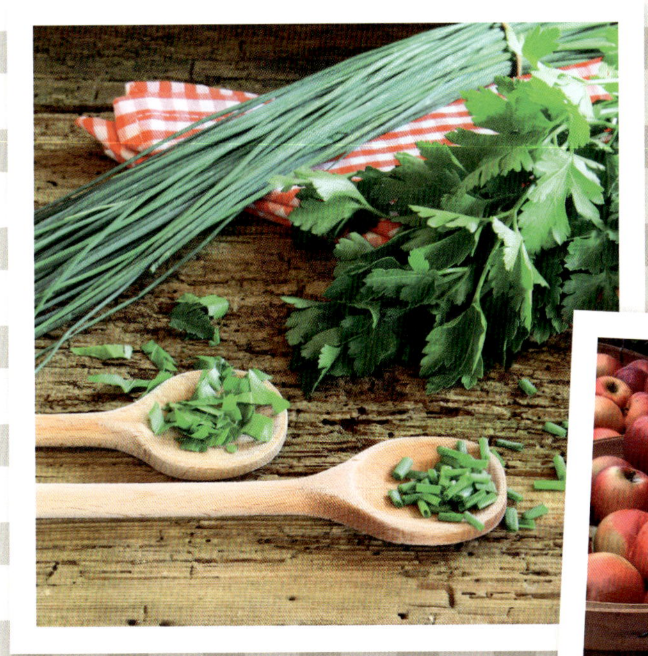
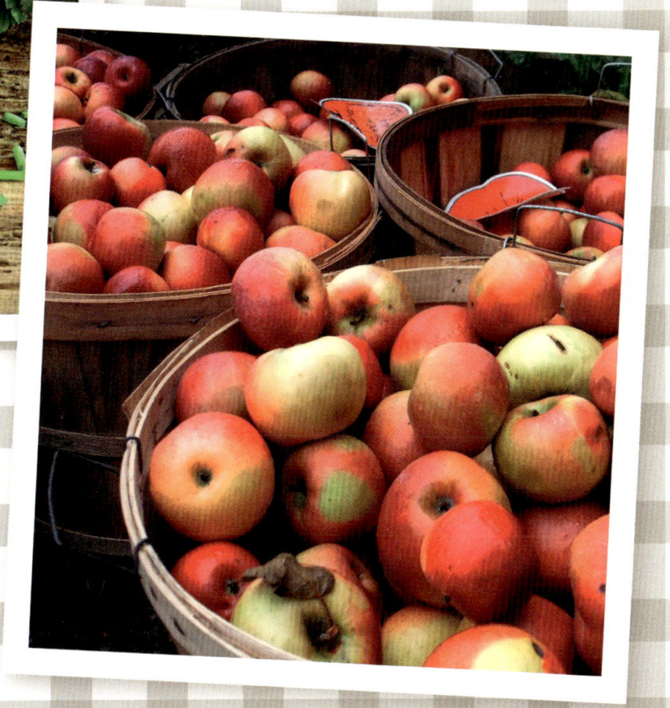
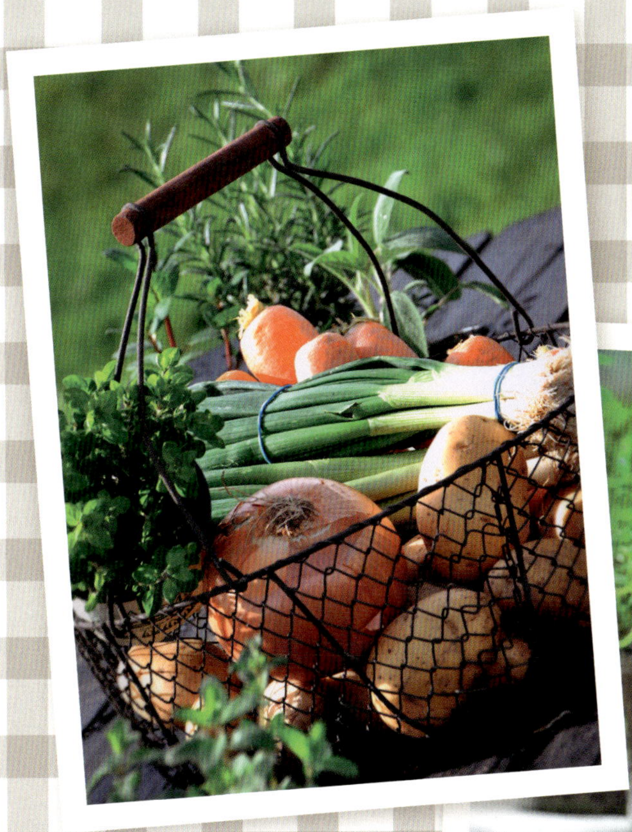
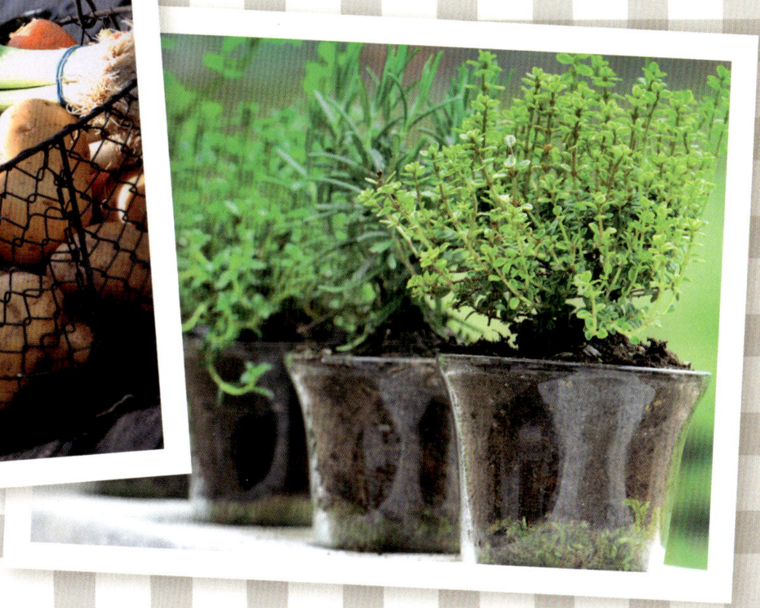

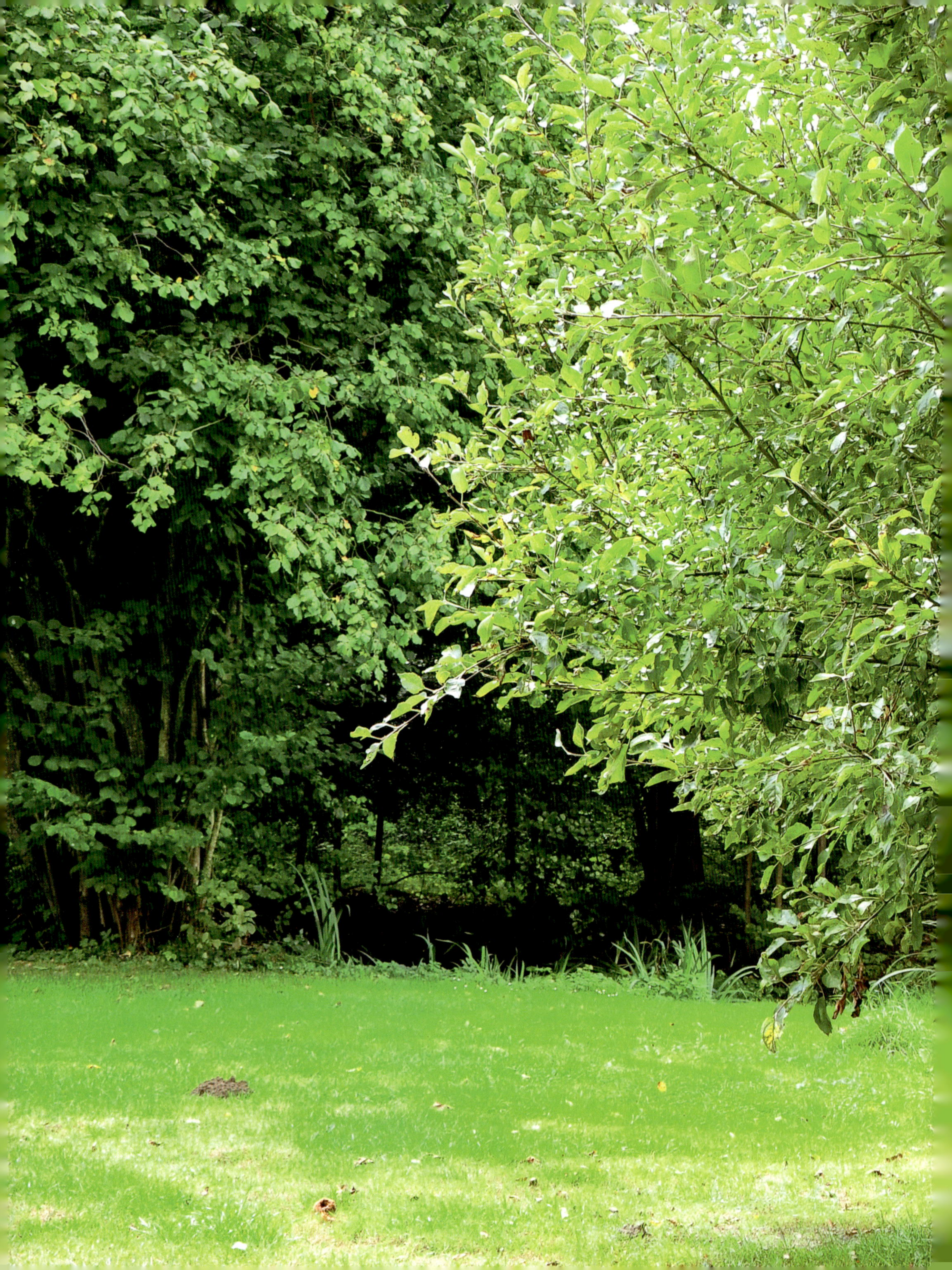

Abbildungsnachweis

Studio Klaus Arras, Köln: S. 206 unten, 212, 222, 225, 226, 227 rechts, 228, 229 rechts, 230, 232 links, 233, 234, 235 rechts

Hans-Werner Bastian, Brühl: S. 16, 19 (2), 20 (2), 21 (3), 22 (3), 23 (2), 24 (2), 25 (3), 27 (4), 29 (3), 30 (4), 31 (6), 33 (3), 35 (2), 36 (2), 39 (3), 40 oben, 43 oben, 44 unten, 47 unten, 48, 51 (2), 52 (2), 55 (2), 56 (2), 59 (2), 60 (2)

Fotolia.com: S. 6/7 Stefan Körber, S. 9 Kzenon (2), S. 10 pgm (oben), dream79 (unten), S. 12/13 Michael Hahn, S. 15 Kzenon (oben), Stefan Körber (Mitte), Kzenon (unten), S. 62 Marty Kropp, S. 65 Harald Lange (oben), Kimsonal (unten), S. 66 flucas (links), akf (rechts) S. 68 ExQuisine, S. 69 Matthew Antonino (links), muro (rechts), S. 70 Andre Bonn (rechts), S. 72 Marina Kuchenbecker (oben), MSEDDY (unten), S. 73 Mknace, S. 74/75 Monster, S. 77 Subbotina Anna (oben), cmfotoworks (Mitte), Christian Jung (unten), S. 85 tycoon101, S. 106 natashamam35 (links), S. 115 anitasstudio, S. 116 Sunny Forest, S. 119 Ars Ulrikusch, S. 120 manla, S. 124 Markus Mainka, S. 131 Printemps, S. 141 Jiri Hera, S. 148 airborne77, S. 151 womue, S. 152 Christian Jung, S. 155 PhotoSG, S. 156 Christian Jung, S. 159 Fotos & Medien, S. 160 momanuma, S. 188 Sea Wave, S. 195 dream79, S. 200 PhotoSG, S. 206 racamani (oben), S. 208 racamani, S. 210 April D, S. 211 The Photo Guy, S. 213 Christa Eder, S. 214 Anna Khomulo, S. 217 Es75, S. 218 Maria Brzostowska, S. 221 April D, volf, Anna Khomulo, volff (oben, v. l. n. r.), Ronny (unten), S. 235 unpict (links), S. 236/237 Subbotina Anna, S. 239 petrabarz (oben), Christian Malsch (Mitte), Kati Molin (unten), S. 240 Christian Jung, S. 242 lifeline (oben), Subbotina Anna (Mitte), S. 243 Subbotina Anna, S. 244 Luftbildfotograf, S. 245 M. Schuppich (oben), Andre B. (unten), S. 246 Eva Gruendemann (links), Andre (rechts), S. 247 Sabine Teichert, S. 248 bit.it (oben), Almgren (unten), S. 249 Dušan Zidar, S. 250 volff (oben), Bernd Kröger (Mitte), maram (unten), S. 251 matka_Wariatka, S. 252 lidante, S. 253 Andre (oben), macroart (Mitte), emer (unten), S. 254 petrabarz, S. 255 boedefeld2 (unten), S. 256 Klaus Eppele (oben), Picture-Factory (Mitte), S. 257 Cogipix, S. 258 ampFotoStudio.com, S. 259 africa (oben), cohelia (Mitte), sil007 (unten), S. 260 Viktorija (oben), Jeanette Dietl (Mitte), FotoMike1976 (unten), S. 261 HLPhoto, S. 262 dusk (oben), Heidrun Lutz (unten), S. 263 Cogipix (oben), Carmen Steiner (unten), S. 264 Laurent Hamels, S. 265 Riccardo Bruni (oben), Elenathewise (unten), S. 266 Václav Mach (oben), Christian Jung (unten), S. 267 Dušan Zidar, S. 268 creative studio (oben), Hildebrandt (unten), S. 269 slightly_mad (oben), unpict (unten), S. 270 Jiri Jura (oben), malajscy (unten), S. 271 knipsit, S. 272 Martina Osmy, S. 275 kitty (oben), Africa Studio (Mitte), Sinnlichtarts (unten), S. 276 Teamarbeit, S. 277 Thorsten Schier, S. 278 Printemps, S. 279 Printemps, S. 280 BeTa-Artworks, S. 281 emmi, S. 282 Marén Wischnewski, S. 283 Doris Heinrichs, S. 284 Hetizia, S. 285 Karina Baumgart, S. 286 frogstyle, S. 287 Barbara Pheby, S. 288 silencefoto, S. 289 Printemps, S. 290 Thorsten Schier, S. 291 Christian Pedant, S. 292 LianeM, S. 293 Heike Rau, S. 294 Christian Jung, S. 296 ExQuisine, S. 297 PhotoSG (oben), gudrun (Mitte), Kitty (unten), S. 299 Thomas Francois (links), Claude Calcagno (rechts), S. 300 Printemps, S. 301 picfabrik, S. 302 Viktorija, S. 303 Thomas Francois, S. 304 jeandesign (links), rim-glow (rechts), S. 305 Piotr Skubisz, S. 306 Gresei, S. 307 msk.nina (links), Marina Kravchenko (rechts), S. 309 Elzbieta Sekowska, S. 311 Christian Jung, S. 312 PhotoSG (links), S. 313 Christian Jung, S. 317 Turi (oben links), Olga Vasina (oben rechts), Stefan Körber (unten links + unten rechts), S. 318/319 pegasusart

Petra Hartmann, Köln: S. 71 oben + Mitte

Peter Himmelhuber, Regensburg: S. 40 unten, 43 unten, 44 oben, 47 oben, 48

iStockphoto.com: S. 71 yuliang11 (unten)

Edina Stratmann: S. 144 oben, 146, 149, 150 (2), 153 (2), 154 (2), 157 (2), 158 (2), 161 (2), 162, 163

Peter Strobel: S. 298, 308, 310

Britta Strohschen, Rösrath: S. 70 links

Robert Stulier: S. 215, 216, 219

TLC Fotostudio, Velen-Ramsdorf: 78 (4), 80, 82, 83, 84, 87, 88, 89, 91, 92, 94, 95, 96, 97, 98, 99, 100, 101, 102, 103, 104, 106 rechts, 107, 108, 109, 110, 113, 114, 117, 118, 121, 122, 123, 125, 126, 127, 128, 129, 130, 132, 134, 135, 136, 138, 139, 140, 142, 143, 144 (Mitte + unten), 164, 165, 166, 169, 170, 171, 173, 174, 175, 177, 178, 181, 182, 185, 186, 189, 190, 191, 192, 193, 194, 196, 197, 198, 199, 201, 202, 203, 205, 224, 227 links, 229 links, 231, 232 rechts, 242 unten, 255 oben, 256 unten, 312 rechts